道路与桥梁专业“十一五”高职高专应用型规划教材

公路工程施工监理

（第2版）

主　编　陈晓明
副主编　聂莉萍　孟凡涛　刘淑娟
主　审　刘开健

黄河水利出版社
·郑州·

内 容 提 要

本书为道路与桥梁专业“十一五”高职高专应用型规划教材，全书共分为十一章，分别介绍了公路工程施工监理概论、公路工程施工进度监理、公路工程施工质量监理、公路工程施工费用监理、公路工程施工安全监理、公路工程施工环境保护监理、公路工程施工合同管理、公路工程施工信息管理、公路工程施工组织协调、监理文件资料管理，在每章前有学习要求、每章后配套相应的习题。

本书既可以作为公路与桥梁专业的教材，也可作为交通土建类相关专业及公路工程施工监理人员的参考用书。

图书在版编目(CIP)数据

公路工程施工监理/陈晓明主编. —2 版. —郑州：黄河水利出版社，2012. 8

道路与桥梁专业“十一五”高职高专应用型规划教材

ISBN 978-7-5509-0319-7

Ⅰ. ①公…　Ⅱ. ①陈…　Ⅲ. ①道路施工-施工监理-高等职业教育-教材　Ⅳ. ①U415. 1

中国版本图书馆 CIP 数据核字(2012)第 183027 号

出 版 社：黄河水利出版社

地址：河南省郑州市顺河路黄委会综合楼 14 层　　邮政编码：450003

发行单位：黄河水利出版社

发行部电话：0371-66026940、66020550、66028024、66022620(传真)

E-mail：hhslcbs@126. com

承印单位：郑州海华印务有限公司

开本：787 mm×1 092 mm　1/16

印张：12. 25

字数：284 千字　　印数：4 101—7 100

版次：2008 年 1 月第 1 版　　印次：2008 年 1 月第 1 次印刷

2012 年 8 月第 2 版　　2012 年 8 月第 2 次印刷

定价：29. 00 元

再版前言

本书作为道路与桥梁专业“十一五”高职高专应用型规划教材之一，自首次出版以来，深受广大读者的青睐，在使用的过程中同行们也提出了宝贵的意见，再版之际，编者会同专家对教材的部分内容做了一定的修改，增加了部分案例，力求使教材更具有实用性，并能成为广大同行和生产一线工程技术人员的良师益友。

参加本书编写工作的有：江西交通职业技术学院陈晓明编写第一、二、六、十章，聂莉萍编写第三章，吴琼编写第五章；山东交通职业技术学院孟凡涛编写第四、九章；郑州交通职业技术学院卢倩编写第七章；杨凌职业技术学院刘淑娟编写第八章；山东水利职业技术学院刘冬峰编写第十一章。本书由陈晓明担任主编并负责通稿，由聂莉萍、孟凡涛、刘淑娟担任副主编，由江西交通职业技术学院刘开健副教授担任主审。

本教材在修订过程中参考了公路工程监理方面的大量书籍和资料，在此对各位同行以及这些资料的作者表示诚挚的感谢。

由于作者水平有限，加之时间紧迫，书中难免有不妥和错误之处，恳请专家和读者批评指正，以便教材的再次修订和不断完善。

编　者

2012 年 7 月

前　言

公路工程监理制度是我国公路基本建设管理体制改革的一项重要内容，是提高投资效益和施工管理水平的有效措施。随着国家高速公路的迅速发展，从事公路工程监理的工程技术人员不断增加，培养大量的公路工程监理人员已迫在眉睫。为了适合高等职业教育培养公路工程监理人才的教学需求，我们编写了《公路工程施工监理》一书。

本书结合公路工程的特点，系统全面地介绍了公路工程监理的基本原理、基本方法与基本内容，提供了大量案例，有利于学生的感性认识。编写时引用的法律法规和示范文本都是最新版本。

参加本书编写工作的有：江西交通职业技术学院陈晓明编写第一、二、六、十章，聂莉萍编写第三章，吴琼编写第五章；杨凌职业技术学院刘淑娟编写第八章；郑州交通职业学院卢倩编写第七、九章；洛阳理工学院张东晓编写第四章；山东水利职业学院刘冬峰编写第十一章。

本书由陈晓明任主编并统稿，聂莉萍、刘淑娟任副主编，江西交通职业技术学院刘开健副教授任主审。

本书在编写过程中参考了公路工程监理方面的大量书籍和资料，在此对各位同行以及资料的作者深表谢意。

由于笔者水平有限，加之时间紧迫，书中难免有不妥和错误之处，恳请专家和读者批评指正。

编　者

2007 年 8 月

目　录

第一章　绪　论

本章学习要求

1. 了解我国的监理制度发展史；

2. 掌握工程监理的概念、性质及作用；

3. 明确该课程的学习目标。

一、工程监理的基本概念

(一)监理概念

监理是监理人员依据监理合同对工程质量、安全、环保、费用、进度实施的监督和管理活动。具体地讲是监理单位依据法律、法规、文件，以及监理合同和施工合同中相关条款约定的职责与权限，对工程质量、安全、环保、费用、进度实施监督管理。

监理单位是指具有法人资格并取得主管部门颁发的公路工程施工监理资质证书的企业。它是依法成立的、独立的、智力密集型的、从事工程监理业务的经济实体，与建设单位签订监理合同，并受委托承担工程建设单位的监理业务。

(二)监理概念的要点

1. 工程监理是针对工程项目建设所实施的监督管理活动

无论项目业主、设计单位、施工单位、材料设备供应单位，还是监理单位，它们的工程建设行为载体都是工程项目。离开工程项目，它们的行为就不属于工程建设的范围。工程监理活动是围绕工程项目来实行的，并以此来界定工程监理范围。

建设项目就是一项固定资产投资项目，它是指将一定量(限额以上)的投资，在一定的约束条件下(时间、资源、质量)，按照一个科学的程序，经过决策(设想、建议、研究、评估、决策)和实施(勘测、设计、施工、交工、竣工验收)，最终形成固定资产特定目标的一次性建设任务。

2. 工程监理的行为主体是监理单位

工程监理的行为主体是明确的，即监理单位。监理单位是具有独立性、社会化、专业化等特点的专门从事工程监理和其他技术服务活动的组织。只有监理单位才能按照独立、自主的原则，以“公正的第三方”的身份开展工程监理活动。非监理单位所进行的监督管理活动一律不能称为工程监理。例如，政府有关部门所实施的监督管理活动就不属于工程监理范畴；项目业主进行的所谓“自行监理”、“内部监理”，以及不具备监理单位资格的其他单位所进行的所谓“监理”都不能纳入工程监理范畴。

3. 工程监理的实施需要业主委托和授权

这是由工程监理特点决定的，是市场经济的必然结果，也是监理制的规定。工程监理的产生源于市场经济条件下社会的需求，始于业主的委托和授权，而使得监理发展成为一项制度。通过业主委托和授权方式来实施工程监理是工程监理与政府对工程建设所进行的行政性监督管理的重要区别。这种方式也决定了在实施工程监理的项目中，业主与监理的关系是委托与被委托、授权与被授权的关系；决定了它们是合同关系，是需求与供给关系，是一种委托与服务的关系。

4. 工程监理是有明确依据的工程建设行为

工程监理严格按照有关法律、法规和其他相关准则实施。工程监理的依据是国家批准的工程项目建设文件、有关工程建设的法律和法规、工程监理合同和其他工程建设合同。例如，政府批准的建设项目可行性研究报告、规划、计划和设计文件，工程建设方面的现行规范、标准、规程，由各级立法机关和政府部门颁发的有关法律和法规，依法订立的工程监理合同、工程勘察合同、工程设计合同、工程施工合同、材料和设备供应合同等。特别应当说明的是，各类工程建设合同（含监理合同）是工程监理的最直接依据。

5. 现阶段工程监理主要发生在项目建设的实施阶段

工程监理这种监督管理服务活动主要出现在工程项目建设的设计阶段（含设计准备）、招标阶段、施工阶段以及交工验收和缺陷责任期阶段。当然，在项目建设实施阶段，监理单位的服务活动是否是监理活动还要看业主是否授予监理单位监督管理权。之所以这样界定，主要是因为工程监理是“第三方”的监督管理行为，它的发生不仅要有委托方，需要与项目业主建立委托与服务关系，而且要有被监理方，需要与只在项目实施阶段才出现的设计、施工和材料设备供应单位等承包商建立监理与被监理关系。同时，工程监理的目的是协助业主在预定的质量、进度、投资目标内建成项目，它的主要内容是进行质量、进度、投资控制，合同管理，组织协调，这些活动也主要发生在项目建设的实施阶段。

6. 工程监理是微观性质的监督管理活动

工程监理与政府进行的行政性监督管理活动有着明显的区别。工程监理活动是针对个别具体工程项目展开的。项目业主委托监理的目的就是期望监理单位能够协助业主实现项目投资目标。它是紧紧围绕着工程项目建设的各项投资活动和生产活动所进行的监督管理，并注重具体工程项目的实际效益。当然，根据工程监理制的宗旨，在开展这些活动的过程中应体现出对社会公众利益和国家利益的维护。

二、国内工程监理制度的产生和发展

我国工程建设的历史有几千年，但真正意义上的工程监理制度的建立是从1988年开始的。最早应用这一制度的是利用世界银行贷款的云南省鲁布革水电站引水工程，而首次应用公路监理制度的公路工程项目是西安—三原一级公路。

从新中国成立直至20世纪80年代，我国固定资产基本是由国家统一安排计划、统一财政拨款。建设工程的管理基本上采用两种形式：一般建设工程由建设单位自己组成筹建机构，自行管理；重大建设工程，则从与该工程相关的单位抽调人员组成工程建设指挥部进行管理。这些临时组建的工程管理责任机构中，相当一部分人员不具有建设工程管理的知识和经验，只能在实践中摸索，而工程建成投入使用后，这些工程管理机构就解散了。建设单位、设计单位和施工单位都是完成国家建设任务的执行者，都对上级行政主管部门负责，相互之间缺少互相监督的职责。政府对工程建设活动采取的是单向和行政监督管理，在工程建设的实施过程中，对工程质量的保证主要依靠施工单位的自我监督。

随着改革的不断深化和社会主义市场经济的发展以及世界银行贷款项目的执行，20世纪80年代中后期，出现了一种对工程建设活动更全面、更完善的管理方式，即工程监理制度。

在国务院提出土木建筑行业中实施工程监理制度之前，交通部已在利用世界银行贷款建设的西安—三原一级公路和京津塘高速公路上实施了工程监理，这两个工程中取得的经验和教训对我国公路工程监理的实施有巨大的影响与推动作用，因而交通部（公路工程）也就作为全国实施工程监理的首批试点单位之一。

交通部在总结全国各地的经验和教训的基础上，于1989年4月提出了《公路工程施工监理暂行办法》，1997年9月15日交通部又颁布了《公路工程施工监理合同范本》等有关法规，初步建立了一套符合我国公路工程实际情况、结合国际惯例的监理工程师制度。这个制度的核心，就是把公路工程施工活动中的各项管理工作交给监理工程师单位，树立其在项目管理和监督中的权威，对质量、计划、支付、变更、索赔等方面，用技术、经济和合同手段全面实行监督管理，对工程支付有签认和否决权，从而控制项目施工过程，保证合同的履行。这样一个制度，既符合国际惯例，又考虑了公路行业的现行体制。

为了更好地指导、监督公路工程监理制度健全地实施，交通部于1989年6月组建了交通部工程建设监理总站，并且适时地制定有关规定和办法，指导公路工程监理制度的正确实施，如1992年5月制定了《公路工程施工监理办法》，同时废止了1989年4月制定的《公路工程施工监理暂行办法》。在监理制度执行的10多年里，交通部在1995年4月25日发布了中华人民共和国行业标准《公路工程施工监理规范》（JTJ 077—95），对培育和规范监理市场、推动公路建设体制改革和保证工程质量起到了非常重要的作用。但随着交通部下达《关于下达2001年度公路工程标准制修订工作计划的通知》（厅公路字[2002]36号）和《关于下达2002年度公路工程标准制修订工作计划的通知》（厅公路字[2002]220号）要求，并结合10余年公路施工监理实践，2006年交通部颁布实施了中华人民共和国行业标准《公路工程施工监理规范》（JTG G10—2006）。实践使人们认识到，推行以国际通用FIDIC土木工程合同为基础，形成建设单位、承建单位、监理单位三方相互制约，以监理单位为核心的管理模式的工程监理制度，是对内深化改革、对外继续开放的需要；是提高施工企业素质，使其尽快走向国际市场的需要；同时，也对公路行业治理整顿起到很好的促进作用。

三、建设工程监理的性质

（一）服务性

监理单位是智力密集型组织。监理人员利用自己的工程建设知识、技术和经验、信息以及必要的试验手段，为建设单位提供管理服务。建设工程监理既不同于承包商的直接生产活动，也不同于建设单位的直接投资活动；它既不向建设单位承包工程，也不参与承包单位的利益分成。它获得的是技术服务性的报酬。

工程监理单位不能完全取代建设单位的管理活动。它不具有工程建设重大问题的决策权，只能在授权范围内代表建设单位进行管理。

（二）科学性

工程监理的目的和任务决定了实施监理必须采用科学的思想、理论、方法和手段，主要表现在对工程监理企业和监理工程师的要求上：工程监理企业应当由组织管理能力强、工程建设经验丰富的人担任领导；应当有足够数量的、有丰富经验和应变能力强的监理工程师组成的骨干队伍；要有一套健全的管理制度，要有现代化的管理手段；监理工程师要掌握先进的管理理论、方法和手段，要积累足够的技术、经济资料和数据；要有科学的工作态度和严谨的工作作风，要事实求是、创造性地开展工作。

（三）独立性

《中华人民共和国建筑法》明确指出，工程监理企业应当根据建设单位的委托，客观、公正地执行监理任务。《建设工程监理规范》要求工程监理企业按照“公正、独立、自主”的原则开展监理工作。在委托监理的工程中，工程监理企业与承建单位不得有隶属关系和其他利害关系；在开展工程监理的过程中，工程监理企业必须建立自己的组织，按照自己的工作计划、程序、流程、方法和手段，根据自己的判断独立地开展工作。

（四）公正性

公正性是社会公认的职业道德，是监理行业能够长期生存和发展的基本职业道德准则。监理单位不仅是为建设单位提供技术服务的一方，它还应当成为建设单位与承建单位之间的公正的第三方。特别是当建设单位与承建单位发生利益冲突或矛盾时，工程监理企业应以事实为依据，以法律和有关合同为准绳，在维护建设单位的合法权益时，不损害承建单位合法权益。

四、建设监理的作用

（一）有利于提高建设工程投资决策的科学化水平

在工程投资决策阶段，工程监理通过协助建设单位选择适当的工程咨询机构，对咨询结果（如项目建议书、可行性报告）进行评估，提供有价值的修改意见和建议；或者从事工程咨询工作，为建设单位提供建设方案。工程监理的这些工作不仅可使项目投资符合国家经济发展、产业政策、投资方向，而且可使项目投资更加符合市场需求，提高项目投资决策的科学化水平。

（二）有利于规范工程建设参与各方的建设行为

工程建设参与各方的建设行为都应符合法律、法规的要求。政府要对工程建设参与各方的建设行为进行全面的监督管理，但政府的监督管理不可能深入到每一项建设工程的具体实施过程中，而建设工程监理这种约束机制贯穿于工程建设的全过程，不但可以有效地规范承建单位的建设行为，也可以规范建设单位因不熟悉或不了解建设工程有关的法律、法规而发生的不当建设行为。

（三）有利于促进承建单位保证建设工程质量和使用安全

工程监理企业对承建单位建设行为的监督管理，实际上是从产品需求者的角度对建设工程生产过程的管理，这与产品生产者自身的管理有很大的不同；而工程监理企业又不同于建设工程的实际需求者，其监理人员都是既懂工程技术，又懂经济管理的专业人士，他们有能力及时发现建设工程实施过程中出现的问题，发现工程材料、设备以及阶段性产品存在的问题,从而避免留下工程质量隐患。因此,实行建设工程监理制度之后,在加强承建单位自身对工程质量管理的基础上,由工程监理企业介入建设工程生产过程的管理,对保证建设工程质量和使用安全有着重要作用。

(四)有利于实现建设工程投资效益最大化

建设工程投资效益最大化有以下 3 种不同表现:

(1)在满足建设工程预定功能和质量标准的前提下,建设投资额最少;

(2)在满足建设工程预定功能和质量标准的前提下,建设工程寿命周期费用最少;

(3)建设工程本身的投资效益与环境、社会效益的综合效益最大化。

五、与本课程相关的学科

工程监理是一种高智能的技术服务活动,对从事这项工作的监理人员不仅要求具备深厚的专业知识,还要求具有一定的经济管理知识。因此,监理工程师的培养应先进行专业技术知识的教育,然后进行相关学科的学习。相关学科有:经济——政治经济学、投资学、工程经济学、工程造价学等;管理——工程项目管理学、组织学、工程监理学、计算机辅助管理等;法律——合同法、民法通则、工程招投、工程合同管理、建筑法等;外语。

小结

本章主要介绍了工程监理的基本概念,我国工程监理制度的产生和发展,公路工程监理的性质及建设监理的作用,根据监理的特点介绍了本课程相关的学科。

复习思考题

1-1　何谓工程监理?它的概念要点是什么?

1-2　工程监理有哪些作用?

1-3　简述公路工程监理的性质及含义。

第二章　公路工程施工监理概论

本章学习要求

1. 了解与工程监理有关的行为主体及相互关系；
2. 熟悉公路工程监理阶段划分与监理单位资质等级标准和业务范围；
3. 掌握监理工作的依据、范围和方法；
4. 了解公路施工监理组织、职权、监理设施。

第一节　与公路工程监理有关的行为主体

一、业主

“业主”又称为“建设单位”，在过去的建设工程施工合同中属于甲方，因此也常被称为“甲方”，在现行的《建设工程施工合同》中被称为“发包人”，所以又被称为“发包方”。业主是项目的拥有者、投资者、使用者和最高决策者之统称。它可以是政府、企业、个人或其他法人组织，在建设工程中具有举足轻重的作用。

我国现阶段投资的主体出现了多元化的趋势，除了国家或地方政府投资项目外，项目投资者还有企业、个人、外商独资或合资等多种形式，只要拥有上述能力与职能，均可称为业主。

二、承包商

承包商是与业主签订工程承包合同，承担工程项目实施，执行并完成承包合同中所规定的各项任务的经济实体。它可以是工程公司或施工企业，一般又称为“承建单位”，在过去的建设工程施工合同中属于乙方，因此也常被称为“乙方”，在现行的《建设工程施工合同》中被称为“承包人”，所以又被称为“承包方”或“承包单位”。

“承包商”不仅是指工程公司或施工企业，在我国还包括工程设计单位和材料设备供应单位。

三、监理工程师

监理工程师是作为独立于业主与承包商之外的第三方，承担着工程监理的任务。工程监理企业作为独立的第三方，在现行的《建设工程施工合同》中被定义为“监理单位”，在《建设工程委托监理合同》中定义为“监理人”，也可称为“工程师单位”或简称为“工程师”。

(1)监理工程师：监理机构中具有交通部核准的公路工程监理工程师或专业监理工程师资格的人员统称为监理工程师。

(2)监理人员:监理工程师和监理机构中相关专业技术人员统称为监理人员。

(3)总监理工程师:具有交通部公路监理工程师资格,经项目建设单位同意,在监理机构中负责项目工程全部监理工作的总负责人。

(4)驻地监理工程师:具有交通部公路工程师资格,经总监理工程师授权,负责项目部分工程监理工作的驻地监理工程师。

业主、承包商、监理工程师三方的关系是:业主与承包人是合同关系,凡直接与业主签订承包合同的都是承包人;监理工程师与业主签订监理合同,二者是被委托与委托关系;监理工程师与承包人之间没有合同关系,他们之间是监理与被监理关系。监理工程师对承包人在工程项目实施全过程中进行监督与管理,承包人应按合同规定接受监督和管理。业主、承包商、监理工程师三方不是领导与被领导关系,是合同关系或依据合同实施监理的关系,这是工程监理的核心所在。

第二节　公路施工监理阶段划分

公路工程施工监理是一个施工全过程的监理,它贯穿于整个合同执行过程的始终。根据施工的过程,将公路工程施工监理阶段划分为施工准备、施工、交工验收与缺陷责任期三个阶段。

监理合同签订之日至合同工程开工令确定的开工之日为施工准备阶段;合同工程开工之日至合同工程交工验收申请受理之日为施工阶段;合同工程交工验收申请受理之日至缺陷责任终止证书签发之日为交工验收与缺陷责任期。

公路机电工程应增加试运行期阶段。

一、施工准备阶段监理

(一)准备工作

(1)配备试验室设备:总监办中心试验室应按监理合同要求配备常规的试验检测设备;驻地办试验室应按监理合同要求配备现场抽查常规的试验检测设备。

(2)熟悉合同文件:监理机构组织监理人员熟悉有关法律、法规、文件,当发现有关文件不一致或有错误时,应及时书面报告建设单位。

(3)调查施工环境条件:对施工合同约定的施工条件进行调查,掌握有关情况。

(4)编制监理计划:总监理工程师应在合同规定的期限内主持编制监理计划,按合同规定报批后执行。监理计划应明确监理目标、依据、范围和内容,监理机构各部门及岗位职责,监理人员和设备的配备及进退场计划,监理方案,监理制度,监理程序及表格,监理设施等。

(5)编制监理细则:驻地监理工程师应根据监理计划在相应工程开工前主持编制监理细则,明确监理的重点、难点、具体措施及方法步骤,经总监理工程师批准后实施。

(二)工作内容

工作内容包括以下方面:

(1)参加设计交底:参加设计交底,掌握本工程的设计意图、设计标准和要点;熟悉对材料与工艺的要求，施工中应特别注意的事项，以及对施工安全、环保工作的要求等；澄清有关问题，收集资料并记录。

（2）审批施工组织设计：总监理工程师应在合同规定的期限内及时审批施工单位提供的施工组织设计。重点审查施工组织设计的审批手续是否齐全有效；施工质量、安全、环保、进度、费用目标是否与合同一致；质量、安全和环保等保证体系是否健全有效；安全技术措施、施工现场临时用电方案、工程方案及工程项目应急救援抢险方案是否符合要求；施工总体部署与施工方案和安全、环保等应急预案是否合理可行；技术复杂或采用新技术、新工艺或特殊季节施工的分项、分部工程，应要求施工单位编制专项施工方案，并由驻地监理工程师审核，总监理工程师批准后实施。

（3）检查保证体系：检查施工单位质量、安全和环保等保证体系是否落实，重点检查项目经理、技术负责人、工地试验室负责人的资格及质量、安全、环保人员的履约情况。

（4）审核工地试验室：审核施工单位工地试验室的人员、设备和试验检测能力是否满足合同要求，管理制度是否健全。

（5）审批复测结果：对施工单位提交的原始基准点、基准线和基准高程及复测结果进行审核和平行复测。当双方复测结果一致并满足规范要求时，监理工程师应在合同规定的期限内批复。

（6）验收地面线：监督施工单位在原始地面线未被扰动前测定地面线，并对测定结果进行抽测。抽测频率应能判定施工单位测定结果是否真实可靠，且不低于施工单位测点的30%。监理工程师应对施工单位提交的土石方工程量计算资料进行审核。

（7）审批工程划分：总体工程开工前对施工单位提交的分项、分部、单位工程划分予以批复并报建设单位备案。

（8）确认场地占用计划：对施工单位提交的场地占用计划及临时增减的用地计划予以确认，并及时提交建设单位。

（9）核算工程量清单：对工程量清单复核结果进行核算确认。

（10）签发开工预付款支付证书：在施工单位提供了开工预付款担保后，按合同规定的金额签发开工预付款支付证书，报建设单位审批。

（11）召开监理交底会：在工程开工前主持由施工单位项目经理、技术负责人及相关人员参加的监理交底会，介绍监理计划的相关内容。

（12）召开第一次工地会议：主持召开第一次工地会议。建设单位、施工单位的授权代表必须出席会议，各方将要在工程项目中担任主要职务的部门（项目）负责人及指定分包单位也应参加会议。会议的内容主要是介绍人员及机构组织，介绍施工进度计划，施工单位陈述施工准备情况，建设单位说明开工条件，明确施工监理例行程序等。

（13）签发合同工程开工令：监理工程师收到施工单位提交的合同工程开工申请后，应对合同工程的开工条件进行核查。具备开工条件的，由总监理工程师签发合同工程开工令，并报建设单位备案。

二、施工阶段监理

工程施工阶段监理的主要任务是监理工程师必须从组织、技术、合同和经济的角度抓好“五控、两管、一协调”的工作，即质量控制、安全控制、环境保护控制、费用控制、进度控制、合同管理、信息管理和组织协调。根据监理工作职责，认真履行施工合同规定的具体要求，充分运用建设单位授权，采取符合施工合同规定的组织、技术、合同和经济措施，对工程质量、安全、环保、费用、进度实行全面监理，严格合同管理和高效的信息管理，保证合理地实现工程建设的质量、安全、环保、费用、进度五大预期目标。

（一）质量监理

质量是工程建设的关键，影响工程质量的因素很多，监理工程师应按照合同规定和要求对影响工程质量的各个因素从原材料、施工工艺等方面进行全过程检查、监督和管理控制，任一环节出现疏忽大意都会给公路工程的质量带来影响。因此，监理工程师必须对整个工程实行全过程监理，以确保施工单位提交的工程符合合同、技术规范中使用要求和验收标准的规定。

（二）安全监理

监理工程师应审批施工方提交的安全生产保证体系，并要求其有效、可行、可靠，以达到安全生产的目标。

（三）环境保护监理

监理工程师应审查施工组织设计是否按设计文件和环境影响评价报告的有关要求制订施工环境保护措施，以满足公路施工环境保护的要求。

（四）费用监理

监理工程师还应在工程质量、工期符合合同要求的基础上，对工程费用进行监理。工程费用包括合同文件中工程量清单内所列，以及因工程变更、施工单位的索赔或建设单位未履行义务所涉及的一切费用，监理工程师应尽可能减少工程量清单中所列费用以外的附加支出，使工程总费用控制在预定额度之内。

（五）进度监理

一个工程项目在合同文件内规定具体的施工工期，施工单位根据实际情况制定出切实可行的工程进度计划，提交监理工程师进行审批。监理工程师根据施工合同规定的工期对施工单位施工组织、资源投入、施工方案、工期安排进行监督与管理，采取具体措施努力减小计划进度和实际进度的差距，协调整条路线的平衡进度和保证在合同期限内全面完成并交付工程。

（六）合同管理

监理工程师应依照合同约定，对执行施工合同过程中发生的包括工程分包、工程变更、工程延期、费用索赔、争端与仲裁、工程保险、违约和转让等有关合同的问题进行检查和处理。

（七）信息管理

信息管理是指在工程施工过程中，对反映工程施工质量、进度、费用、安全生产和实施状况及参与者之间关系信息的搜集、整理、分析与使用。信息管理是监理工程师正确处理问题的依据，是监理工作成果的体现和工程档案的重要组成部分。

（八）组织协调

监理单位是独立于建设单位和施工单位的第三方，在工程施工过程中处于实施监督和管理的地位，协调建设单位和施工单位以及工程建设其他有关各方，使工程得以顺利进行。

三、交工验收与缺陷责任期阶段监理

一项工程完工后，首先需进行交工验收，验收合格后才能投入使用。但施工单位仍需在合同规定的期限内继续完成交工验收时未完工的项目或修补在使用条件下因施工质量问题而出现的任何缺陷，监理工程师应继续检查该部分工程的质量。这个规定期限即为质量缺陷责任期，一般合同规定为一年，起算日期必须以签发的交工验收日期为准，而对有一个以上交工日期的工程，缺陷责任期应分别计算。在缺陷责任期内监理工程师的工作内容主要如下。

(一)审查交工验收申请

按合同及有关规定要求，审查施工单位提交的合同工程交工验收申请。重点检查以下方面：合同约定的各项内容的完成情况，施工自检结果，各项资料的完整性，工程数量核对情况，工程现场清理情况等。

(二)评定工程质量与编制监理工作报告

及时汇总、整理监理资料，对工程质量等级进行评定，按有关规定编制监理工作报告，并提交建设单位。

(三)参加交工验收

参加建设单位组织的合同工程交工验收，接受对监理独立抽检资料、监理工作报告及质量评定资料的检查，协助建设单位检查施工单位的合同执行情况，核对工程数量，评定各合同段的工程。

(四)签认交工结账证书

合同工程交工验收证书签发后，认真审核施工单位提交的合同工程交工结账单，并在规定期限内签认合同工程交工结账证书，报建设单位审批。

(五)缺陷责任期监理

在合同缺陷责任期内，检查施工单位剩余工程的实施情况。巡视检查已完成工程；记录发生的工程缺陷，指示施工单位进行修复，并对工程缺陷发生的原因、责任及修复费用进行调查、确认；督促施工单位按合同规定完成竣工资料。

(六)签发缺陷责任期终止证书

在合同工程缺陷责任期结束，收到施工单位向建设单位提交的终止缺陷责任的申请后，进行检查，符合条件时，经建设单位同意，监理工程师应在合同规定的时间内签发合同工程缺陷责任终止证书，并按规定向建设单位提交缺陷责任期监理工作总结。

(七)签认最后支付证书

收到施工单位提交的最后结账单及所附资料后应进行审核。审核后的最后结账单经施工单位认可后，由总监理工程师签认后并报建设单位审批。

(八)参加工程竣工验收

参加工程验收工作，负责提交监理工作报告，提供工程监理资料，配合竣工验收检查工作。

第三节　监理工作的依据、范围和方法

一、监理依据

监理依据主要有：

(1)国家法律和有关技术、经济法规以及公路工程标准、规范等。

(2)由业主和承包人签订的施工合同文件。监理单位应严格按上述合同文件所规定的监理任务进行工作。

(3)监理单位与业主签订(或委托)的监理服务合同所明确的各项任务。

(4)监理工程师和承包人在工程实施过程中有关的会议记录、函电和其他文字记载以及经监理工程师批准的所有图纸、监理工程师发出的所有指令等也可作为监理依据的补充。

现阶段工程监理工作主要是依据业主与承包人的合同。目前交通主管部门制订的招标文件范本也包括技术规范，它是将工程技术、经济、法律有机地结合，并用合同的形式加以固定，它详细规定了承包人、业主的义务和权利以及监理工程师的职责与权限，是监理工程师履行自己职责的主要依据。

二、监理范围

列入公路基本建设计划的公路工程项目和外资贷款、合资的公路工程项目，都应委托监理单位实施监理。其他公路工程项目是否实施监理，由投资者自行决定。政府鼓励投资者委托监理单位实施监理。

工程建设阶段包括建设前期阶段、设计阶段、施工招标阶段、施工阶段和保修阶段。以上各阶段可一次委托，也可分别委托。一次性委托即为全过程监理，现阶段我国主要实行分阶段委托，本书所述是施工阶段和保修阶段的监理，也称施工监理。而施工阶段也可根据工程内容不同分别委托，如：路基工程、桥梁工程、路面工程、交通工程、房建工程、绿化工程等，监理工作应根据委托书确定的工作范围进行监理。

三、监理工作的基本方法与常用的监理手段

工程监理的基本方法是由目标规划、动态控制、组织协调、信息管理、合同管理构成的有机的方法体系。它们相互联系、相互支持、共同运行，形成一个完整的建设工程监理方法体系。

(一)监理工作的基本方法

1. 目标规划

是指以实现工程项目投资、进度和质量三个目标控制为目的的规划和计划，它是围绕工程项目投资、进度和质量目标进行研究确定、分解综合、计划安排、风险管理、制定措施等项工作集合构成。目标规划是目标控制的前提和基础，只有做好目标规划的各项工作，才能有效地实施目标控制。

工程项目目标规划随着工程的进展，不断进行细化补充和修正，由粗而细、循序渐进，并与目标控制交替出现，呈循环链式关系。目标规划的内容按阶段分为：

(1)目标规划的论证。对初步确定的三大目标进行论证。

(2)目标分解。根据需要将各目标分解为满足控制要求的目标划分系统，以便实施有效的控制。

(3)编制动态计划。为使项目协调有序地实现预定的目标，将工程项目实施的过程、目标和活动编制成动态计划。

(4)风险分析。为主动控制计划目标的实现所进行的风险分析和管理。

(5)综合控制。制定各项目的综合控制措施，从而保证计划目标的实现。

2. 动态控制

通过对工程项目实施过程中的过程、目标和活动的跟踪，全面、及时、准确地掌握工程建设信息，定期将实际目标值与计划目标值做对比分析，及时发现两者的偏差，并采取相应的对策适时地给予纠正，以便实施有效的控制。

3. 组织协调

在工程建设项目监理过程中，实行组织协调是完成建设监理任务的主要方法和手段之一。

(1)监理组织内部的协调。项目总监理工程师与各专业监理工程师及各专业监理员之间的协调；纵向监理部门与横向部门之间、机构之间的协调等。

(2)项目监理组织与外部环境组织之间的协调。主要是与项目建设单位、设计单位、承包单位、材料和设备供应单位，以及与政府有关部门、社会团体、咨询单位、科学研究单位、工程毗邻单位之间的协调。

4. 信息管理

是指监理组织对所需的信息进行的收集、整理、处理、存储、传递、应用等一系列工作的总称。及时、准确、完整地掌握信息，是实施有效目标控制的基础，是正确决策的依据，是完成监理任务的重要保证。

5. 合同管理

根据监理合同的要求，对工程建设合同的签订、履行、变更和解除进行监督、检查，对双方的争议进行调解与处理，以保证合同的依法签订和全面履行。它是建设监理的一项重要任务，也是规范建设项目各方的行为、有效行使监理职能的主要方法之一。

(二)监理工程师常用的监理手段

在工程监理过程中，监理工程师通常采用以下手段对工程进行监督管理。

(1)书面指示。包括：①开工通知；②监理工程师代表及其助理的任命通知；③修改进度计划的指令；④暂时停工与复工的指令；⑤停止或恢复支付的指示；⑥会议通知；⑦其他有关规定的指示。

(2)工地会议。包括：①第一次会议。在开工前召开的第一次工地会议，主要检查开工准备情况。若具备开工条件时，发出开工通知。②经常性工地会议。经常性工地会议由监理工程师主持，定期召开，参加人员由监理工程师确定，主要目的是记录事项、交流信息，讨论和决定有关问题。

(3)专题会议。对于复杂的技术或合同管理问题，一般采用专题会议形式进行研究和解决。专题会议的结论，应按监理工程师指令性文件发出。

(4)邀约承包商。监理工程师对承包商采取制裁之前，可先邀约承包商，提出警告，责令其改正。

(5)监理记录及资料管理。完整而详实的监理记录，是监理工程师对工程施工全面评价、准确判断的依据，是解决纠纷和处理索赔的佐证，应视为建设监理的重要手段之一。这些记录和资料包括施工过程记录、工程数量和财务记录、质量记录和竣工资料等。

(6)工程计量。根据设计文件及承包合同中关于工程量计算的规定，项目监理机构对承包单位申报的已完成工程的工程量进行核验。工程计量的范围仅限于承包单位完成的合格工程。

(7)见证。由监理人员现场监督某工序全过程完成情况的活动。

(8)旁站。监理人员在施工现场对某一具体的工序、工艺或部位施工全过程进行的监理。

(9)巡视。监理人员对施工现场进行的经常性巡回检查活动。

(10)平行检验。项目监理机构利用一定的检查或检测手段，在承包单位自检的基础上，按照一定的比例，独立进行检查或检测的活动。

(11)设备监造。监理单位依据委托监理合同和设备订货合同，对设备制造过程进行的监督活动。

第四节　监理单位资质等级标准和业务范围

监理单位监理人员的素质、专业配套能力、技术装备、监理经历和管理水平等因素决定了其监理能力和监理效果，而监理能力和监理效果则决定了监理单位的资质。

按照我国现行规定，监理单位的资质分为甲、乙、丙三个等级。

承担公路工程施工监理业务的单位，必须是经交通部审批，取得公路工程施工监理资格等级证书，具有法人资格的监理单位，并按批准的资格等级承担相应的施工监理业务。

一、资质等级和从业范围

公路工程专业监理资质分为甲、乙、丙三个等级和特殊独立大桥专项、特殊独立隧道专项、公路机电工程专项。

(1)获得公路工程专业甲级监理资质，可在全国范围内从事一、二、三类公路工程、桥梁工程、隧道工程项目的监理业务；

(2)获得公路工程专业乙级监理资质，可在全国范围内从事二、三类公路工程、桥梁工程、隧道工程项目的监理业务；

(3)获得公路工程专业丙级监理资质，可在企业所在地的省级行政区域内从事三类公路工程、桥梁工程、隧道工程项目的监理业务；

(4)获得公路工程专业特殊独立大桥专项监理资质，可在全国范围内从事特殊独立大桥项目的监理业务；

(5)获得公路工程专业特殊独立隧道专项监理资质,可在全国范围内从事特殊独立隧道项目的监理业务;

(6)获得公路工程专业公路机电工程专项监理资质,可在全国范围内从事各等级公路、桥梁、隧道工程通讯、监控、收费等机电工程项目的监理业务。

二、公路工程各级监理资质条件

(一)甲级监理资质条件

(1)人员、业绩和人员结构条件。

①企业负责人和技术负责人中至少有 2 人具有公路或者相关专业高级技术职称,10 年以上从事公路、桥梁、隧道工程工作经历,5 年以上监理或者建设管理工作经历,已取得监理工程师资格。

②企业拥有中级职称以上各类专业技术人员不少于 50 人。其中,持监理工程师资格证书的人数不少于 30 人,工程系列高级专业技术人员数不少于 10 人,高、中级经济师或者高、中级会计师不少于 3 人。上述各类人员中,与企业签订 3 年以上劳动合同的人数不低于 70%。

③持监理工程师证书人员中,不少于 15 人具有 2 项一类工程监理业绩,不少于 5 人具有高级驻地监理工程师经历;上述人员与企业签订的劳动合同不少于 3 年。不具备前述条件,但具备以下条件者视为符合条件:监理企业具备不少于 5 项二类以上工程业绩。

④企业各类专业技术人员结构合理。主要包括路基路面、桥隧结构、试验检测、工程地质、工程经济、合同管理等专业人员。

(2)企业拥有材料、路基路面等工程试验检测设备和测量放样等仪器,具备建立工地试验室条件。

(3)企业注册资金不少于 400 万元。

(4)企业具有完善的规章制度和组织体系。

(5)企业作为工程质量事件当事人,已经有关主管部门认定无责任,或者虽受到有关主管部门的行政处罚但处罚期实施已满 1 年。

(二)乙级监理资质条件

(1)人员、业绩和人员结构条件。

①企业负责人和技术负责人中至少有 2 人具有公路或者相关专业中级技术职称,8 年以上从事公路、桥梁、隧道工程工作经历,3 年以上监理或者建设管理工作经历,已取得监理工程师资格。

②企业拥有中级职称以上各类专业技术人员不少于 30 人。其中,持监理工程师资格证书的人数不少于 18 人,工程系列高级专业技术人员数不少于 5 人,经济师、会计师不少于 2 人。上述各类人员中,与企业签订 3 年以上劳动合同的人数不低于 70%。

③持监理工程师证书的人员中,不少于 9 人具有 2 项二类及以上工程监理业绩,不少于 3 人具有高级驻地监理工程师经历;上述人员与企业签订的劳动合同不少于 3 年。不具备前述条件,但具备以下条件者视为符合条件:监理企业具备不少于 5 项三类以上工程业绩。

④各类专业技术人员结构合理。主要包括路基路面、桥隧结构、试验检测、工程地质、工程经济合同管理等专业人员。

(2)企业拥有材料、路基路面等工程试验检测设备和测量放样等仪器,具有建立工地试验室的条件。

(3)企业注册资金不少于200万元。

(4)企业具有完善的规章制度和组织体系。

(5)企业作为工程质量事件当事人,已经有关主管部门认定无责任,或者虽受到有关主管部门的行政处罚但处罚期实施已满1年。

(三)丙级监理资质条件

(1)人员、业绩和人员结构条件。

①企业负责人和技术负责人中至少有2人具有公路或者相关专业中级技术职称,5年以上从事公路、桥梁、隧道工程工作经历,2年以上监理或者建设管理工作经历,已取得监理工程师资格。

②企业拥有中级职称以上各类专业技术人员不少于20人。其中,持监理工程师资格证书的人数不少于8人,工程系列高级专业技术人员数不少于3人,经济师、会计师不少于1人。上述各类人员中,与企业签订3年以上劳动合同的人数不低于70%。

③持监理工程师证书的人员中,不少于3人具有2项三类及以上工程监理业绩,上述人员与企业签订的劳动合同不少于3年。

④各类专业技术人员结构合理。主要包括路基路面、桥隧结构、试验检测、工程地质、工程经济、合同管理等专业人员。

(2)企业拥有必要的试验检测设备和测量放样仪器。

(3)企业注册资金不少于50万元。

(4)企业具有完善的规章制度和组织体系。

(5)企业作为工程质量事件当事人,已经有关主管部门认定无责任,或者虽受到有关主管部门的行政处罚但处罚期实施已满1年。

(四)特殊独立大桥专项监理资质条件

(1)已取得公路工程甲级监理资质。

(2)持监理工程师证书人员,有不少于20人具有特大桥监理业绩,上述人员与企业签订的劳动合同不少于3年。不具备前述条件,但具备以下条件者视为符合条件:监理企业具有4项以上特大桥监理业绩。

(五)特殊独立隧道专项监理资质条件

(1)已取得公路工程甲级监理资质。

(2)持监理工程师证书人员,有不少于20人具有特长隧道监理经历,有不少于10人是隧道专业监理工程师,上述人员与企业签订的劳动合同不少于3年。不具备本条前述条件,但具备以下条件者视为符合条件:监理企业具有2项以上特长隧道监理业绩。

(六)公路机电工程专项监理资质条件

(1)人员、业绩和人员结构条件。

①企业负责人和技术负责人中至少有2人具有机电专业高级技术职称,8年以上从

事相关专业工作经历，5 年以上监理或者建设管理工作经历，已取得公路机电专业监理工程师资格。

②企业拥有中级职称以上各类专业技术人员不少于 30 人。其中，持公路机电专业监理工程师资格证书的人数不少于 15 人，高级专业技术人员数不少于 10 人，经济师、会计师不少于 2 人。上述各类人员中，与企业签订 3 年以上劳动合同的人数不低于 70%。

③持监理工程师证书人员中，不少于 8 人具有公路机电工程监理业绩，以上人员与企业签订的劳动合同不少于 3 年。

（2）企业拥有公路机电工程试验检测设备。

（3）企业注册资金不少于 200 万元。

（4）企业具有完善的规章制度和组织体系。

（5）企业作为工程质量事件当事人，已经有关主管部门认定无责任，或者虽受到有关主管部门的行政处罚但处罚期实施已满 1 年。

三、监理范围内的公路工程分类标准

公路工程分类标准见表 2-1，独立大桥、隧道分类标准见表 2-2。

表 2-1　公路工程分类标准

工程类别	一类	二类	三类
公路工程	高速公路	高速公路路基工程及一级公路	一级公路路基工程及二级以下各级公路
桥梁工程	特大桥	大桥、中桥	小桥、涵洞
隧道工程	特长隧道、长隧道	中隧道	短隧道

表 2-2　独立大桥、隧道分类标准

特殊独立大桥	主跨 250 m 以上钢筋混凝土拱桥、单跨 250 m 以上预应力钢筋混凝土连续结构、400 m 以上斜拉桥、800 m 以上悬索桥等结构复杂的独立特大桥项目
特殊独立隧道	大于 3 000 m 的独立特长隧道项目
公路机电工程	通信、监控、收费等机电工程

第五节　公路施工监理组织与职权

一、监理的组织机构

（一）监理的组织机构划分

监理组织机构应根据工程项目组成、工程规模、难易程度、合同工期、施工合同段的划分及现场条件等来设置，在设置监理机构时，还应贯穿提高效率、明确分工、责任到人、相互协作、分级监督的基本原则。

《公路工程施工监理规范》（JTG G10—2006）对监理机构的设置明确要求：高速和一级公路可设置二级监理机构，即总监理工程师办公室（简称“总监办”）和驻地监理工程师办公室（简称“驻地办”）。开工里程在 20 km 以下的，宜设置一级监理机构，即总监办。

二级和二级以下公路及养护工程可根据工程规模、难易程度、合同工期安排、现场条件等因素设置一级或二级监理机构。

公路机电工程可设置一级监理机构。

1. 一级监理机构

一般工程较集中的特大桥、隧道等设置一级监理机构，即设置总监办。例如：八一大桥、黄石大桥。如图 2-1 所示。

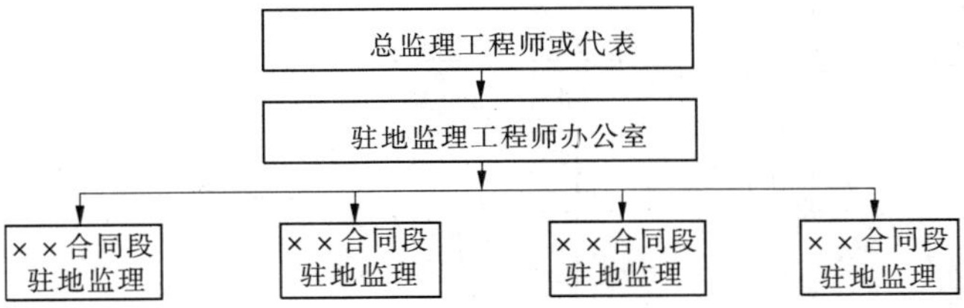

图 2-1　一级监理机构

2. 二级监理机构

省、市以内的一条公路项目，一般设置二级监理机构，即总监办和驻地办。例如：江西九（江）景（德镇）高速公路等。如图 2-2 所示。

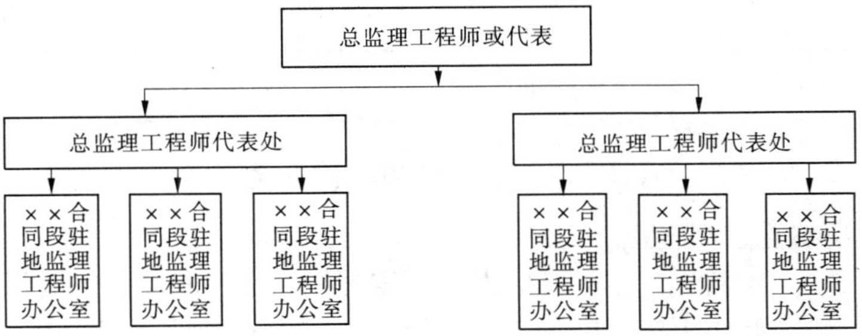

图 2-2　二级监理机构

(二)监理组织机构的基本模式

1. 直线式监理模式

这种组织形式适用于能划分为若干相对独立的合同段的工程。总监理工程师负责整个工程的规划、组织和指导,并负责整个工程范围内各个方面的指挥、协调工作,各合同段分别负责各合同段的目标值控制,具体领导现场专业工程的施工。如图 2-3 所示。

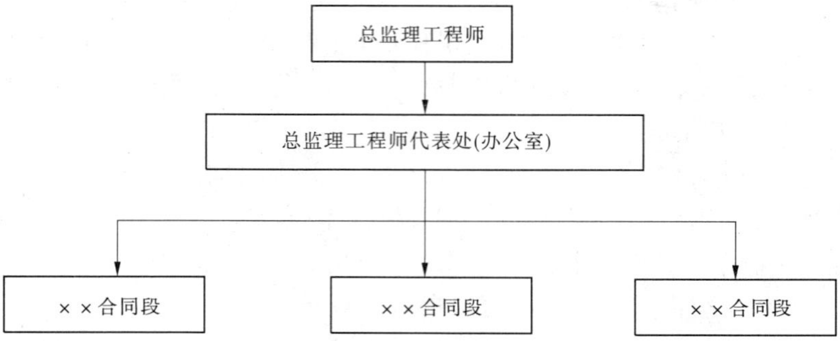

图 2-3　直线式监理组织机构图

2. 职能式监理组织

公路工程监理组织采用此种组织模式,可以充分发挥监理机构内各职能办公室的作用。但设置时,必须注意各职能办公室的职责与权限划分,以避免各职能办公室间职责不清,协调困难。如图 2-4 所示。

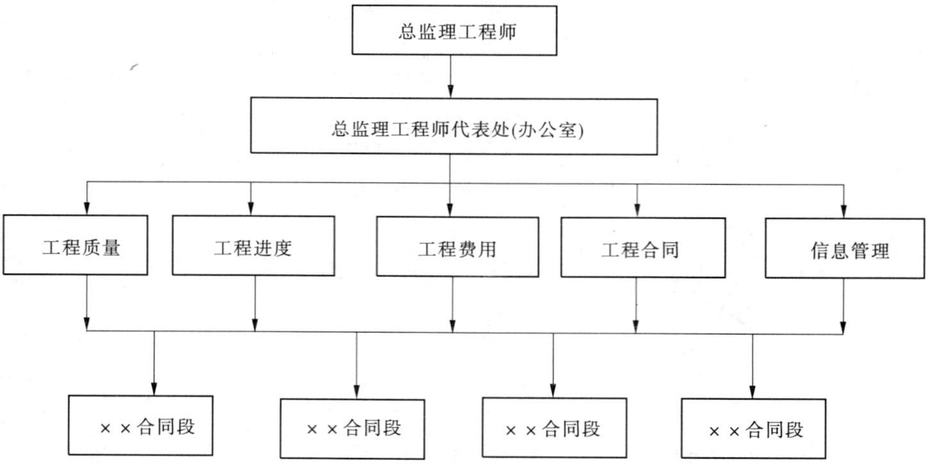

图 2-4　职能式监理组织机构图

3. 直线—职能式监理组织

这种公路工程监理组织模式,既可以发挥监理机构内各职能部门的作用,又可以发挥上级机构的领导、协调作用。我国世界银行贷款公路项目的监理组织普通采用此种组织模式。如图 2-5 所示。

4. 矩阵式监理组织

当监理单位承担一个大型项目或同时承担多个项目,对专业技术和管理人才需要量

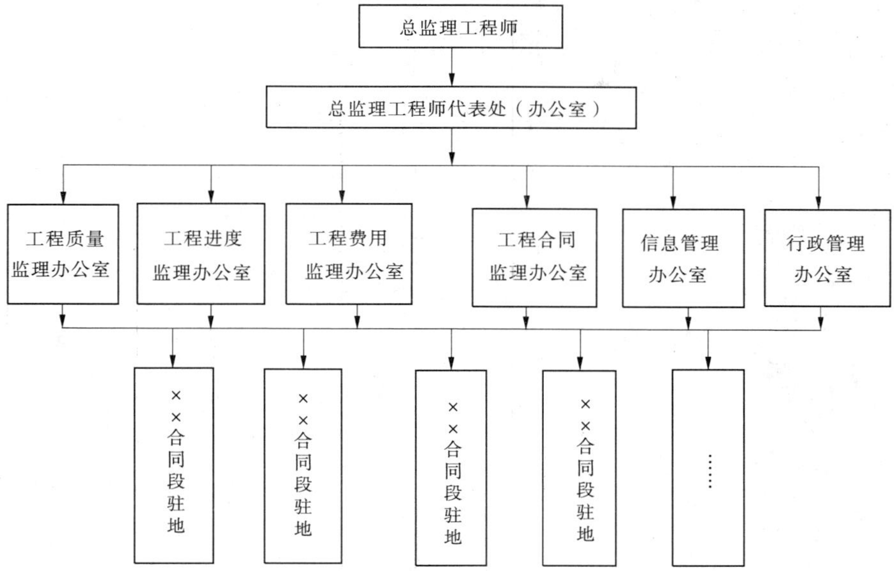

图 2-5　直线—职能式监理组织机构图

很大，而单位人才资源又有一定限度，且复杂项目又要求多部门、多专业配合实施，对人才资源利用率要求很高时，最适合采用矩阵式组织模式。如图 2-6、图 2-7 所示。

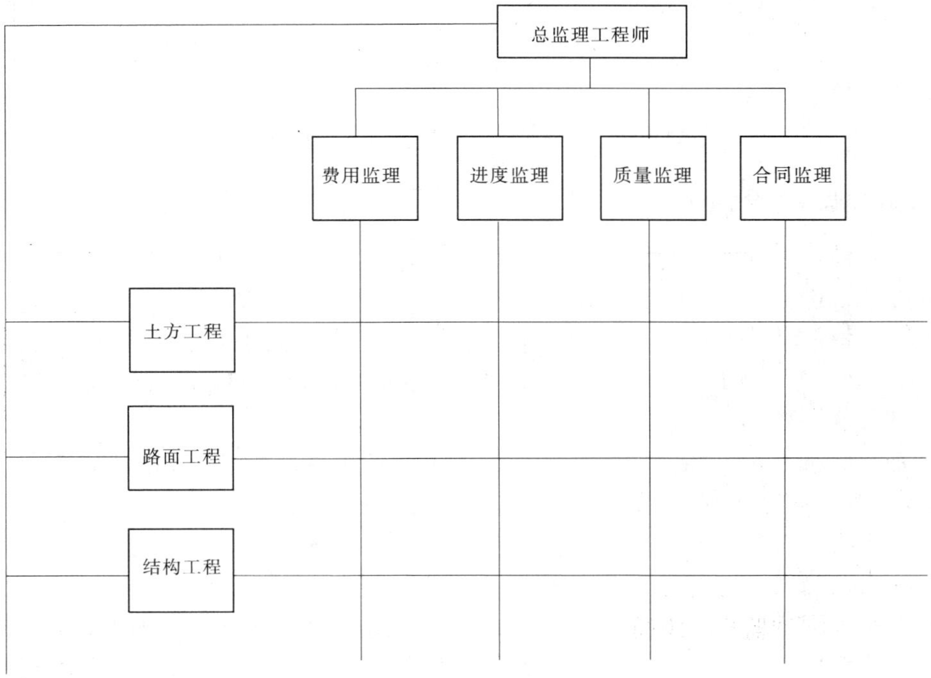

图 2-6　矩阵式工程监理组织图示 1

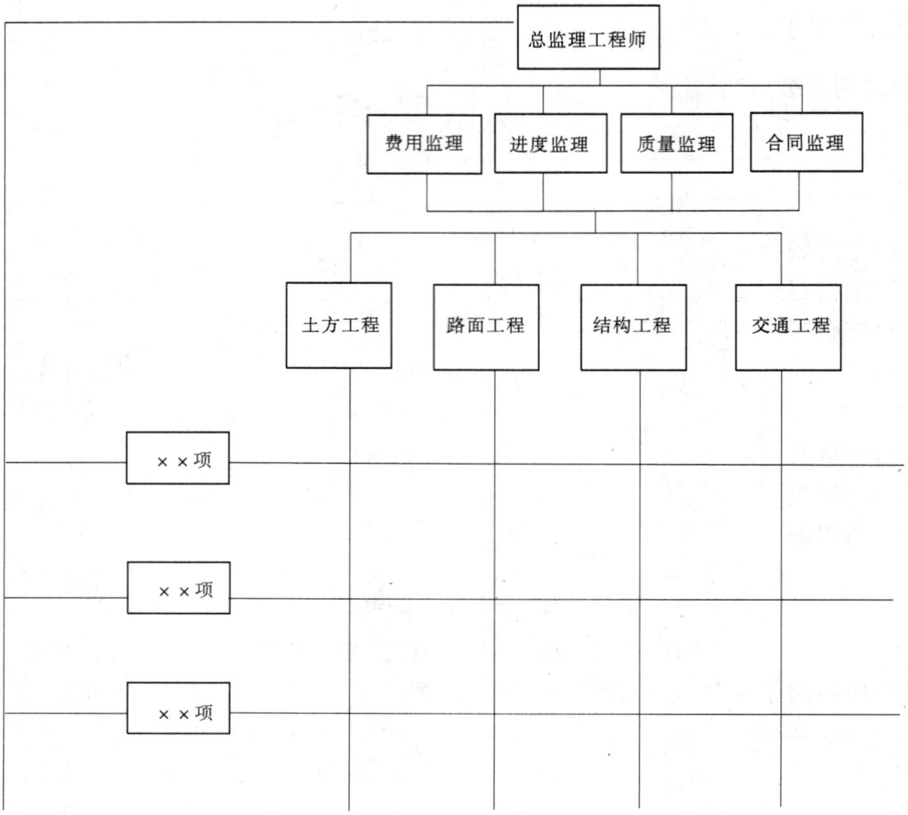

图 2-7 矩阵式工程监理组织图示 2

二、监理人员配备

监理机构中监理人员的数量和结构，应根据监理内容、工程规模、合同工期、工程条件和施工阶段等因素，按保证对工程实施有效监理的原则确定。高速公路、一级公路工程每 5 000 万元建安费宜配置交通部核准资格的监理工程师 1 名；独立大桥、特长隧道工程每 3 000 万元建安费宜配置交通部核准资格的监理工程师 1 名。根据工程特点和实际需要，上述配置可在 0.8～1.2 的系数范围内调整。

高速公路机电工程，每 50 km 每系统宜配置交通部核准资格的监理工程师 1 名，根据工程情况，如系统复杂或隧道机电工程内容较多，可适当增加。

如遇重大工程变更等情况，上述人员配备应根据需要进行调整，并就工程内容的变化、人员的调整事宜签订补充合同。

总监办应配备 1 名总监理工程师和若干名专业监理工程师。总监理工程师应具有相应专业的高级技术职称、5 年以上的现场工程监理经历，担任过 2 项以上同类工程的驻地或总监职务。

驻地办应根据工程复杂程度配备 1～2 名驻地监理工程师和若干名专业监理工程师。驻地监理工程师应具有相应专业的中级或高级技术职称、同类工程 3 年以上监理经历。

三、各级监理组织的职责

当采用二级监理机构和监理总承包时，应由中标的监理单位划分各级监理机构及监理人员的职责和权限；当对监理机构分别招标时，应由建设单位划分确定监理机构各自的职责和权限。

（一）总监办主要职责

（1）主持编制监理计划。

（2）主持召开监理交底会、第一次工地会议。

（3）按合同要求建立中心试验室。

（4）审批施工组织设计及总体进度计划、重要工程材料及混合料配合比。

（5）签发支付证书、合同工程开工令、单位或合同工程的暂停令和复工令。

（6）审核变更单价和总额以及延期和费用索赔。

（7）协助建设单位审查交工验收申请，评定工程质量。

（8）组织编写监理月报，编制监理竣工文件，编写监理工作报告。

（二）驻地办主要职责

（1）主持编制监理细则。

（2）主持召开工地会议。

（3）按合同要求建立驻地试验室。

（4）审批一般工程原材料和混合料配合比、施工单位的机械设备、施工方案。

（5）审批施工单位测量基准点和复测、原地面线测量及施工放线成果。

（6）审批分项工程开工申请，签发分项及分部工程暂停令和复工令。

（7）日常巡视、旁站、抽检，并做好记录。

（8）核算工程量清单，负责对已完工程进行计量。

（9）组织分项、分部工程中间验收和质量评定，签发中间交工证书。

（10）审批月进度计划，编写合同段监理工作报告。

四、各级监理人员的职责

监理工程师和监理机构中的相关专业技术人员统称为监理人员。监理人员是工程监理的主体，岗位不同，其知识结构要求亦不相同，配备的监理人员应满足工程监理的需要。监理机构设置岗位分为总监理工程师、驻地监理工程师、监理工程师（包括专业监理，如测量、试验、计量、环保、安全等）、监理员（主要指现场旁站人员）和行政文秘人员。各个岗位上的监理人员必须在总监理工程师的统一领导下开展工作，既分工负责，又相互配合。

各监理人员的主要职责如下。

（一）总监理工程师的职责

（1）全面负责和领导所在项目的监理工作。

（2）负责向公司提出总监代表、驻地监理组织的任免建议，确定各监理机构的人员编制。

(3)行使对整个监理工作的最终认证与否决权。

(4)审批施工单位的重要报告,签发各种指令、证书和文件。

(5)审批监理代表处、驻地监理组的重要报告和文件。

(6)主持重大质量事故的调查和处理。

(7)负责各种监理规章制度的制订、修改补充和解释。

(8)副总监理工程师按总监理工程师授权的职责范围,协助总监理工程师工作,总监理工程师不在时,代行总监理工程师职责。

(二)驻地监理工程师的职责

(1)驻地监理工程师对总监理工程师代表负责,全面负责和领导本合同段的监理工作。

(2)对合同中出现的问题和异议提出解释与修正意见并报总监理工程师代表处。

(3)详审施工单位的施工组织、施工方案和施工工艺,提出审查意见报总监理工程师代表批准。

(4)核实施工单位主要管理人员和技术人员组成,核实并随时监督施工单位人员及劳动力进场和在场情况。

(5)核实施工单位施工机械,并随时监督施工单位机械进场情况和完好率。

(6)核实施工单位开工准备,审批施工单位施工图,签批分项工程开工申请报告。

(7)签发中间交工证书,核实并签认中间计量证书,提出付款证书。

(8)尽可能地防止索赔,对发生的索赔、工期延误、争端等问题及时作出反应,同时上报总监理工程师代表处,并收集和提供所有相关资料,提出处理意见。

(9)对所有工程变更及时呈报总监理工程师代表处,提供所需资料,提出处理建议。

(10)监督施工单位的施工管理和施工安全,控制、评价工程质量和工程进度,及时向总监理工程师代表处汇报有关情况。

(11)审查施工单位材料来源和进场材料。

(12)初审施工单位的工程分包,并提出审查意见。

(13)对工程质量事故及时作出反应,并协助总监理工程师代表妥善处理。

(14)下令使用计日工,同时上报总监理工程师代表处备案(事先经总监理工程师代表处同意)。

(15)执行总监理工程师代表处的一切业务指示。

(三)监理员的职责

1.一级监理机构

在驻地监理工程师的领导下完成以下工作:

(1)负责所辖合同段各分项工程的现场监理工作。

(2)熟悉合同条款、规范及设计文件,在施工过程中对进度质量进行全面控制,对施工中出现的问题,要按规范要求提出处理意见。

(3)填写监理日志和监理日报并负责制定施工过程中的监理细则。

(4)审查施工单位的施工计划、施工组织、施工方案,提出审查意见,供驻地工程师审批时参考,并对计划的执行情况进行检查和监督。

(5)对施工单位提供的测量资料、设计图纸及工程位置进行审查,检查施工单位的测量成果及绘制的施工和竣工图纸等。

(6)负责审查施工单位的检验申请单,对施工单位施工的工程进行检验,对施工单位施工中出现的问题应建议驻地监理工程师签发工作指令或监理通知单。

(7)审查施工单位提出的各项资料,安排制定控制施工质量及施工进度的各种图表,管理好施工监理原始记录、技术档案。

(8)现场核实工程数量,做好合同计量支付工作,审查施工单位的支付月报,审查计日工的数量,经驻地工程师审查后上报。

(9)对施工中发生的工程问题以及涉及合同索赔、延期等问题,应及时提出处理意见供驻地工程师处理参考,并上报总监理工程师代表处。

(10)对本工程重点部位和重点路段要制订详细的施工技术方案、技术措施和质量保证措施。

(11)办理驻地监理工程师交办的其他工作。

2. 二级监理机构

在驻地监理工程师的领导下,完成以下工作:

(1)协助驻地监理工程师工作;

(2)负责对现场施工全过程及各工序施工质量的旁站监督;

(3)检查并记录施工单位的工序施工质量。

五、监理设施

针对投资大、监理工作繁重的公路工程项目,为确保质量控制的检验测试及各项管理工作的顺利进行,必须在监理单位所承担的工程项目工地,配备足够数量和相应质量水平的监理设施。监理设施包括:办公设施及其用品、生活设施及用品、试验设施、测量和气象仪器、交通设施及通信设施等。

(一)办公及生活设施

为了提高监理工程师及其他人员的工作效率和生活质量,应为他们提供良好的工作条件和生活环境。办公设施除一般办公条件(办公桌椅、文具等),应配备计算机、打印机、复印机、传真机、照相机、摄像机、资料柜及必要的气象设备等。生活设施除一般生活用品(床、棉被、蚊帐等)外,应有洗衣机、电风扇、空调(少量)、淋浴器、冰柜、消毒柜等设施。

办公生活场所宜选在距离所监理工程工地较近、交通便利的路段中间位置,具备通信和水、电、暖供应条件(试验室应具备三相电条件),应有安置压力机、万能试验机等大型设备用房(必要时可建临时简易用房),并尽量将生活、办公、试验区分开设置。

(二)交通及通信设施

公路工程施工路线长、内容多、任务重、要求严、时间紧,为了有效地对工程实施监理,随时沟通各方信息,及时协调配合处理问题,应配置必要的监理用车和通信设备。

交通工具配备数量根据工程情况确定,车型以越野车、双排座客货车为主,不宜配备轿车。对于长 100 km 左右的公路工程项目,采用二级监理机构时,总监理工程师办公室可配备车辆 5 部;负责 20 km 左右路段(约两个施工合同段)的驻地工程师办公室,可配备车辆 3 ~4 部。

一般情况下,总监理工程师办公室配备程控电话 2 部,驻地工程师办公室配备程控电话 1 部,总监理工程师、总监代表(副总监)、驻地监理工程师、副驻地监理工程师应配有手机等通信设备。

(三)试验室设备

监理工程师要坚持服务的客观性、科学性,要坚持用数据来判断工程质量,以达到质量监控的效果。只有把好试验关,通过可靠的试验设备、严格的试验操作和符合规范要求的试验成果才能实现。为此,总监理工程师办公室、驻地工程师办公室均应设置独立的中心试验室和工地试验室,并拥有相应的试验检测资质。

1. 土建试验设备

试验仪器设备应满足路基、路面、桥涵、隧道、防护、交通工程等试验检测工作的需要(个别频率较低的试验可以采用对外委托方式),保证规范规定的独立、平行试验检测频率。

2. 测量仪器及设备

公路路线的平纵指标、大中桥隧、路基、路面等工程几何尺寸的控制是否符合标准,工程量的收方计量,都必须进行测量检查、验收,为此,配备各类精密的测量仪器和设备是监理工作的重要保证之一。

3. 气象设备

公路工程施工受气候条件影响较大,监理工程师要随时掌握和记录施工期间的气温及降雨信息,以便要求施工单位采取相应的施工措施,避免不必要的损失。同时恶劣的气候条件也是造成施工单位提出工程延期的主要因素之一,因此可视现场具体情况设立气象观测人员、配备适当气象设备。在有气象台站的地区,各施工合同段的气象资料应由建设单位、监理工程师与当地气象部门签订合同,由当地气象部门提供距合同段最近的气象站(哨)的气象资料。

4. 照相、摄像器材

施工现场、施工过程、施工技术以及覆盖前的隐蔽工程和基础状况,都需要一定数量的工程照片或录像作为原始记录和档案保存下来,为此,可视项目情况配置适当的摄像、录像设备。一般照相设备是监理组必须配置的。

各种监理设备的规格和数量,应根据工程规模、工程种类、监理数额及通行条件等实际情况,由监理工程师与建设单位共同商定,在施工合同文件或监理合同文件中列出清单,一般为监理工程师提供的设备和设施应在工程量清单第 100 章内。

监理设施一般应在施工合同规定的实际开工期以前基本准备完善,以保证监理工作中的正常使用。

小结

本章主要介绍了公路建设中与工程监理有关的行为主体及相互关系;描述了公路施

工监理阶段划分与监理单位资质等级标准和业务范围；阐述了监理工作的依据、范围和方法；论述了公路施工监理组织、职权及监理设施。

复习思考题

2-1 工程施工监理的阶段划分是什么？

2-2 监理组织机构中人员配备的依据和原则是什么？

2-3 监理设施包括哪些内容？

2-4 公路工程施工监理的组织机构是什么？

2-5 公路工程施工监理的组织模式是什么？

2-6 监理组织的职责是什么？

2-7 公路施工监理的行为主体是什么？

2-8 简述公路工程监理单位资质等级和从业范围。

2-9 简述监理工程师、监理机构的职责与权限。

2-10 简述业主、承包商、监理工程师三方的关系。

第三章　公路工程施工进度监理

本章学习要求

1. 了解进度监理的概念、作用和任务；

2. 熟悉进度监理的原则、依据；

3. 掌握进度计划的形式及内容，进度计划编制的方法，进度计划审批的步骤、内容，进度控制的概念；

4. 了解进度控制的依据，进度控制的方法，工期延误的处理方法。

第一节　进度监理的作用和任务

一、进度监理

施工进度是工程承包合同在规定工期下的施工活动的时间安排。将建设项目各阶段的工作内容、工作程序、持续时间编制成计划，即为施工进度计划。施工进度计划反映了工程从施工准备开始，直到工程竣工为止的全部施工过程。施工进度计划是控制工程施工进度和工程竣工期限等各项施工活动的依据。施工组织工作中的其他有关问题都要服从进度计划的要求，如劳动力计划、材料调配计划、用款计划等都应以施工进度为依据。

进度监理是履行工程承包合同的重要内容，工程进度涉及业主和承包人的重大利益，是合同能否执行的关键。施工单位编制的施工进度计划经监理工程师审查批准后才能付诸实施。监理工程师在实施中要经常检查实际进度与计划进度是否存在偏差，分析偏差产生的影响和原因，采取补救措施或调整、修改原计划，再按调整后的计划继续施工、检查，如此循环，直到竣工、交付使用为止。简单地说，进度控制就是周期性地将实际进度与计划进度比较，发现偏差，及时调整，故又称循环控制。在工程进度监理中，一定要把计划进度与实际进度之间的差距作为进度控制的关键环节。

二、进度监理的原则

进度监理应在确保质量和安全的基础上，以计划控制为主线进行。监理工程师应要求施工单位按时提交进度计划，严格进度计划审批，及时收集、整理、分析进度信息，发现问题及时按照合同规定纠正。

三、工期、质量、费用三者的关系

工期是由工程项目从开工到竣工的一系列施工活动所需的持续时间之和构成的，工程质量是施工活动过程中生产出来的产品结果，工程费用是施工过程中所产生的消耗。公路工程项目总费用包括直接费用和间接费用。其中直接费用指完成工程所需要的劳动力、原材料、机械设备等的费用；间接费用则包括管理、公用福利事业费用、利息和一切不便计入直接费用的其他附加费用。直接费用一般会随着工期的缩短而增加，而间接费用一般会随着工期的缩短而减少。在一般的工程项目中，要加快某项工作，通常都需要增加劳动力，或加班加点，或增加设备，而这些都会引起直接费用的增加，这样时间缩短了，间接费用就降低了；反之，工作减慢，直接费减少，间接费增加，通常有一个合理的工期，使直接费和间接费的总和最低。工程的质量要求提高，则工程费用会增加；工程质量降低了，则工程费用会减少。匆匆赶工，进度加快了，一般质量会降低；严格按规范施工，进度放慢，质量会提高。

工程项目施工过程中，工期、质量、费用三者构成相互联系、相互制约的密切关系。工程监理的目标是将进度控制在合理的时间内，在达到合同中质量标准的前提下，使总的工程费用最少。

四、进度监理的任务和作用

我国目前要求列入基本建设计划的公路工程项目必须实行监理制度，这些公路工程项目的特点是投资大和建设周期长。大型项目的建设周期甚至达几年或更长时间。工程进度直接影响业主和承包商的利益。进度应符合合同要求。施工速度既快又科学，则有利于降低工程成本，也有利于保证工程质量；工程进度拖延或匆匆赶工，都会使承包商工程费用增大，利息增多，而业主也会因为拖延工期导致管理费用增大，投入资金的利息增多。公路工程施工监理过程中，以工程进度控制为目的的工程进度监理是一个重要环节。必须实施进度监理，使工程按预定工期完工。

监理工程师的主要任务是要求承包人在工程开工前或施工中根据招标合同文件和施工进展情况，编制出符合实际且便于管理的施工组织计划；审批承包人编制的施工组织计划；督促承包人执行已审批的施工组织计划；并对已批准的进度计划的执行情况进行监督。通过计划进度与实际进度的比较，掌握影响施工进度计划所有条件的变化情况，对进度计划的执行进行控制。控制实际进度与计划进度的差距，根据差距情况发布调整施工进度计划的指令。协调业主和承包人各方的关系，使工程能按预期进度进行。

与此同时，业主应根据合同要求及时提供施工场地和图纸，并尽可能地改善施工环境，为工程顺利进行创造条件。只有业主、承包商、监理工程师三方配合，才能保证工程进度目标的实现。

公路工程进度监理不仅是时间计划的管理和控制问题，因为进度和费用、质量密切相关，所以还需要考虑劳动力、材料、机械设备等所需的资源能否有效、合理、经济地配置和使用，即进度计划能否满足施工连续性、协调性、均衡性、经济性。进度计划要考虑在满足工程质量的前提下，如何使工期最短，成本最低。通过贯彻施工全过程的计划、组织、协调、检查与调整等手段，努力实现施工过程中的各个阶段的目标，从而确保总工期目标的实现。

进度监理的作用就是在考虑了工程施工管理的三个要素（工期、质量、费用）的同时，针对工程施工的全过程，通过计划、组织、协调、检查、调整等手段，调动一切积极因素，努力实现施工过程中的各个阶段目标，从而确保总工期的实现。

实行工程进度监理的具体作用主要体现在以下几方面：

(1)合理控制工期、质量和费用,使项目管理达到综合优化；

(2)通过审查施工进度计划及控制实际进度与计划进度差异情况,从而完善施工进度计划管理；

(3)除充分考虑时间控制问题外,同时还考虑劳动力、材料、施工机具设备等所必需的施工资源问题,使其达到最有效、合理、经济地配置与利用；

(4)通过计划、组织、协调、检查与调整等手段,调动施工活动中的一切积极因素,努力实现施工过程中各个阶段的进度目标,以确保工程施工全过程总工期目标的实现。

五、进度监理的依据

(1)国家与地方法律、法规；

(2)国家和行业有关标准；

(3)建设单位和监理单位签订的监理合同；

(4)建设单位和施工单位签订的施工合同；

(5)工程设计文件和图纸；

(6)工程实施过程中有关的函件。

第二节　进度计划的形式及编制

监理工程师应要求施工单位在合同规定的期限内编制并提交进度计划。

一、进度计划的形式

(一)横道图

格式如图 3-1 所示。它由两大部分组成,左面部分是以分部分项工程为主要内容的表格,包括了相应的工程量、定额和劳动量等计算依据；右面部分是指示图表,由左面表格中的有关数据经计算得到。指示图表用横向线条形象地表示出分部分项工程的施工进度,线的长短表示施工期限；线的位置表示施工过程；线上的数字表示劳动力数量。

横道图表示方法的优点是简单、直观、易懂,容易编制。缺点是各分项工程或工序间的相互依赖、相互制约关系不明确,仅反映工作之间的前后衔接关系,无法反映工作的机动时间和关键工作及哪些工作决定总工期；在执行过程中实施计划偏离原计划时,只能进行局部简单的调整,不能使用计算机计算；计划安排的优劣很难评价。

横道图只适宜于编制集中性工程进度计划、材料供应计划或简单的工程进度计划。横道图作为一种施工进度监理的工具,不仅可以编制施工进度计划,还可用于工程进度实施中的监控。在实施中,在计划进度横道线下方同时标出各分项工程或施工工序的实际进度。根据实际进度与计划进度的比较,可对进度计划进行必要的修改与调整。

(二)S 曲线

S 曲线即工程进度曲线,又称现金流动曲线,因形式呈“S”形故称 S 曲线。以工期为横轴,以累计完成的费用的百分比或累计完成的工程量的百分比为纵轴,按计算出来的累

序号	名称	数量	单位	台班数量	工序工期	机械化施工进度										备注
						1月	2月	3月	4月	5月	6月	7月	8月	9月	10月	
0	准备工作	2 714	m^2	90		2										载重车
1	材料运输	6 147	m^3	2 140					11							载重车
2	集中土方开挖	53 471	m^3	182				9								挖掘机
3	汽车运土石方	63 714	m^3	1 452			12									自卸车
4	桥梁混凝土	1 436	m^3	120					1							自卸车
5	管涵吊装	625	m^3	68							1					起重机
6	板涵吊装	382	m^3	45							1					起重机
7	沿线设施安装	253.5	t	120										1		电焊机

图 3-1　某工程主导机械施工进度横道图

计量在图纸上标点,并用曲线连接各点形成 S 形曲线。如图 3-2 所示。

一般情况下,项目施工初期应进行各项准备工作,劳动力和施工机械的投入逐渐增多,每天完成的工作量也增加,施工速度加快,所以工程进度曲线的斜率逐渐增大,此阶段曲线呈凹形。在施工稳定期,各资源投入量保持不变,每天完成的工作量大致相等,施工速度近似相等,工程进度曲线的斜率几乎不变,故此阶段曲线近为直线。施工后期,主体工程已完成,还余下收尾工作,劳动力及机械逐渐退场,每天完成的工作量减少,工程进度曲线的斜率减小,此阶段的曲线则为凸形,整体呈 S 形。

由于 S 曲线是工程进度曲线也是资源费用曲线,所以它在公路工程施工进度及费用监理中均可应用。其作用如下:

(1)审批施工进度计划时,可用 S 曲线判断承包人编制的施工进度是否合理。因为合理的施工进度曲线呈凹—直—凸的 S 形。反之,如不符合上述规律则应该要求承包商修改其制定的施工进度计划。

(2)将实际进度与计划进度相比较,监控施工进度,评价实际进度是否正常、提前或滞后。如计划进度曲线与实际进度曲线符合,则施工进度正常;如实际进度曲线在计划进度曲线的上方,则表明实际进度比计划进度快;如在下方则表明实际进度比计划进度慢,需要督促承包商加快进度。

S 曲线可用于工程费用监理中作为工程计量及费用支付的依据。项目在实施期间完成了多少工程量或工程费用,可从 S 曲线上反映出来,可据此进行中期计量与支付。

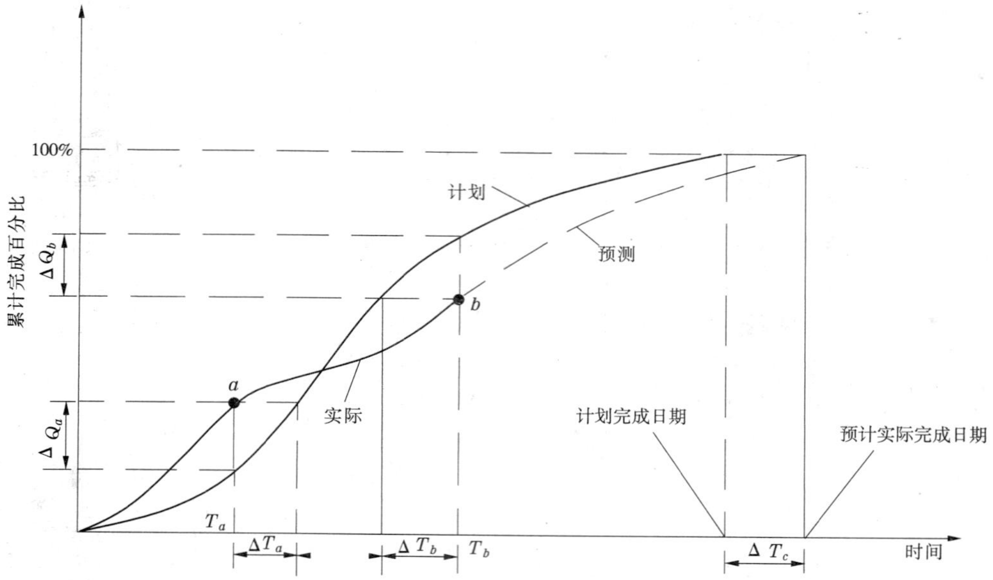

图 3-2　S 曲线

ΔT_a—T_a 时刻实际进度超前的时间；ΔT_b—T_b 时刻实际进度拖后的时间；

ΔQ_a—T_a 时刻超额完成的任务量；ΔQ_b—T_b 时刻拖欠的任务量；

ΔT_c—工期拖延预测值

(三)进度管理曲线

在项目施工进度计划实施过程中，因为各种条件变化可能使实际进度超前也可能拖后，但二者不应偏差太大，应使实际进度在一个合理的安全的区域内，这样才能使工程按时完工。而进度管理曲线是工程进度曲线规定的允许界限线，它指出了施工进度允许偏差范围所应满足的进度曲线变动区域。这个安全区域，是在保证工期、质量和经济的前提下，施工进度曲线规定的允许变动范围。如图 3-3 所示。

工程进度管理曲线能直观地反映工程的实际进展情况，比 S 曲线能获得更多的信息。利用进度管理曲线能进行进度计划的合理安排；可进行实际进度与计划进度的比较；可对后续工作进度进行预测。

(四)斜条图

斜条图又称为垂直图法或垂直坐标表示法。斜条图以横坐标表示施工期限，纵坐标表示里程或工程位置，而各分项工程或施工工序的施工进度则相应地以不同形式的斜条线表示。如图 3- 4 所示。

斜线图中各分项工程或施工工序的相互关系、施工紧凑程度及施工速度都十分清楚，从工程的分布情况和施工日期，还可直接找出任何时间各施工队伍所在的施工地点及应完成的工程数量。它减少了横道图的不足，但它还是反映不出某项工作对整个计划的影

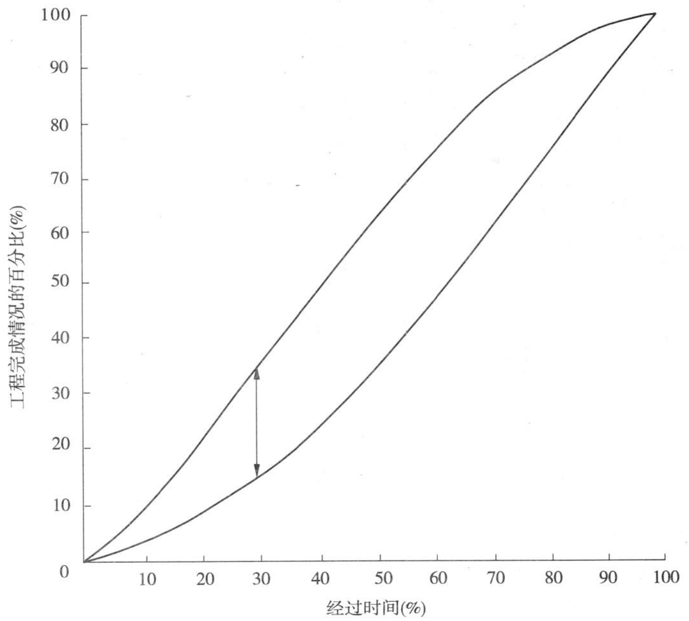

图 3-3　公路工程进度管理曲线

响程度;反映不出哪些是关键工作和非关键工作;计划安排的优劣很难评价;不能使用计算机,绘制和修改进度图的工作量很大。

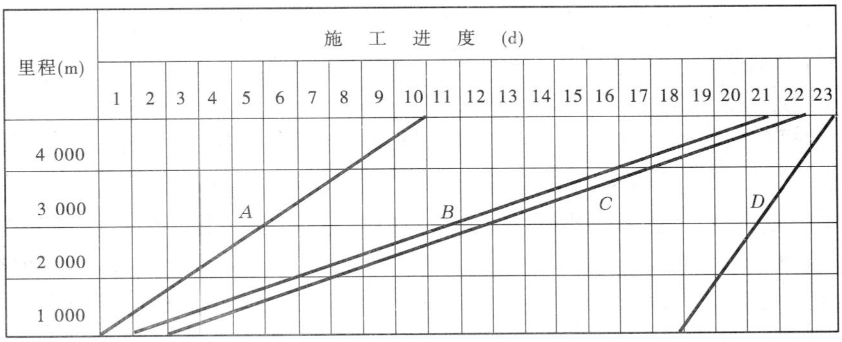

图 3-4　斜条图

(五)网络计划图

网络计划图是以加注工作持续时间的箭线和节点组成的网状流程图来表示施工进度计划。其基本原理是根据工作间的相互关系及其工作先后顺序绘制工程项目施工进度计划网络图;其次通过计算找出计划中的关键工作及关键线路;最后通过不断调整、优化网络计划,选择最优的方案付诸实施。在网络计划实施过程中进行有效地监督与控制,确保工程项目按合同条件顺利完成。

网络图有多种表示方法,如双代号网络图、单代号网络图、时标网络图等。双代号网络图如图 3-5 所示。

网络图不仅能反映施工进度,更能清楚地反映各工序、各施工项目之间错综复杂的相互关系,它可以提供以下信息:

(1)合理的赶工及其工期与成本的关系信息;

(2)各项工作有无机动时间及机动时间极限数据信息;

(3)劳动力、材料、施工机具设备等资源利用信息;

(4)哪些工作提前或拖延预测对总工期有什么样的影响等信息。

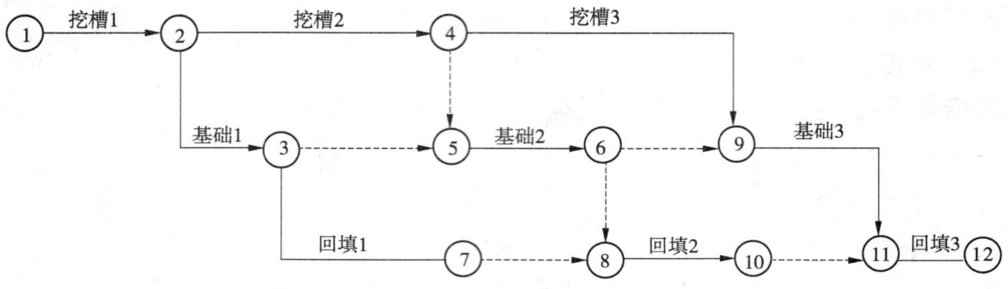

图 3-5 双代号网络计划图

二、施工进度计划的编制

公路工程项目进度计划是对工程实施过程进度监理的前提,没有进度计划,也就谈不上对工程项目的进度监理。此外,在工程开始施工之前,承包人应向监理工程师提供一份科学、合理的工程项目进度计划。根据工程项目实施的不同阶段,其进度计划可分为总体进度计划,年、月进度计划及承包人每周工作计划;对于某些起控制作用的关键工程项目,如桥梁、隧道、立体交叉等,还应单独编制工程进度计划。

(一)总体进度计划

工程项目的施工总体进度计划是用来指导工程全局的,它是工程从开工一直到竣工为止,各个主要环节的总的进度安排,起着控制构成工程总体的各个单位或各个施工阶段工期的作用。工程总体进度计划可供监理工程师作为控制和协调总体进度之用。

承包人提交的工程总体进度计划中,应当反映以下主要内容:

(1)工程项目的合同工期;

(2)完成各单位工程及各施工阶段所需要的工期、最早开始和最迟完成时间;

(3)各单位工程及各施工阶段所需完成的工程量及现金流量 S 曲线图;

(4)各单位工程及各施工阶段所需配备的人力和机械数量;

(5)总单位工程或分部工程的施工方案和施工方法等。

进度计划应有文字说明、进度图表和保证措施等。

总体进度计划的编制可采用横道图、斜条图、进度曲线或网络计划图,但无论采用什么方法,都应反映上述内容。通过现金流量曲线可以得到每月完成的工程费用额及已完成工程费用的累计。施工方案及方法可通过施工组织设计来反映。

(二)年、月(季)进度计划

对于一个公路工程项目来说,仅有工程项目的总体进度计划对进度监理是不够的,尤其是当项目较大时,还需编制年度和月(季)进度计划。年度进度计划受总体进度计划控制，而月（季）进度计划又受年进度计划控制。月（季）进度计划中也应编制现金流量S曲线图。

年进度计划可按路基、路面、基础、墩台和桥面等划分工程项目，根据年季节、气候的变化，确定各项年度生产指标，合理安排施工进度。其内容包括：本年度计划完成的单位工程及施工阶段的工程项目内容、工程数量及投资指标；施工队伍和主要施工设备的数量及调配顺序；不同季节及气温条件下各项工程的时间安排；在总体进度计划下对各分部分项工程进行局部调整或修改的详细说明等。

月（季）进度计划主要是确定月（季）施工任务，具体指导施工作业，进行月（季）施工中各项指标的平衡、汇总，以便综合衡量完成的工程数量和工程投资，作为考核月（季）施工进度情况的依据。其内容包括：本月（季）计划完成的分部分项工程内容及顺序安排；完成本月（季）及各分项工程的工程数量及投资额；完成各分部分项工程的施工队伍及人力和主要机械设备的配额；在年度计划下对各单位工程或分项工程局部调整和修改的详细说明等。

（三）关键工程进度计划

关键工程进度计划，是指一个公路工程项目中起控制作用的关键工程，如某一桥梁工程、某隧道工程的进度计划。由于关键工程的施工工期常关系到整个工程项目施工总工期的长短，因此在施工进度计划的编制过程中，将单独编制关键工程进度计划。

具体内容包括：具体的施工方案和施工方法；总体进度计划及各道工序的控制日期；各施工阶段的人员和机械的配额及其运转安排；现金流动估算；施工准备及结束后清场的时间安排；对总体进度表计划及其他相关工程的控制、依赖关系和说明等。

第三节　进度计划的审批

一、提交进度计划

在中标通知书发出后合同规定的时间内，监理工程师应要求承包人书面提交以下文件：

（1）一份详细的、格式符合要求的工程总体进度计划及必要的各项关键工程的进度计划；

（2）一份有关全部支付的现金流动估算；

（3）一份有关施工方案和施工方法的总说明（即通过施工组织设计提出）。

在将要开工以前或在开工以后合理的时间内，监理工程师应要求承包人提交以下文件（即阶段性进度计划文件）：

（1）年度进度计划及现金流动估算；

（2）月（季）进度计划及现金流动估算；

（3）分项（或分部）工程的进度计划。

二、审批进度计划

监理工程师在接到承包人提交的工程进度计划之后，应在合同规定的期限内审批施工单位提交的进度计划。总体进度计划应由总监理工程师审批；月进度计划等应由驻地监理工程师审核并报总监办。经批准的进度计划方可作为进度监理的依据。其目的是为了检查承包人所制定的工程进度计划是否合理，有无可能实现，是否适合工程的实际条件和现场情况，避免以空洞的、不切实际的工程进度计划来指导施工。

(一)进度计划的审查步骤

监理工程师应组织有关人员对承包人提交的各项进度计划进行审查，并在合同规定或满足施工需要的合理时间内审查完毕。审查工作应按以下程序进行：

(1)阅读文件，列出问题，进行调查了解；

(2)提出问题，与承包人进行讨论或澄清；

(3)对有问题的部分进行分析，向承包人提出修改意见；

(4)审查批准承包人修改后的进度计划。

(二)监理工程师审查计划的内容

监理工程师在审查承包人的工程进度计划时应注意下列事项：

1. 工期和时间安排的合理性

(1)承包人提交的工程总进度计划的总工期必须符合工程项目的合同工期，即计划总工期应少于或等于合同工期。

(2)各施工阶段或单位工程(包括分部、分项工程)的施工顺序和时间安排与材料和设备的进场计划相协调；施工的开始时间和完成时间应合理，尽可能使施工对资源的要求趋于均衡。

(3)易受冰冻、低温炎热、雨季等气候影响的工程应安排在适宜的时间，并应采取有效的预防和保护措施。

(4)对动员、清场、假日及天气影响的时间，应有充分的考虑并留有余地。

2. 施工准备的可靠性

(1)所需主要材料和设备的运送日期是否已有保证；

(2)主要骨干人员及施工队伍的进场日期是否已经落实；

(3)施工测量、材料检查及标准试验的工作是否已经安排；

(4)驻地建设、进场道路及供电、供水等是否已经解决或已有可靠的解决方案。

3. 计划目标与施工能力的适应性

(1)各阶段或单位工程计划完成的工程量及投资额应与承包人的设备和人力实际状况相适应；

(2)各项施工方案和施工方法应与承包人的施工经验和技术水平相适应；

(3)关键线路上的施工力量安排应与非关键线路上的施工力量安排相适应。

当监理工程师通过调查了解，落实了上述与工程进度计划有关的条件和因素并经过评价后，如确认承包人为完成工程而提供的工程进度计划是合理的，而且计划切实可行，则应在合理的时间内同意承包人的进度计划并通知承包人可以按照计划安排施工。

如果监理工程师经过充分的分析和调查了解，认为承包人所提交的工程进度计划与其实际的技术、装备能力不相适应，尤其是计划中关键线路上的工作安排不合理，则可以要求承包人修订工程进度计划，并重新拟定一份工程进度计划，以取得监理工程师的批准。

第四节　施工进度控制

一、进度控制的概念

进度控制是指既定的工期内，由承包人编制出合理的工程施工进度计划，报经监理工程师审批后，承包人按计划进行施工。在施工过程中，监理工程师经常检查施工实际进度情况，并将其与计划进度相比较。若出现偏差，应分析产生偏差的原因和对工程工期的影响程度，采取一定的措施或要求承包人加强进度管理、调整后续进度计划。如此不断循环，直到工程竣工。

进度控制是施工监理的工作重点之一。监理工程师在进行进度控制时，应明确进度计划不是一成不变的，而是会随着施工条件的变化发生变化，实际进度与计划进度完全一致几乎是不可能的。在工程项目的实施过程中，由于受到种种因素的干扰，经常造成实际进度与计划进度的偏差。这种偏差若得不到及时纠正，必将影响进度目标的实现。监理过程中，应经常地进行实际进度与计划进度的比较，发现偏差，及时采取措施和对策，或督促承包人调整后续进度计划，使进度符合目标要求。进度控制的具体内容包括：①对造成进度变化的因素施加影响，以保证这种变化朝着有利的方向发展；②确定进度是否已发生变化；③在变化实际发生或正在发生时，对这种变化实施管理。

二、工程项目进度控制的依据

（一）项目进度计划

批准的项目进度计划，称为进度基准计划。进度基准计划在技术和资源方面都必须是可行的。

（二）进度报告

进度报告提供了有关进度进展的信息，如哪些计划的日期已达到，哪些还没有达到。进度报告还可提醒监理工程师注意将来有可能引起问题的事项。

（三）变更申请

变更申请可以是直接的或间接的，可以从外部或内部提出。变更申请可能是请求延缓进度或加快进度。

（四）施工现场情况

应根据施工现场情况合理安排工程项目的施工进度。

三、进度控制的方法

在工程项目实施过程中，监理工程师应经常地、定期地对进度计划的执行情况进行跟踪检查,发现问题后,及时采取措施加以解决。

(一)进度计划执行中的跟踪检查

对进度计划的执行情况进行跟踪检查是计划执行信息的主要来源,是进度分析和调整的依据,也是进度控制的关键步骤。跟踪检查的主要工作是定期收集反映工程实际进度的有关数据,收集的数据应全面、真实、可靠,不完整或不正确的进度数据将导致判断不准确或决策失误。为了全面、准确地掌握进度计划的执行情况,监理工程师应认真做好以下三方面的工作。

1.定期收集进度报表资料

进度报表反映了工程实际进度情况,监理工程师通过进度报表掌握工程实际进展情况。

2.现场实地检查进展情况

监理工程师应到施工现场检查进度计划的实际执行情况,这样可掌握第一手资料。监理工程师应根据所有监理人员随时收集和记录影响工程进度的有关资料和事项,随时掌握承包人工程施工过程中存在的问题,并及时向总监理工程师汇报,以便及时协调和解决影响进度的各种矛盾和不利因素。

(二)进度检查

进度检查就是将实际进度与计划进度作对比,找出工程项目实际执行情况与计划目标之间的偏差。偏差只有三种可能,实际与计划相比提前、按时(正常)或拖延(延误)。

延误是指施工中实际进度与计划进度相比较的拖延或耽误,是相对于工作计划最早结束时间的延误。即进度偏差的不利一面。该项工作由于延误是否会使计划工期延长,要看延误值是否大于其总时差;是否会使紧后工作推迟开工,要看是否会大于局部时差。在工程施工过程中涉及延误时,往往指某些正在施工的工作(或分项工程)的延误。

对工程项目工期的拖延或耽误称为误期(如果是由于承包商原因造成的误期,一般称为拖期或工期延误。如果是由于非承包商原因造成的误期,一般称为延期)。误期是相对于该工作计划最迟结束时间的延误。其误期值对关键工作而言,是使计划工期延长的时间;对非关键工作而言,说明用完其总时差后,还要使总工期延长的时间。

延误是对工作的进度而言,只要超过工作计划最早结束时间,就可称为延误。误期是对项目而言,只有工作的延误超过一定值,才能使项目的计划工期延长,才能说误期。

在进度检查时所谈及的偏离往往是针对正在检查的内容即工作(或分项工程)。因此,还应分析这些偏差对工程项目或合同段工期有何影响,即工程总体进度状况发展的趋势。如由于某些工作的延误,计划工期是否会延长,后续工作是否会推迟开工。为了直观反映进度偏差,通常采用表格或图形进行实际进度与计划进度的对比分析。通常采用下面方法。

1.定期召开现场会议

定期召开现场会议,监理工程师可通过与进度计划执行单位的有关人员面对面地交谈,既可了解工程实际进度情况,也可协调有关方面的进度关系。

2.横道图比较法

横道图比较法是指将项目实施过程中检查实际进度收集的数据,经加工整理后直接用横道线平行绘于原计划的横道线下，进行实际进度与计划进度比较的方法。其特点为形象、直观。

3. S 曲线比较法

S 曲线比较法是以横坐标表示时间，纵坐标表示累计完成任务量，绘制按计划时间累计完成任务量的 S 曲线，然后将工程项目实施过程中各检查时间实际累计完成任务量的 S 曲线也绘制在同一坐标中，进行实际进度与计划进度比较的一种方法。项目实施过程中，每隔一段时间应将实际进展情况绘制在原计划的 S 曲线上进行直观比较。通过比较可以得到以下信息：

(1)实际工程进展速度。如按工程实际进度描出的点落在计划 S 曲线左侧，表示此刻进度比计划进度超前；反之，表示实际进度拖后。

(2)工程量的完成情况。

(3)后续工程进度预测。

4. “香蕉”曲线比较法

在工程项目进度计划制定中，网络图中的时间参数有最早开始时间和最迟开始时间。在“香蕉”形曲线中，各项工作均按最早时间绘制和按最迟时间绘制，这两条曲线具有相同的起点和终点，形成了闭合曲线。一个科学合理的进度计划优化曲线应处于“香蕉”曲线所包络的区域之内。

“香蕉”曲线能直观反映工程的实际进展情况，能比 S 曲线得到更多信息。利用“香蕉”曲线可进行以下工作：

(1)进度计划的合理安排；

(2)实际进度与计划进度的比较；

(3)对后续工程进度进行预测。

5. 网络计划进度检查法

在网络计划中，计划时间有最早和最迟两种，所以严格地说延误都是工作的实际时间与计划最早时间相比的拖延或耽误。工作的拖延是否会对后续工作的进行造成影响及影响到总工期要视具体情况而定。关键线路上任何工作有延误，则一定会造成工期的拖延或增长；非关键工作的延误只要不超过其总时差就不会拖延或增长工期，在网络计划中就是工作的实际时间与计划最迟时间相比的拖延或耽误，也等于工作延误减去其总时差。这是网络计划图最显著的优点，使计划管理人员能从局部的工作预计未来的工程全局。

在网络计划图中进行进度检查，将工作实际进度情况与计划最早时间相比可了解到工作本身的进度状况，也可了解到后续工作可能受到的影响，同时与计划最迟时间相比可了解到其对工程项目工期的影响，可做到局部与全局一目了然。

在检查是否延误或误期时，常用前锋线法或列表检查法或简易检查法。

四、工期施工延误的处理

公路工程施工中，由于工期长，涉及面广，受外界干扰大，不可避免地会出现实际进度与计划进度的偏差，特别是实际进度比计划进度慢了形成延误。

进度计划的延误可分为承包商延误和非承包商延误两大类。非承包商原因引起的延误又分为业主责任、业主承担的风险。增加工程量、变更工作量（额外部分）、延误提供施工场地与通道、延误提供设计图纸、资金不能及时到位等为业主责任。不可抗力的异常恶劣的气候条件，地质条件变化，洪水、地震、泥石流、战争、暴乱、社会罢工等一个有经验的承包商无法预料的外界障碍与条件，是业主应承担的风险。

根据延误的影响又分为发生在关键线路上的延误（包括新关键线路）和发生在非关键线路上的延误。

监理工程师在进度监理过程中，若发现有较大的延误事件，应认真处理好这些延误事件。首先可对进度进行检查，判断其延误是否影响到后续工作的进行及是否影响到总工期造成误期影响，工期将拖延多少。对无误期影响的延误事件一般无需处理，但要极为关注。如经过判断可能会对总工期造成影响，应督促承包商调整工程进度计划，采取措施加快工程进度。其次应通过现场记录和有关文件或资料分析这些延误事件的原因或责任。

如果由于非承包人原因造成的承包商延误，且这种延误会造成误期，承包商必须提出延期申请，并在规定的时间内，提出延期具体细节，以供监理审查处理。延期获得批准必须同时符合以下条件：①符合合同规定；②事件发生在关键线路上，或发生在非关键线路上但延误时间超过总时差会造成进度计划的拖延；③符合实际情况。符合以上条件时监理工程师应按规定批准承包人的延期申请。

如果由于承包人自身原因引起的误期，则监理工程师不能批准其延期。对承包商原因造成的延误处理有：停止付款、对承包商收取一定金额的拖期违约损失偿金、终止雇用等。在施工中，施工进度拖后，承包商不听监理警告，又不采取积极措施，可停止付款予以制约，这是一般的制约手段。当承包商未能按合同规定的工期和条件竣工，承包商应向业主支付投标书附件规定的拖期损失偿金。如承包人的进度太慢而又无视监理工程师的警告，不采取加快进度的措施或根本无力按期完工，业主有权终止或解除对承包商的雇用。

五、进度计划的调整

（一）进度计划调整的原因及处理

调整计划进度的原因有两种：一种是由于非承包商原因产生的工期延期调整；另一种是由于承包商自身的原因产生的工期延误调整。前一种是在原计划基础上，各工作按监理批准的延期时间顺延，重新编制新合同工期的计划，并交监理批准后执行；后一种是工期延误，又无权获得延期，则必须在原计划基础上压缩工期，调整计划，以符合原计划的合同工期。

对总体工程进度起控制作用的分项工程的实际工程进度明显滞后于计划进度且施工单位未获得延期批准时，监理工程师必须签发监理指令，要求施工单位采取措施加快工程进度。需要调整进度计划的，调整后的工程进度计划必须报监理工程师重新审核。

施工单位获得延期批准后，监理工程师应要求施工单位根据延期批复调整工程进度计划。调整后的工程进度计划应报监理工程师审批。

由于施工单位自身原因造成工程进度延误，在监理工程师签发监理指令后施工单位未有明显改进，致使合同工程在合同工期内难以完成时，监理工程师应及时向建设单位提交书面报告，并按合同规定处理。

建设单位或施工单位提出工程进度重大调整时，应按合同或签订的补充合同执行。

（二）进度计划调整的措施

进度计划调整的措施有组织措施、技术措施、经济措施或行政措施、其他配套措施等。具体措施如下。

1. 调整工作顺序，改变某些工作间的逻辑关系

当工程项目实施中产生的进度偏差影响到总工期，且有关工作的逻辑关系允许改变时，可以改变关键线路和超过计划工期的非关键线路上的有关工作之间的逻辑关系。如将顺序施工变为平行施工关系；将顺序施工关系改为搭接施工关系。在工作面及资源允许情况下组织流水作业是其中的典型方法。

2. 缩短某些工作的持续时间

可以通过增加资源投入、提高劳动效率等措施来缩短某些工作的持续时间，使工程进度加快，以保证按计划工期完成该项目。这些被压缩了持续时间的工作是位于关键线路和超过计划工期的非关键线路上的工作。如果某项工作进度拖延的时间超过其总时差，那么无论它是否处于关键线路，都将会对后续工作和总工期产生影响，在这种情况下，为了减少对总工期的延误，应采取措施缩短关键线路上后续工作的持续时间，并用工期优化方法对原网络计划进行调整。

在缩短工作持续时间之前，应根据各工作的具体情况，确定哪些工作不能压缩，哪些工作能压缩的最多时间，再按计划工期与要求工期的差值来确定压缩时间。压缩方法如下。

1）循环优化压缩法

这种方法是，第一次压缩关键工作持续时间后，可能其他线路变成了新的关键线路，但达到要求工期，需要再次压缩。如此循环，直到达到工期才结束。

2）简易优化压缩法

这种方法不但要找出关键线路总工期，而且要采用线路枚举法，一段一段线路比较长度，直到一条一条线路与要求工期比较，找出工期大于要求工期的次关键线路，然后将关键线路、次关键线路一次压缩到要求工期。最后将已压缩时间的工作填入原网络计划，检查是否达到要求工期。这种方法不需要循环优化，但找次关键线路比较麻烦。对于线路较少的网络计划较方便。

六、案例

在某工程项目中根据第 12 天晚检查结果，各工作尚需时间及延误原因见表 3-1 所示，该项目网络计划如图 3-6 所示。

表 3-1　各工作尚需时间及延误原因

工作	延误原因	尚需时间（天）	工作	延误原因	尚需时间（天）
C	业主	10	G	承包商	7
D	承包商	12	H	业主	12
E	业主	4	I	承包商	8

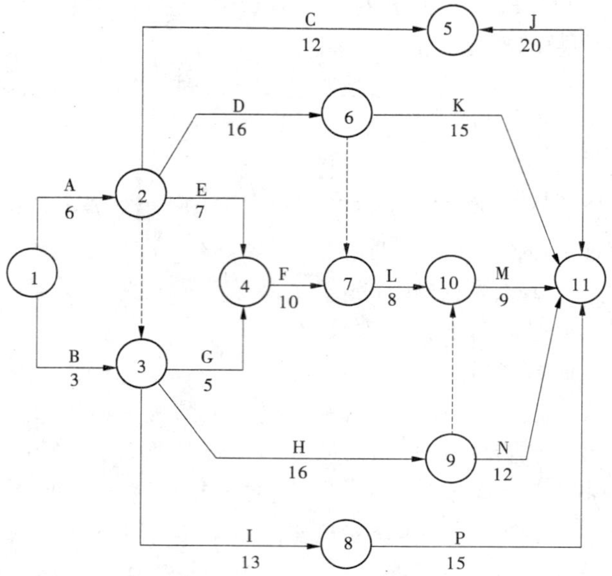

图 3-6　某项目网络计划图

问题 1:确定监理可批准的延期时间、承包商压缩工期的时间。

问题 2:确定调整后的计划工期及网络计划图。

问题 3:如果表中尚需时间各项全由承包商所产生,计划又如何调整。

【解】　(1)计算网络计划节点时间参数,确定关键线路总工期,如图 3-7(a)所示。

(2)误期判断(检查时间为第 12 天晚)。

工作的误期值 = 预计工作的实际结束时间 - 计划最迟结束时间

预计工作的实际结束时间 = 检查日 + 尚需日

注:计算数值为正表示拖期,数值为负表示提前。

C　$22-20=2$　　G　$19-13=6$

D　$24-23=1$　　H　$24-28=-4$

E　$16-13=3$　　I　$20-25=-5$

$$业主\begin{cases}C & 22-20=2\\E & 16-13=3\\H & 24-28=-4\end{cases}$$

$$承包商\begin{cases}D & 24-23=1\\G & 19-13=6\\I & 20-25=-5\end{cases}$$

$$业主原因导致误期\ \max\begin{Bmatrix}C\\E\\H\end{Bmatrix}=3\quad 承包商原因导致误期\ \max\begin{Bmatrix}D\\G\\I\end{Bmatrix}=6$$

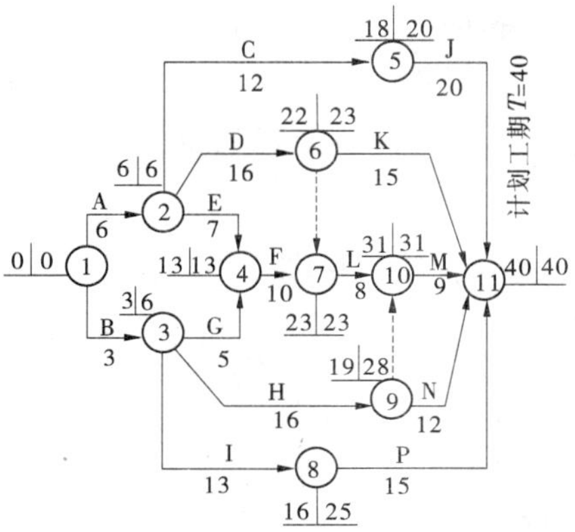

(a)工期与时间参数计算图

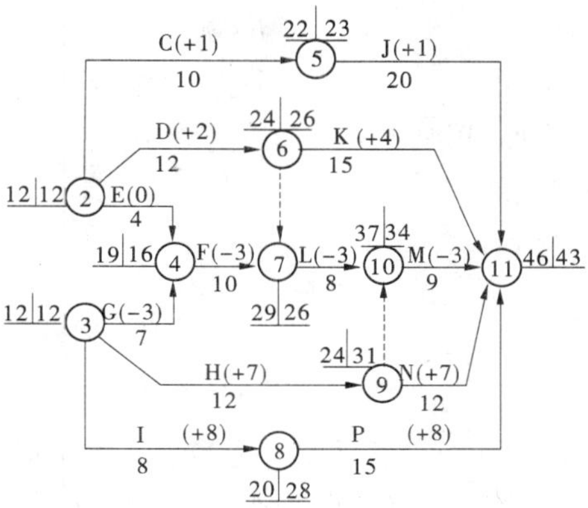

(b)第一次调整后的网络计划图

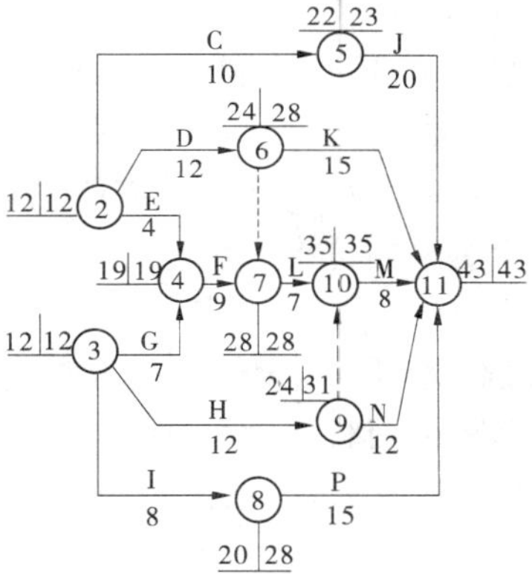

(c)第二次调整后的网络计划图

图 3-7 案例计算图

$$\max(\text{工作的误期值})\begin{cases}<0 & \text{说明工期提前}\\ =0 & \text{说明按期完工}\\ >0 & \text{说明工期拖延}\end{cases}$$

根据误期判断,监理可批准的工期延期时间为 3 天,新计划工期 $\lambda=43$ 天,承包商应压缩工期误期时间 $\Delta=6-3=3$(天)。

(3)去掉网络计划已执行部分,以检查日期 12 天为简化网络图开始节点的最早开始、最早结束时间,以各工作尚需时间为检查工作的工作持续时间,其他未检查工作的持续时间不变,如图 3-7(b)所示。

(4)计算其各节点的最早时间,并以新计划工期为结束节点的最迟时间,计算其他节点的最迟时间,如图 3-7(b)所示。

(5)根据节点时间计算各工作的总时差。从图中可看出,有些工作的总时间为负值。其中总时差最小的(绝对值大的)线路,即为关键线路。压缩此线路中工作的持续时间即可。

(6)现压缩 F、L、M 各 1 天。并按压缩工作持续时间后的简化网络图重新计算节点时间参数,如图 3-7(c)所示,即为调整后的网络计算图。

(7)如果各项工作延误为承包商产生,可参考图 3-7(b),此时计划工期仍为 40 天,且有更多工作的时差为负值,据此再压缩各项工作持续时间即可。

小结

(1)施工进度是工程承包合同中规定工期中施工活动的时间安排,将建设项目各阶段的工作内容、工作程序、持续时间编制成计划,即为施工进度计划。进度监理是履行工程承包合同的重要内容,监理工程师在实施中要经常检查实际进度与计划进度是否存在偏差,分析偏差产生的影响和原因,采取补救措施或调整、修改原计划。再按调整后的计划继续施工、检查,如此循环,直到竣工、交付使用为止。

(2)工程项目施工过程中,工期、质量、费用三者构成相互联系、相互制约的密切关系。应该将进度控制在合理的数值,以使达到质量标准的前提下,费用最少。

(3)监理工程师的主要任务是审批承包商编制的施工进度计划,并对已批准的进度计划的执行情况进行监督,从全局出发,掌握影响施工进度计划所有条件的变化情况,对进度计划的执行进行控制。控制实际进度与计划进度的差距,根据差距情况发布调整施工进度计划的指令。

(4)进度监理的作用是通过贯彻施工全过程的计划、组织、协调、检查与调整等手段,努力实现施工过程中的各个阶段的目标,从而确保总工期目标的实现。

(5)进度监理的方法有横道图法、S 曲线法、进度管理曲线法、斜条图法、网络计划图法。

(6)进度计划的形式有总体进度计划,年、月(季)进度计划,重点工程进度计划。

(7)进度计划应先初步编制,再进行优化调整,最后得出进度计划。进度计划有横道图、S 曲线、管理曲线、斜条图、网络计划图等形式。

(8)在中标通知书发出后合同规定的时间内,监理工程师应要求承包人书面提交进度计划,监理工程师在审查承包人的工程进度计划时应审查:工期和时间安排的合理性、施工准备的可靠性、计划目标与施工能力的适应性等。

(9)进度控制是在施工过程中,监理工程师经常检查施工实际进度情况,并将其与计划进度相比较。若出现偏差,应分析产生偏差的原因和对工程工期的影响程度,采取一定的措施或要求承包人加强进度管理、调整后续进度计划。如此不断循环,直到工程竣工。

(10)在工程项目实施过程中,监理工程师应经常地、定期地对进度计划的执行情况进行跟踪检查,发现问题后,及时采取措施加以解决。进度检查的方法有横道图检查法、S 曲线比较法、“香蕉”曲线比较法、网络计划进度检查等计算方法。

(11)进度计划调整的方法有调整工作顺序、改变某些工作间的逻辑关系、缩短某些工作的持续时间、调整项目进度计划。

复习思考题

3-1　什么叫工程进度计划？

3-2　什么叫进度监理？

3-3　进度监理的作用与任务是什么？

3-4　进度监理的依据是什么？

3-5　工期、质量、费用三者存在什么问题？

3-6　进度监理的方法有哪些？

3-7　进度计划的绘制方法是什么？

3-8　进度计划应检查哪些方面的内容？

3-9　横道图的绘制步骤是什么？

3-10　S曲线的绘制步骤是什么？

3-11　工程管理曲线的绘制步骤是什么？

3-12　斜条图的绘制步骤是什么？

3-13　网络计划图的绘制步骤是什么？

3-14　进度计划审查的内容是什么？

3-15　进度计划审查的步骤是什么？

3-16　什么叫进度控制？

3-17　进度控制的依据有哪些？

3-18　进度控制的方法有哪些？

3-19　进度调整的方法有哪些？

3-20　某非关键工作由于延误过大造成了工程项目工期的拖延，那么，此时该工作是否为非关键工作？如果在进度检查时发现该工作的延误使（总）工期拖延30天，虽然该工作延误是非承包人的责任，由于该工作的总时差是60天，30天未超过60天，所以可不批准承包人的延期申请，这一说法正确吗？该工作的延误是多少天？

第四章　公路工程施工质量监理

本章学习要求

1. 了解公路工程质量监理特点、依据及方法；

2. 掌握施工准备阶段、施工阶段、交工及缺陷责任期的质量监理的程序、工作内容及各工序的质量评定。

第一节　概　述

一、工程质量监理的依据和特点

(一)质量监理的依据

质量监理的依据是合同条款、设计文件和施工技术规范、质量标准。

1. 合同条款

业主与承包人签订的工程承包合同中关于质量监理的有关条款和规定，是监理工程师进行质量监理的主要依据之一，它也是业主与承包人应当遵守并受到合同法保护的法律文件。

2. 设计文件

它包括施工图纸、图表、技术要求、工程量及有关文字说明。对承包人来讲，照图施工是必须遵守的准则。除此之外，还包括经监理工程师审核批准，经业主同意的“工程变更”、“设计变更”的图纸，质量要求及监理工程师和承包人在工程实施过程中有关技术问题的会议纪要，施工技术要求等均可作为质量监理的补充依据。

3. 施工技术规范

公路施工应按照有关的施工技术规范进行，这是承包人在施工中必须遵守的。该工程项目应执行的施工技术规范可以是国家或有关部门颁发的施工技术规范，也可以是在合同文本中加以明确的专为本工程编制的施工技术规范。因此，它也是工程施工和质量监理的主要依据，承包人和监理工程师在工程施工、监理和验收工作中都必须严格遵守，遵照执行。

4. 质量标准

它要求所有工程质量均应符合合同文件中列明的质量标准或监理工程师同意使用的其他标准。

(二)质量监理的特点

工程质量监理的特点如下：

(1)监理工程师对工程质量的监理权受法律保护。在承包人和业主签订的承包合同中详细、明确地规定了监理工程师在质量控制中的作用和权利。这就以合同形式赋予了监理工程师采取各种手段进行工程质量控制的权力,使质量管理有法可依和依法办事。

(2)工程质量监理是监理工程师对一项工程实行全过程、全方位和全天候的全面质量管理。这样能使工程所有部分的质量得到有效、全面的控制。

(3)工程质量监理强调事先监理和主动监理。监理的重点放在施工前的准备阶段和施工阶段,即对原材料、施工机械和施工技术方案的检验和审查,以及施工过程中各环节的质量监理,以求及早发现问题并防患于未然。

(4)质量监理与工程支付挂钩。工程质量好坏直接关系到承包人的经济效益,这是工程监理制度的最大特点。按合同条件规定,未经监理工程师验收并签字认可的工程项目,一律不予支付费用。

从上述可以看出,工程质量监理不是单一的技术管理,而是集技术、经济和法律于一身的一种综合性管理。

二、工程质量监理的主要方法

(一)预防为主,主动控制

1. 施工前提示

工程质量监理应贯彻预防为主的原则,工作重点为施工前和施工中的指导和控制。

(1)明确工程项目或工程部位中影响工程质量的关键环节,即找出质量控制点。

(2)分析影响质量控制的因素及其预防措施,及时给予提示。

2. 及时发现和纠正违规行为

监理工程师可采用巡视工地、控制施工工序、施工现场旁站、实际检测和测量、下达指令文件等措施,及时发现和纠正违背施工规范和工艺规程的施工操作,认真履行质量监理的职责。

(二)结合实际,完善设计

工程实施前或监理过程中,应根据合同要求和施工现场实际对施工图设计与现场实际不符之处,以及部分图纸中的设计遗漏和错误,加以补充、纠正和完善,防止盲目照图施工。常见的问题有:

(1)设计与实际地形、地质情况不符;

(2)结构设计缺陷;

(3)设计对施工、使用、自然因素影响考虑不周,遗漏工程内容等。

(三)做好试验段

通过试验段的施工,对取得施工参数、检验施工方案、了解施工机械的实效是非常重要的,同时又可以检验和确认施工中的各工序的质量控制指标、质量保证的有效措施和质量检验的试验方法。关于做好试验段的施工有以下要求:

(1)路基、路面以及梁、柱、板等正式施工前均应做试验段。

(2)试验段实施前,试验方案须报监理工程师并获批准。

(3)试验段完成并检测合格后,须进一步总结和完善施工方案,以保证工程施工顺利进行。试验段确定的施工工艺、机械的配置组合和其他的施工参数,在施工过程中不得随意改动。

（四）加强特殊部位或重要工艺的质量控制监理

对于工程中的常见缺陷、病害应制订质量控制措施，以预控缺陷或病害的发生。

（五）完善质量检测控制方法

（1）检测仪器要高效准确，尽可能做到无损检测。

（2）用周密、系统的方法检测隐蔽工程。

（3）检测控制方法应力求减少人为因素的影响。

（六）正确处理质量缺陷与争端

在施工过程中应尽可能减少质量缺陷，避免质量事故。监理工程师应根据质量缺陷的性质和严重程度认真处理。

（1）质量缺陷的认定：监理工程师对工程质量的评价必须以技术规范和检验数据为依据。发生争端时，要依据有关合同文件进行仲裁处理。

（2）要审批补救方案，承包人补救措施必须符合技术规范，处理后的工程须严格检验，以确定是否达到设计要求。

（3）对因设计原因而产生的质量缺陷，应由业主提出处理方案，由承包人实施，并达到规定的质量标准。

（4）应根据缺陷的程度或产生原因，按工程合同有关规定确定风险和责任。

三、工程质量监理的程序

（一）质量控制程序

工程开工前，监理工程师应向承包人提出对所有工程项目进行质量控制的程序及说明，以供所有监理人员、承包人的自检人员和施工人员共同遵循，使质量控制工作程序化。质量控制一般按以下程序进行。

1. 开工报告

在各单位工程、分部工程或分项工程开工之前，高级驻地监理工程师应要求承包人提交工程开工报告并进行审批。工程开工报告应提出工程实施计划和施工方案；依据技术规范列明本项工程的质量控制指标及检验频率和方法；说明材料、设备、劳力及现场管理人员等的准备情况；提供放样测量、标准试验、施工图等必要的基础资料。

2. 工序自检报告

监理工程师应要求承包人的自检人员按照专业监理工程师批准的工艺流程和提出的工序检查程序，在每道工序完工后首先进行自检，自检合格后，申报专业监理工程师进行检查认可。

3. 工序检查认可

专业监理工程师应紧接承包人的自检或与承包人的自检同时对每道工序完工后进行检查验收并签字，对不合格的工序应指示承包人进行缺陷修复或返工。前道工序未经检查认可，后道工序不得进行。

4. 中间交工报告

当单位工程、分部或分项工程完工后，承包人的自检人员应再进行一次系统的自检，汇总各道工序的检查记录及测量和抽样试验的结果提出交工报告。自检资料不全的交工报告，专业监理工程师应拒绝验收。

5. 中间交工证书

专业监理工程师应对按工程量清单的分项完工的单项工程进行一次系统的检查验收，必要时应进行测量或抽样试验。检查合格后，提请高级驻地监理工程师签发《中间交工证书》。未经中间交工检验或检验不合格的工程，不得进行下一项工程项目的施工。

6. 中间计量

对填发了《中间交工证书》的工程，方可进行中间计量，并由高级驻地监理工程师签发《中间计量表》。若完工项目的资料不全，可暂不计量支付。

（二）工序质量检查验收程序

各专业（结构、路基、路面、隧道等项目）监理工程师应在组成工程的各个单位、分部或分项工程开工前，提出工序检查程序说明，以供现场旁站监理人员、承包人的自检人员及施工人员共同遵循。工序检查程序应按以下原则提出：

（1）应与合同图纸和工程量清单的分项所含内容相一致；

（2）应与技术规范及监理工程师批准采用的施工方法和工艺流程相协调；

（3）应与国家或合同规定的验收标准、检验频率和检验评定方法相配合；

（4）工序检查程序宜采用直观的框图形式表示，并与相应的检查记录、报表、证书等相配套。

当每道工序完成后，承包人的自检人员应按照专业监理工程师批准的工艺流程和提出的工序检查程序先进行质量自检，自检合格后，填写《工序自检报告》，报送专业监理工程师检查认可。

监理工程师收到承包人的《工序自检报告》后，应在规定的时间内对待检工序进行检查验收，若检验合格，则根据检查结果填写《工序检查质量认可》，即可批准其进行下一道工序；若不合格，则令承包人进行缺陷修补或返工。前道工序未经检查认可的，不得进行下道工序的施工。工序质量检查验收程序见图 4-1。

四、监理试验室

（一）监理中心试验室

监理工程师要对工程质量作出客观公正的评价，并有效地控制各个施工环节，就必须有自己的试验室来核查试验结果，完成试验监督检查的任务。

试验监督检查的任务，是对各个工程项目的材料、配合比和强度进行有效的控制，以确保各项工程的物理、化学性能达到规定要求。试验的监督检查工作应由试验（材料）监理工程师及其领导下的监理工程师中心试验室专门负责。

1. 监理中心试验室的职责

（1）监理工程师试验室是对整个工程项目进行数据控制和检验鉴定的中心。

（2）凡涉及质量标准的一切试验，现场监督人员进行监督和审查后，应报监理工程师批准，当监理工程师认为有必要时，可要求中心试验室作对比试验，经批准后的试验数据应成为各项质量的控制指标。

（3）当现场各专业监理人员对承包人提供的试验资料有疑问或者认为其可靠性有问

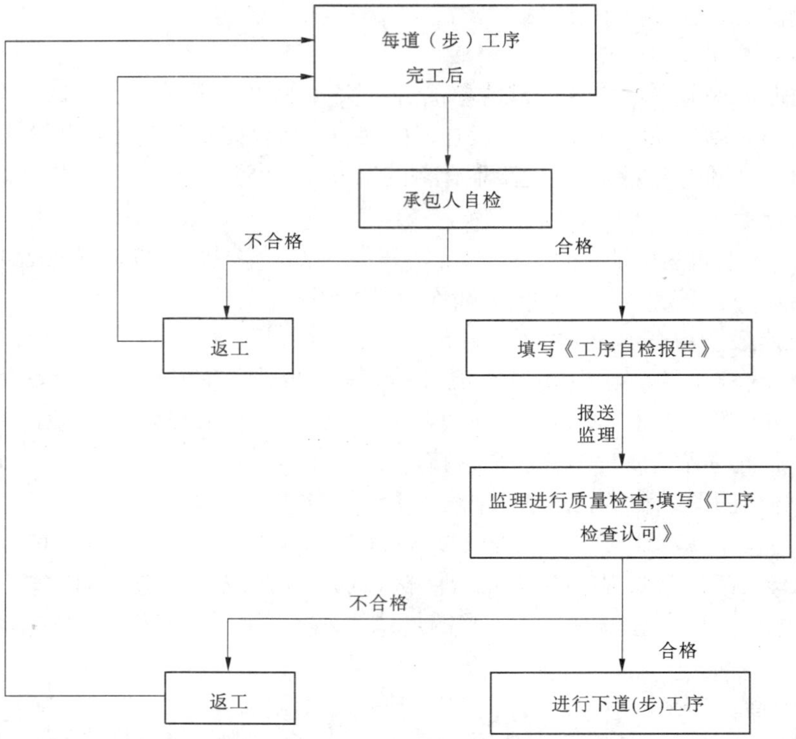

图 4-1　工序质量检查验收程序

题时,应提请中心试验室核查,并提供新的试验数据。

(4)承担各合同段送交的抽样试验,并根据部分工程完工情况迅速提出试验数据,以满足各合同段的需要。

(5)对承包人的工地试验室和流动试验室的人员资质、仪器设备、操作方法、资料整理等项工作进行有效的监督、检查和管理;并监督承包人定期将仪器交由政府监督部门进行标定。

(6)采用统一的表格对各种试验进行记录和报告,并按统一的方法整理和保存。

2. 监理中心试验室的工作范围

1)验证试验

验证试验是对测量或商品构件进行预先鉴定,以决定是否可以用于工程。验证试验应按以下要求进行:

(1)在材料或商品构件订货之前,应要求承包人提供生产厂家的产品合格证及试验报告。必要时监理人员还应对生产厂家的生产设备、工艺及产品的合格率进行现场调查了解,或由承包人提供样品进行试验,以决定采用与否。

(2)材料或商品构件运入现场后,应按规定的批量和频率进行抽样试验,不合格的材料或商品构件不准用于工程,并应由承包人运出场外。

(3)在施工过程中,应随机对用于工程的材料或商品构件进行符合性的抽样试验检查。

(4)随时监督检查各种材料的储存、堆放、保管及防护措施。

2)标准试验

标准试验是对各项工程的内在品质进行施工前的数据采集,它是控制和指导施工的科学依据,包括各种标准击实试验、集料的级配试验、混合料的配合比试验、结构的强度试验等。标准试验应按以下要求进行:

(1)在各项工程开工前,承包人应按合同规定或在合理的时间内完成标准试验,并将试验报告及试验材料提交监理工程师中心试验室审查批准,试验监理工程师应派出试验监理人员参加承包人试验的全过程,并进行有效的现场监督检查。

(2)监理工程师中心试验室应在承包人进行标准试验的同时或以后,平行进行复核(对比)试验,以肯定、否定或调整承包人标准试验的参数或指标。

3)工艺试验

工艺试验是依据技术规范的规定,在动工之前,对路基、路面及其他需要通过预先试验方能正式施工的分项工程预先进行试验,如试验路段的铺筑等,然后依其试验结果全面指导施工。工艺试验应按以下要求进行:

(1)监理工程师应要求承包人提出工艺试验的施工方案和实施细则并予以审查批准。

(2)工艺试验的机械组合、人员配额、施工程序、预埋观测以及操作方法等应有两组以上方案,以便通过试验作出选定。

(3)监理工程师应对承包人的工艺试验进行全过程的旁站监理,并应做出详细记录。

(4)试验结束后,应由承包人提出试验报告,并经监理工程师审查批准。

4)抽样试验

抽样试验是对各项工程实施中的实际内在品质进行复核性的检查,内容包括各种材料的物理性能、土方及其填筑施工的密实度、混凝土及沥青混凝土的强度测定和试验。抽样试验应按以下要求进行:

(1)监理工程师应随时派出试验监理人员,对承包人的各种抽样频率、取样方法及试验过程进行检查。

(2)在承包人的工地试验室(或流动试验室)按技术规范的规定进行全频率抽样试验的基础上,监理工程师中心试验室应按10%~20%的频率独立进行抽样试验,以鉴定承包人的抽样试验结果是否真实可靠。

(3)当施工现场的旁站监理人员对施工质量或材料产生疑问并提出要求时,监理中心试验室应随时进行抽样试验,必要时还应要求承包人增加抽样频率。

5)验收试验

验收试验是对各项已完工程的实际内在品质作出评定,应按以下要求进行:

(1)监理工程师应派出试验监理人员,对承包人的钻芯抽样试验的频率、抽样方法和试验过程进行有效的监督。

(2)监理工程师应对承包人按技术规范要求进行的加载试验或其他检测试验项目的试验方案、设备及方法进行审查批准,对试验的实施进行现场检查监督,对试验结果进行评定。

（二）承包人试验室

承包人试验室是其控制施工质量的关键部门。监理工程师应监督、检查和批准承包人装备自己的工地试验室和流动试验室，其规模、设备及人员配备应能满足本工程各项试验的需要。

1. 工地试验室的功能及要求

（1）进行各项工程项目开工前的标准试验和预先试验，并将试验结果提交监理工程师中心试验室进行复验和批准。

（2）承担进场材料及流动试验室没有条件完成的当地材料的鉴定试验，并将试验结果提交监理工程师中心试验室进行复验和批准。

（3）对各流动试验室的试验项目进行抽检试验，并将抽检试验的结果报监理工程师中心试验室备案。

（4）统一协调和管理各流动试验室的试验业务。

（5）对本工程项目的各种试验结果进行数理统计和分项整理，建立全部工程的试验资料档案，为工程竣工提供详实的试验资料。

2. 流动试验室的功能及要求

（1）对工程所采用的当地材料进行鉴定试验，并将试验结果提交监理工程师中心试验室进行复验和批准。

（2）配合施工，提供和采集为控制施工质量所需要的各种参数。

（3）根据规范规定的抽样频率、时间和方法，进行施工过程中的抽样试验和工序或单项工程完工后的检查试验，并向监理工程师提交试验结果。

3. 监理工程师对承包人的试验管理

监理工程师中心试验室应派出人员对承包人的工地试验室和流动试验室进行全面的监督和管理。所有试验仪器都必须经事前标定并按期进行鉴定；所有试验人员必须持有经过业务培训和考核的上岗证书，必须严格执行试验规范和操作规程，重要试验应有监理人员在场监督。

五、公路工程质量等级评定

（一）工程项目划分

1. 单位工程

在建设项目中，根据签订的合同，具有独立施工条件的工程。

2. 分部工程

在单位工程中，应按结构部位、路段长度及施工特点或施工任务划分为若干个分部工程。

3. 分项工程

在分部工程中，应按不同的施工方法、材料、工序及路段长度等划分为若干个分项工程。

一般建设项目的工程划分详见《公路工程质量检验评定标准》。

(二)工程质量评分方法

工程质量检验评分以分项工程为单元,采用100分制进行。在分项工程评分的基础上,逐级计算各相应分部工程、单位工程、合同段和建设项目评分值。工程质量评定等级分为合格与不合格,应按分项、分部、单位工程、合同段和建设项目逐级评定。

1. 分项工程质量评分

分项工程质量检验内容包括基本要求、实测项目、外观鉴定和质量保证资料四个部分。只有在其使用的原材料、半成品、成品及施工工艺符合基本要求的规定,且无严重外观缺陷和质量保证资料真实并基本齐全时,才能对分项工程质量进行检验评定。具体评分方法详见《公路工程质量检验评定标准》。

1)基本要求检查

分项工程所列基本要求,对施工质量优劣具有关键作用,应按基本要求对工程进行认真检查。经检查不符合基本要求规定时,不得进行工程质量的检验和评定。

2)实测项目计分

对规定的检查项目采用现场抽样方法,按照规定频率和《公路工程质量检验评定标准》规定的计分方法对分项工程的施工质量进行检测计分。

3)外观缺陷减分

对工程外表状况应逐项进行全面检查,如发现外观缺陷,应进行减分。对于较严重的外观缺陷,施工单位须采取措施进行整修处理。

4)资料不全减分

分项工程的施工资料和图表残缺,缺乏最基本的数据,或有伪造涂改者,不予检验和评定。资料不全者应予减分。

2. 分部工程和单位工程质量评分

分项工程和分部工程区分为一般工程和主要(主体)工程,分别给以1和2的权值。进行分部工程和单位工程评分时,采用加权平均值计算法确定相应的评分值。

3. 合同段和建设项目工程质量评分

合同段和建设项目工程质量评分值按《公路工程竣(交)工验收办法》计算。

4. 质量保证资料

承包人应有完整的施工原始记录、试验数据、分项工程自检数据等质量保证资料,并进行整理分析,负责提交齐全、真实和系统的施工资料和图表。监理单位负责提交齐全、真实和系统的监理资料。质量保证资料应包括以下六个方面:

(1)所用原材料、半成品和成品质量检验结果;

(2)材料配比、拌和加工控制检验和试验数据;

(3)地基处理、隐蔽工程施工记录和大桥、隧道施工监控资料;

(4)各项质量控制指标的试验记录和质量检验汇总图表;

(5)施工过程中遇到的非正常情况记录及其对工程质量影响分析;

(6)施工过程中如发生质量事故,经处理补救后,达到设计要求的认可证明文件等。

（三）工程质量等级评定

1. 分项工程质量等级评定

分项工程评分值不小于75分者为合格；小于75分者为不合格；机电工程、属于工厂加工制造的桥梁金属构件不小于90分者为合格，小于90分者为不合格。

2. 分部工程质量等级评定

所属各分项工程全部合格，则该分部工程评为合格；所属任一分项工程不合格，则该分部工程为不合格。

3. 单位工程质量等级评定

所属各分部工程全部合格，则该单位工程评为合格；所属任一分部工程不合格，则该单位工程为不合格。

4. 合同段和建设项目质量等级评定

合同段和建设项目所含单位工程全部合格，其工程质量等级为合格；所属任一单位工程不合格，则该合同段和建设项目为不合格。

第二节　施工准备阶段的质量监理

公路工程施工质量的好坏，直接影响到公路的使用功能和使用效果。要保证公路工程的施工质量，从施工准备阶段就要认真做好质量监理工作。从监理合同签订之日至合同工程开工令确定的开工之日为施工准备阶段。在这一阶段监理工程师应熟悉合同文件；参加施工招标；复核图纸和放样定线数据、督促承包人提交施工组织设计；准备第一次工地会议；准备发布开工通知等。

一、组织监理人员熟悉设计文件，参加设计交底

设计文件是项目质量控制最主要的依据之一，它体现了建筑单位对项目的功能和使用价值的要求，亦即质量要求的真正内涵。监理人员熟悉设计文件是对项目质量要求的理解，只有对设计图纸及质量要求非常熟悉才能在施工过程中把握住质量目标。在熟悉设计图纸时，应尽可能发现图纸中存在的问题，要对影响质量的问题进行分析汇总，向建设单位和设计部门提出澄清或交流变更的意见和建议，体现出监理是竭诚为业主提供智能服务的监理原则。

因此，《公路工程施工监理规范》（JTG G10—2006）中规定，在设计交底前，总监理工程师应组织各专业监理工程师熟悉合同图纸和设计文件。对发现的设计问题，应及时书面向建设单位提出意见和建议。

监理工程师应参加设计技术交底会，对设计人员交底及施工单位提出的涉及工程质量的问题，应认真记录，参与讨论。对三方协商达成一致的会议纪要，监理机构参加交底会的负责人应与其他与会单位代表一起对会议纪要进行签认。

二、编制监理计划，建立监理机构的技术管理体系和质量控制体系

监理计划是项目监理机构在监理合同期内指导、实施总体监理工作的总计划。总监

理工程师主持编制整个工程项目的监理计划，所属各监理合同段的驻地监理工程师应根据总监理工程师的授权和需要，组织编制本监理合同段的监理计划。监理计划按合同规定报批后执行。监理计划中的监理目标和内容、监理组织机构及岗位职责，监理人员和设备的配备，监理方案，监理制度、监理设施等内容均必不可少地应包括质量控制方面的内容。

从质量控制的角度来看，总监理工程师在主持监理计划编制中要注重监理机构的技术管理体系和质量控制体系的建立，要从组织机构岗位设置，岗位职责，专业监理工程师、监理人员的配备，技术管理制度，质量控制的工作程序、制度方面精心考虑，精心安排。监理机构自身完善的质量控制体系是项目达到质量控制目标的保障体系，而技术管理体系则是质量目标的支持体系。

三、编制监理细则

对二级公路及以上或技术较复杂的分项和分部工程，监理组织应编制监理细则。监理细则是驻地监理工程师根据监理计划，并与监理批准的施工组织设计相呼应，针对工程项目中某一专业或某一方面监理工作编写的操作性文件，监理细则中应明确监理的重点、难点、具体措施及方法步骤。对采用新技术、新材料、新工艺或在特殊季节施工的分项、分部工程，应针对施工单位编制的专项施工方案，编制相应的监理细则。

监理细则一般应由专业监理工程师编制，总监理工程师审批。

四、审批施工单位的施工组织设计，侧重质量保证措施

工程施工开始前，总监理工程师应在合同规定的期限内及时审批施工单位提交的施工组织设计。从监理的角度来看，更侧重施工组织设计对工程质量的保证措施，施工组织设计中与工程质量相关的内容主要有：

(1)施工方案和施工进度计划；

(2)施工质量目标及其保证措施；

(3)施工所需的专项设计，如模板及支架设计、预应力混凝土张拉设计、现浇混凝土方案及质量保证措施；

(4)雨季、冬季施工中的技术问题和具体实施措施；

(5)采用新技术、新工艺、新结构的技术措施。

五、检查施工单位的质量保证体系

工程开工前，监理工程师应检查施工单位的质量保证体系是否落实，重点检查施工单位的自检体系是否完善，包括项目经理、技术负责人、工地试验室负责人的资格和经验，质量控制人员的履约情况，自检负责人是否专职，职责和要求是否明确等。检查中，监理工程师要特别注意项目的技术、质量特点，针对性要强。即使是通过 ISO9000 系列质量体系认证的承包单位，也应要求其针对项目特点进一步完善质量保证体系。

六、审核施工单位工地试验室和标准试验

施工单位工地试验室是其有效控制施工质量的重要手段，也是检查、评价、验收工程

质量的科学依据。监理工程师应重点审核工地试验室的人员、设备和试验检测能力是否能够满足本工程各项试验的需要和合同要求。通过审查，确保施工单位工地试验室合格，使其充分发挥施工自检、质量保证作用。标准试验是在工程开工前，为确定工程材料的最佳组合，建立施工控制和检验标准所进行的试验。标准试验是控制和指导施工的科学依据，包括各种标准击实试验、材料级配试验、混合料的配合比试验、结构的强度试验等。

七、审批复测结果

控制桩点是决定整个工程平面位置和高程的基准。为此，在施工单位对原始基准点、基准线和基准高程进行复测后，监理机构应对全部控制桩点进行平行复测检查，以确认施工单位的复测结果。当双方复测结果一致并满足规范要求时，监理工程师应在合同规定的期限内批复。

八、验收地面线

监理工程师应监督施工单位在原始地面线未被扰动前测定地面线，并对测定结果采取抽查测量的方式进行验收，抽测点为随机方式或指定的有疑问之处。抽测点位总数应包括所有有疑问之点，并不少于施工单位测点的30%。

九、审批工程划分

分项、分部、单位工程的划分是加强工程质量管理、统一口径的措施。经监理批准的工程划分既是参建各方在分项工程的质量控制、验收、评定和中间交工的依据，同时也是分部、单位工程的质量评定的依据。总监理工程师应于总体工程开工前对施工单位提交的分项、分部、单位工程划分予以批复并报建设单位备案。

十、召开监理交底会

总监理工程师应在合同工程开工前主持召开由施工单位项目经理、技术负责人及相关人员参加的监理交底会，主要介绍监理计划的主要内容。监理交底会可以在开工前单独举行，也可以与第一次工地会议一起举行。

十一、签发合同工程开工令

监理工程师收到施工单位提交的合同工程开工申请后，应对合同工程的开工条件进行核查。具备开工条件的，由总监理工程师签发合同工程开工令，并报建设单位备案。

第三节　施工阶段的质量监理

施工阶段是工程质量形成的重要阶段，也是进行质量控制的关键阶段。按照《公路工程施工监理规范》（JTG G10—2006）中监理工程师应履行的职责，本节对路基工程、路面工程、桥涵工程、隧道工程以及交通工程设施施工的质量控制工作，依照项目实施的进展阶段分别叙述如下。

一、路基工程施工质量监理

路基是公路的承重主体，是路面的基础，路基的强度和稳定性是保证路面强度与稳定性的基本条件。因此，路基施工的好坏，直接影响到路面的使用质量与使用效果。

路基工程施工质量监理分为施工准备阶段、施工阶段、交工及缺陷责任期阶段监理，不论哪个阶段，监理工程师都应严把质量关，从而保证路基的施工质量。

（一）施工准备阶段的监理

从承包人进场至监理工程师正式签发开工令之前，为路基工程施工的准备阶段。监理工程师在此阶段的工作重点是根据合同规定对承包人开工前的准备工作进行检查。主要包括以下几方面。

1. 施工质量自检系统的检查

在工程开工前，监理工程师应尽早督促承包人建立施工质量自检系统，并对其配备的自检人员、试验人员的素质及试验设备进行审查。

2. 路基工程备料的验收和审批

经检验不合格的材料不得用于工程。

3. 施工现场的检查和测量放样的校核

承包人对施工中需要的任何中线点、标高、位置、尺寸等数据进行计算和确定，经核对无误后报监理工程师审批。监理工程师对放样精度进行复核，满足要求后双方应签字认可。

4. 施工机械的检查和审批

监理工程师应要求承包人详细填写施工机械进场检验单报批，并对已进场的机械设备的数量、型号、规格、生产能力、完好率等依照进场检验单进行认真的检查和记录。

5. 施工方案的审批

承包人在提交《路基工程开工申请单》报告时，应附一份施工进度计划及其说明，以供监理工程师审批。监理工程师审批施工进度计划及其说明时，应进行充分的分析调查，确认承包人提交的工程进度计划与其实际的技术装备能力相适应，当不符合要求时，应要求承包人重新拟定一份工程施工进度计划并报监理工程师审批。

6. 批准开工申请

当监理工程师对承包人的施工准备工作和开工条件经过认真核查，确认已满足合同规定的开工条件时，应立即签发路基开工通知单。

（二）施工阶段的质量监理

路基工程的分项和工序如下：表土的清理与压实、填方铺筑与压实、挖方铺筑与压实、挖方路堑与边坡、路基排水设施、路基挡墙与护坡、特殊路基处理等。

各工序质量监理工作的内容及重点如下。

1. 表土清理与压实的监理工作

路基填方施工前，将原地面表层土清除干净，用平地机整平，压路机进行填前压实的过程称为表土清理与压实。

在路基施工范围内的树根或有树根的表层土必须挖除，挖除深度由监理工程师现场确定，并将挖出的不带树根的表土搬运到承包人提供且经监理工程师同意的贮料堆存放。

为使路基土方能均匀压实，应先使用平地机或推土机将原地面推平，再进行碾压，并达到压实度标准。

2. 填方铺筑压实施工的质量监理

填方铺筑压实工序的流程及监理工作内容见图 4-2。

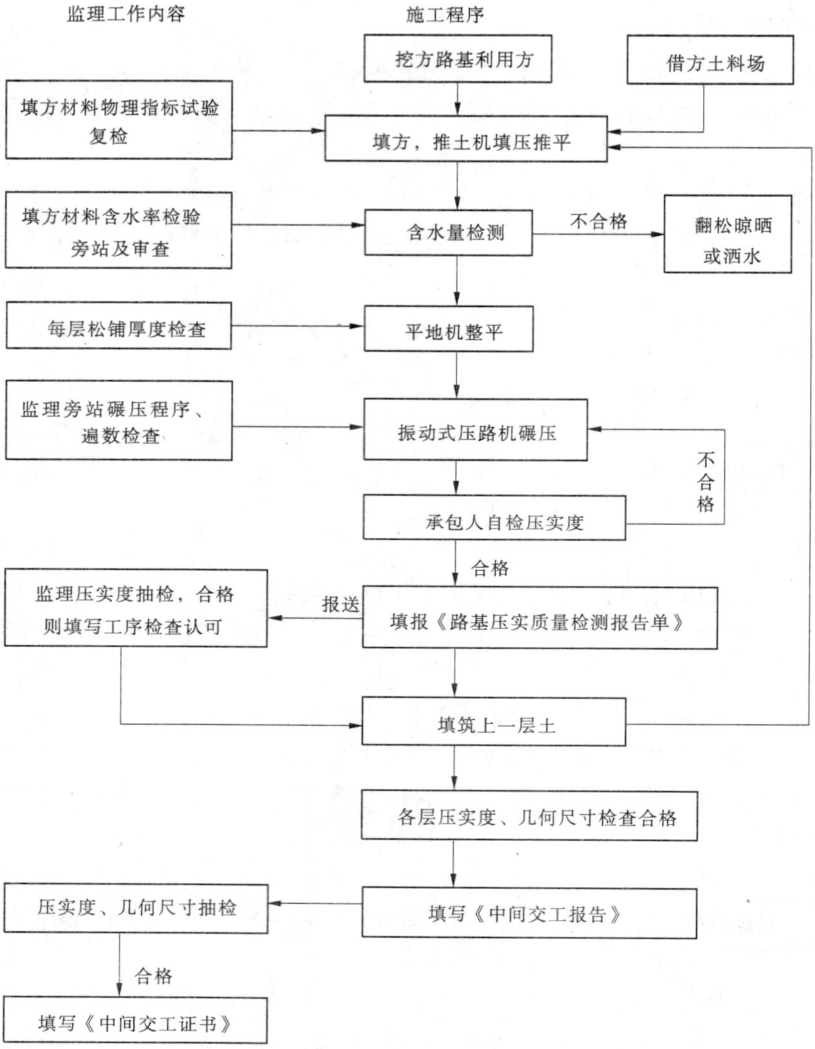

图 4-2 填方铺筑压实工序流程及监理工作内容

要控制好路基压实质量，监理工程师在施工过程中进行质量监理时，应注意以下几点：

（1）确定不同种类填土最大干密度和最佳含水率。

（2）检查控制填土含水率。含水率是影响路基土压实效果的主要因素，监理工程师应特别注意检查填土的含水率，以便达到压实度。

(3)分层全宽填筑，分层全宽碾压。路基施工时，从基底开始在路基全宽范围内分层向上摊铺填方材料和碾压，特别注意路堤边坡部分，必须从下至上予以充分的压实。只有全宽填筑，全宽碾压，并应超出路堤的设计宽度 40 ~ 50 cm，才能保证整个深度范围内的路基压实质量。

(4)加强压实度的检测与控制。

(5)现场压实质量的评定。路基压实度以 1 ~ 3 km 长的路段为检验评定单元，检查频率为每 200 m 每压实层不少于 4 处，其压实度代表值公式详见《公路工程质量检查评定标准》(JTG F80/1—2004)。

3. 挖方路基与边坡的施工与质量控制

挖方路基施工的工序流程及监理工作内容如图 4-3 所示。

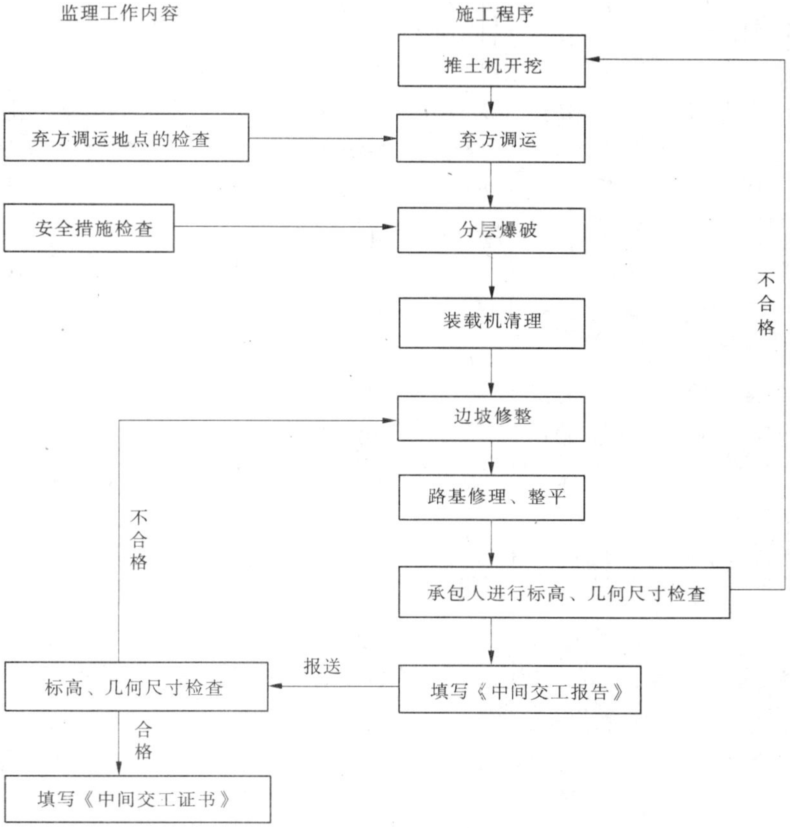

图 4-3 挖方路基施工工序流程及监理工作内容

挖方路基的质量监理应注意以下几个方面。

1)开挖方式

根据路堑的类型，可采用不同的路堑开挖方法。当路堑短而浅，可采用全断面开挖法，从两端向中间掘进；当路堑较长，可采用分段开挖法施工，即两端为纵向出土，而在中部选择适当地点挖穿堑壁，采用横向出土；拟设挡土墙的路堑，可考虑采用纵向分段开挖，以便同时分段修筑挡土墙。

2）开挖规定

当挖方路基（含取土坑）有不同的土或岩石层次时，应尽可能按土和岩石层次分层进行开挖；在开挖中应尽量避免超挖，若超挖应回填压实。

3）弃方处理

弃方应送到设计图纸指示或承包人提供的，并经监理工程师同意的地点堆放，堆放弃土时应尽量防止对周围的灌溉渠道及天然水流的污染和淤塞。

4. 路基排水设施施工质量控制

地面水与地下水对路基的强度和稳定性影响极大。因此，必须修建路基排水设施，将危害路基的地面水和地下水排出路基范围之外。

路基排水设施施工质量的监理要点如下：

（1）对各类排水设施的几何尺寸、砌筑材料、排水是否畅通、砌体质量、防渗漏的效果等进行现场检查，一旦发现有不符合规定要求者，应立即令承包人返工。

（2）遇到下列情况时监理工程师应详细检查：位于松软或透水性大的土层以及有裂缝的岩石上；流速较大，可能引起冲刷的地段；当纵坡大于4%，或者产生路基病害地段的边沟；路堑与路堤交界处的边沟出口处；水田地带、路堤填土高度小于0.5 m地段的排水沟；兼作灌溉沟渠的边沟或排水沟；有集中水流进入的截水沟和排水沟。

（3）监理工程师应对排水设施的施工现场进行旁站监理，并审核承包人填报的《隐蔽工程记录单》，然后填写《隐蔽工程质量验收单》。

5. 路基支挡及防护构造物

路基支挡及防护构造物是指挡土墙、护墙、护坡、护面墙等。其施工程序流程及监理工作项目框图如图4-4所示。路基支挡及防护构筑物的施工质量的监理要点如下：

（1）材料要求。用于支撑及防护构造物的块石、片石、砂浆等应符合合同条件及技术规范的要求。

（2）基础开挖。在进行结构物基础开挖之前，承包人应制定开挖方法和支护方案报送监理工程师，经批准后方可施工。施工应按设计图进行开挖，严禁超挖，若超挖，承包人应自费使用与结构物基础相同等级的混凝土与基础整体浇筑。基础在开挖期间应避免沟槽或基坑积水，保持干燥，如必须在已知地下水位以下施工，承包人应提交关于保证整个工程能在干燥条件下施工的建议措施报告，经监理工程师审批后方能施工。

（3）基底处理与检查。结构物基底应按岩层（未风化、风化、泥岩等）、土层（碎石类、砂类、黏性土、不均匀土层等）及土质不良需换填等不同情况，分别加以处理。监理工程师应根据现场实际，对基底平面位置、尺寸大小、基底标高等按规范要求检查。当进行基础圬工施工前，监理工程师必须对基底土质及地质情况进行检验，确认符合设计要求并签证认可后，承包人方能进行施工。

6. 特殊路基的处理和监理要点

特殊路基主要指线路经过水田、泥沼、软土地带的路基。在路基施工中遇到这类地质情况时，必须事先对其进行特殊处理，以提高路基的稳定性。其施工程序流程及监理工作

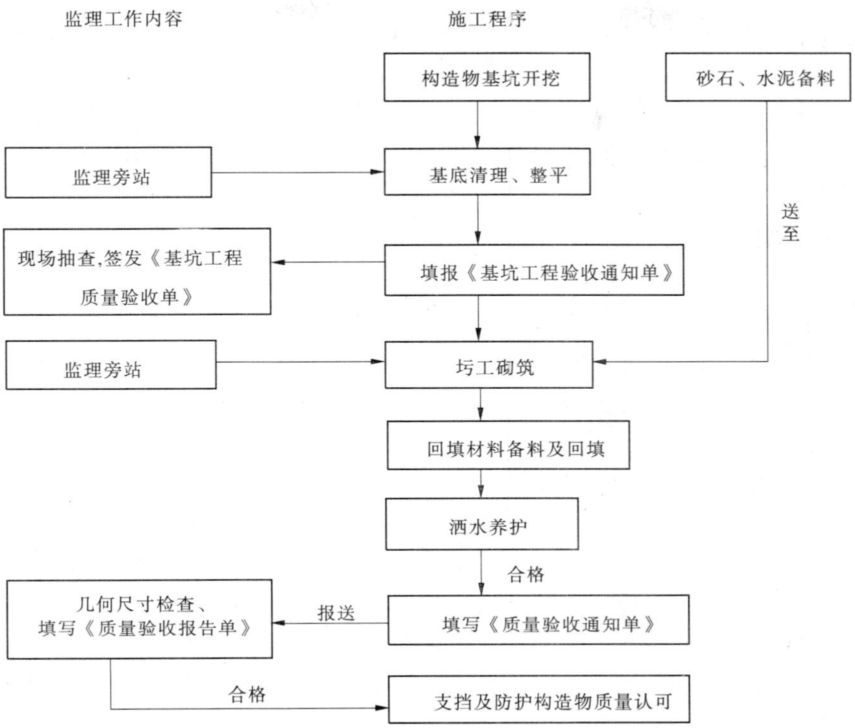

图 4-4　支挡及防护构造物施工程序及监理工作内容

内容如图 4-5 所示。

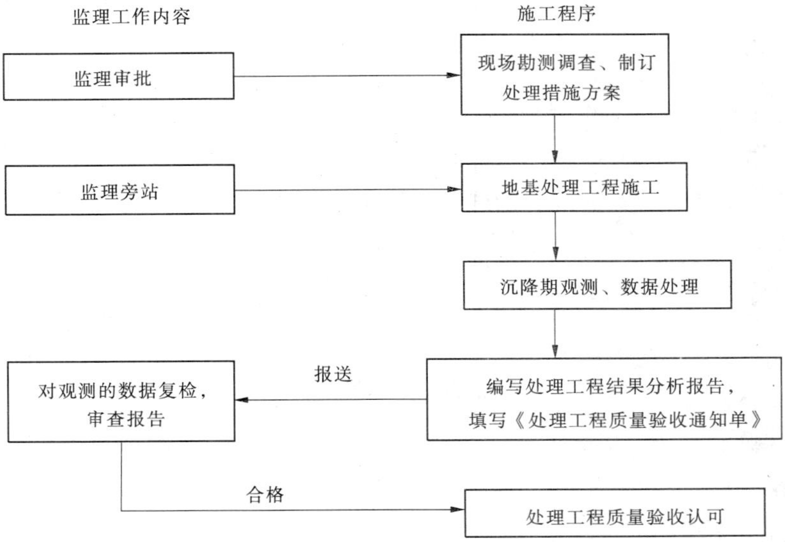

图 4-5　特殊路基施工程序及监理工作内容

在软土地段填筑路堤,承包人应将施工方法及所使用的材料样品和试验报告提交监理工程师，并经监理工程师批准后才能施工。

软土地基处理的方法很多，常用的有路堤预压、砂垫层、抛石挤淤、土工布等。若采用路堤预压法，其预压材料要报经监理工程师批准，同时承包人还应按设计图纸沿路中心线安装预压路堤沉降板，施工期间应对所设置的沉降板严加保护，不要使其变形或破坏。承包人每周定期测量一次路堤沉降，直到路堤沉降达到稳定为止。承包人每次进行定期测量后，应将测量结果尽快提交给监理工程师审核。

（三）路基交工验收阶段的质量监理

1. 交工验收监理工作程序

路基工程交工验收是指路基施工完工后，经承包人自检合格，并向监理工程师申请，由监理工程师进行中间交验的过程，即中间交工。其工作程序为：

（1）路基工程按合同规定要求完工后，承包人应根据合同及工程质量检验评定标准要求先进行质量自检，合格后填写《中间交工报告》，报送监理工程师。

（2）监理工程师收到承包人报送的《中间交工报告》后，首先应汇总检查该项工程每道工序的《质量检验报告单》，并将其编号，填写到《中间交工证书》中，然后进行检查验收。若均符合规范要求，最后检验也符合规范要求，并同时具备《开工申请单》时，监理工程师才签认《中间交工证书》。否则，应责令承包人返工。

（3）应注意，《中间交工证书》不一定要与《开工申请单》和《质量检验报告单》一一对应。

2. 路基交工验收检查项目及内容

路基工程除压实度指标需分层检测外，其他检查项目在路基完成后的路基顶面进行检查测定，但路肩工程应作为路面工程的分项工程进行检查评定。根据质量检验评定标准规定的检查频率和方法，从基本要求、实测项目、外观鉴定三个方面进行评分，最后评出质量等级。下面以土方路基的检查为例，说明其具体做法。

（1）基本要求。在路基用地和取土范围内，承包人应认真清除地表植被、杂物、积水、淤泥和表土，处理坑塘，并按路基施工规范的要求对路基基底进行压实；不得采用设计或规范规定的不适用土料；所填筑的路基必须分层填筑压实，每层表面应平整，路拱合适，排水良好；临时排水系统与设计的永久排水系统相结合，勿使路面附近积水，避免冲刷边坡。

（2）实测项目。土方路基分项的实测项目有压实度、弯沉、纵断高程、中线偏位、宽度、平整度、横坡、边坡等。

（3）外观鉴定。路基表面应平整，边线直顺；路基边坡平顺稳定、不得亏坡，曲线圆滑；取土坑、弃土堆、护坡道、碎落台的位置适当，外形整齐、美观，能防止水土流失；施工应不影响河道流水，植草路段不应有缺陷等。

通过上述基本要求、实测项目、外观鉴定三个方面的检查后，即可按《公路工程质量检验评定标准》对土方路基工程进行工程质量评分。

二、路面工程施工质量监理

路面结构一般由底基层、基层、面层三部分组成。其中每一部分的强度与稳定性，对路面的整体强度、使用质量和寿命都有十分重要的影响。本节将主要介绍底基层和基层、沥青路面、水泥混凝土路面工程质量监理的工作内容。

(一)底基层和基层的质量监理

我国高等级公路(干线公路)广泛采用半刚性基层材料,在其施工过程中,混合料的拌和方式有路拌和厂拌两种,其摊铺方式有人工和机械两种。其施工程序一般是先通过修筑试验路段,制定出一套标准的施工方法后,再进行大面积的施工。

1. 底基层和基层施工前,监理工程师应检查审核的要点

(1)施工机械设备的检查,主要指拌和设备、压实机械等施工机械的数量、型号等是否符合合同规定要求。

(2)路用材料的质量检查,指对承包人申报的材料试验报告进行审核和抽检。

(3)对承包人提供的基层混合料的组成设计试验报告,监理工程师应通过对比试验进行审核。

(4)混合料拌和场位置、设备班次及运输车辆是否能保证连续施工。

(5)试验段的试验内容和项目。包括:①用于正式施工的材料配合比;②混合料的松铺系数;③水泥稳定类材料施工的允许延迟时间;④标准的施工方法;⑤一次铺筑的合适厚度;⑥每一作业段的合适长度。

2. 基层、底基层施工过程的质量控制要点

(1)放样。在已经加工合格的路基上恢复中线,并在两侧路面边缘外设指示桩。

(2)拌和质量。重点检查无机结合料的剂量和最佳含水率的控制以及拌和方法等。

(3)摊铺质量。混合料的摊铺应按试验路段所得到的松铺系数进行摊铺,摊铺应力求均匀。

(4)压实质量。混合料经摊铺和整平后,应立即在全宽范围内用压路机进行压实。压实作业应遵循先轻后重、先边后中、先慢后快的原则,及直线段由两侧路肩向路中心碾压,平曲线由内侧路肩向外侧路肩进行碾压的原则。压实后表面应平整无轮迹、隆起或裂缝。

监理工程师在此阶段的主要工作内容及程序见图4-6。

3. 基层、底基层交工验收时的质量控制

检查验收通常以1 km长的路段为评定单位,当采用流水作业法施工时,也可按每天完成的段落长度为评定单位。验收时,监理工程师应首先审核底基层和基层各施工工序的质量验收单;再随机抽检、现场检测交工验收技术指标;以上各项检查和审核合格后,即签发《中间交工证书》,并进行工程计量;然后根据现场情况,决定施工交通的开放时间。

(二)沥青路面施工的质量监理

1. 沥青路面施工准备阶段的质量监理工作

(1)检查原材料是否符合规范要求;

(2)基层表面的清理检查,应干燥、清洁,无任何松散的石料、灰尘和杂质;

(3)施工机具设备的检查(如摊铺机械、压实设备、拌和设备等)的准备是否符合合同规定;

(4)沥青混合料组成设计试验报告的审核;

(5)试验路段施工总结报告的审核;

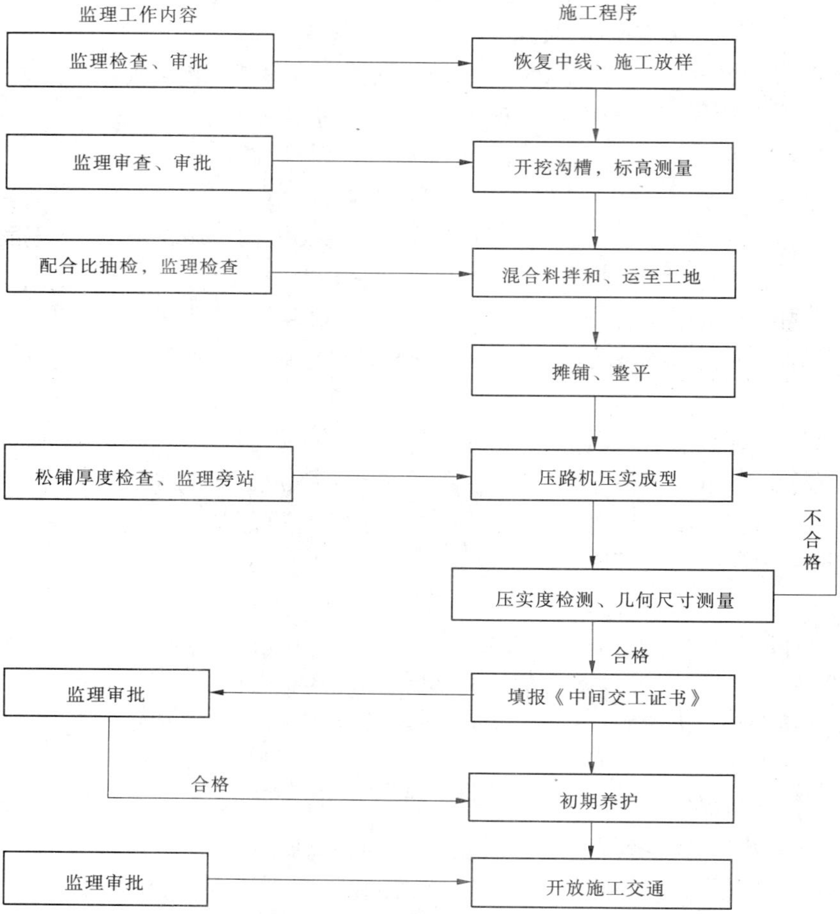

图 4-6　底基层、基层施工程序及监理工作内容

(6)签发《沥青面层开工通知单》。

2. 沥青面层施工过程中的质量控制

沥青面层系指沥青混凝土层、沥青碎石面层和沥青表面处治面层，其施工监理工作项目内容见图 4-7。

1)沥青表面处治面层施工质量控制要点

(1)检查沥青表面处治层的表面，保证坚实、平整、清洁、无松散；

(2)检验审核沥青材料和表面处治所采用的石料是否符合有关规范；

(3)施工的季节及温度应保证施工质量；

(4)检查沥青和嵌缝料的洒布；

(5)加强初期交通控制，重视初期养护。

2)沥青混凝土面层和沥青碎石面层施工质量控制要点

(1)认真检验审核沥青材料及混合料是否符合设计和施工规范的要求。

(2)沥青混合料的生产拌制，要严格控制各种矿料和沥青的用量及其加热温度；拌和

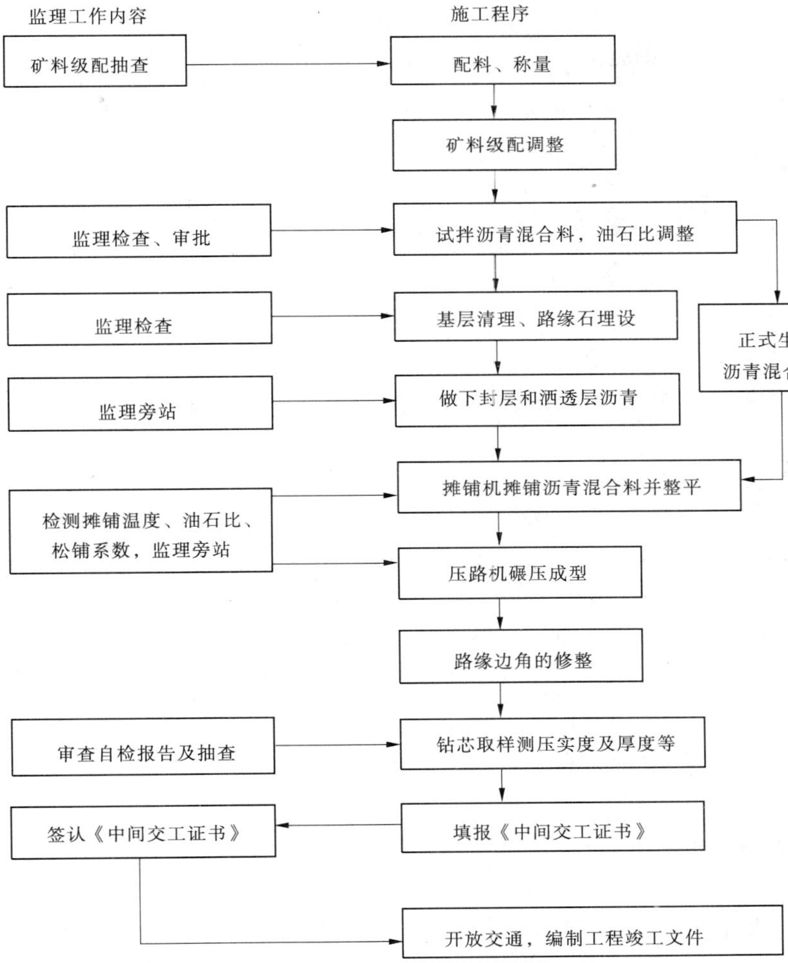

图 4-7　沥青面层施工程序及监理工作内容

后的沥青混合料应均匀一致，无花白、离析和结团成块现象，在整个拌制过程中每日应做抽提试验。

(3)承包人在施工前应征得监理工程师的同意，并使纵、横向两种接缝都保持在最小数量，摊铺带的边缘都必须齐整。

(4)对现场摊铺碾压的控制。混合料摊铺应严格掌握摊铺厚度和平整度，并注意控制摊铺温度，碾压要自路边压向路中，曲线段自内侧压向外侧。碾压时，从动轮要始终朝着摊铺方向匀速行驶，压实程序可分为初压、复压、终压。

3. 沥青面层竣工验收阶段的质量控制

沥青面层竣工验收时的监理工作程序如下：

(1)在沥青面层按合同要求竣工后，承包人首先进行质量自检，合格后即可填报《沥青面层竣工验收通知单》，报送监理工程师审批。

(2)监理工程师收到此通知单后，应立即组织监理试验室按合同规定的检验项目进行检查。

(3)检查各道工序的质量验收单是否齐全。

(4)检查各道工序的质量检验报告是否符合合同规定的要求。

(5)外观鉴定。外观鉴定以沥青混凝土面层和沥青碎石面层为例。要求如下:①表面应平整密实,不应有泛油、松散、裂缝、粗细料集中现象。②表面无明显碾压轮迹。③搭接处应紧密、平顺,烫缝不应粘焦。④面层与路缘石及其他构筑物应接顺,不得有积水现象。

(6)以上各项内容检查合格后,监理工程师评定其质量等级,并签发《沥青路面中间交工证书》。

(三)水泥混凝土路面施工的质量监理

工程实践证明,水泥混凝土路面的使用性能,在相当大的程度上取决于施工机具和先进的施工管理。

1. 水泥混凝土路面施工准备阶段的质量监理

在施工前,监理工程师应进行如下工作:

(1)审查认证原材料;

(2)审核复测承包人的施工放样数据是否准确;

(3)审查水泥混凝土材料配合比设计是否正确;

(4)审查承包人的机械设备的配置及调试情况;

(5)检查模板、传力杆、拉杆制作的质量是否符合施工验收规范的要求;

(6)签发《水泥混凝土路面开工通知书》。

2. 水泥混凝土路面施工阶段的质量监理

水泥混凝土路面施工主要工序的质量控制工作有如下六个方面的内容:

(1)模板的安装检查。

(2)混凝土拌制与运输的检查。具体做法为:①在施工前,监理工程师应要求承包人按混凝土配合比要求进行试拌,经试拌检验无误后,再正式进行拌和生产。搅拌机装料顺序宜为碎(砾)石、砂、水泥,进料后边搅拌边加水。混凝土拌和工序是决定水泥混凝土路面施工质量和使用性能的关键工序,因此监理工程师应旁站监理,严格监督承包人的工作。②为保证混凝土的工作性,应考虑运输中的蒸发失水和水化失水,以及因运输颠簸和振动使混凝土发生离析等因素的不利影响,宜采用自卸机动车辆进行运输。

(3)混凝土浇筑质量的控制。水泥混凝土路面浇筑施工,主要有混凝土的摊铺与振捣两道工序。混凝土的摊铺成型,是决定混凝土路面施工质量和使用性能的关键工序,因此摊铺机的生产效率,就成为制约施工质量和进度的关键因素。监理工程师的任务就是要协助和指导承包人正确合理地选择与配套施工机械。

(4)水泥混凝土路面接缝施工质量监理。所有路面接缝均应顺直整齐,尤其胀缝必须与路中心线垂直,缝内无遗留的杂物。

(5)表面修整和拆模养生施工质量监理。表面修整可在混凝土终凝前进行,可用遮盖浇水,也可用喷洒养生药剂的方法。施工中,监理工程师要加强质量检查,使其满足规范要求。

(6)混凝土路面和其他构造物的接缝处理检查。混凝土路面和其他构造物的接缝应平整顺直，尤其是与柔性路面相接处，不应出现沉陷、错台或柔性路面受顶推而拥起等质量缺陷。

水泥混凝土路面质量检查的项目、内容、方法和频率、评分标准等，详见《公路工程质量检验评定标准》(JTG F80/1—2004)规范。

3. 水泥混凝土路面工程竣工验收时的质量控制

水泥混凝土路面工程竣工验收的监理工作程序如下：

(1)工程竣工后，承包人应首先进行质量自检，合格后，填写质量验收报告，并向监理工程师提交《交工验收申请单》。

(2)监理工程师收到承包人提交的验收申请报告后，应立即组织监理试验室按合同规定的要求，对该工程进行现场检验，包括以下几项内容：①外观鉴定。路面侧石是否直顺，曲线是否圆滑；接缝填筑是否饱满密实；胀缝不得有明显缺陷；混凝土板的断裂块数，不得超过一定的百分比；混凝土板表面的脱皮、印痕、裂纹、石子外露、缺边、掉角等病害现象，也不得超过一定的百分比。②审查混凝土各种原材料质量检验的记录是否符合要求。③审查施工现场的原始记录，特别是坍落度的检验记录。④审查混凝土强度试件的试验报告是否符合规范要求。⑤审查基层强度的检验记录是否符合规范要求。⑥审查承包人提交的竣工验收自检报告。

(3)各项检查均合格后，监理工程师可根据检查结果进行质量等级评定；同时，签发《中间交工证书》。

三、桥涵工程施工质量监理

(一)施工准备阶段的质量监理

在施工准备阶段，监理工程师的主要工作内容有以下几个方面：

(1)校核桥涵施工放样；

(2)检查审核承包人的施工机械设备；

(3)复查原材料、砂浆试验，复核混凝土配合比试验；

(4)审批承包人的施工方案，重点审查以下内容：①复核设计文件；②施工顺序与施工方法是否合理。

(二)桥涵施工阶段的质量监理

1. 桥涵基础工程质量监理

1)基础开挖与基底检查

基础开挖施工程序及监理工作内容如图4-8所示。

基础开挖由围堰、基坑开挖、基底处理等工序构成。基底不得超挖，基底处理应按监理工程师批准的方法进行。

基底土质及地层情况必须经监理工程师检查确认。基底检查的内容包括：基底平面位置、尺寸大小、基底标高；基底土质均匀性、地基稳定性及承载力；承包人的施工日志及有关试验资料等。承包人的质量检查员应记录检查结果，经监理工程师签认后作为技术档案资料。

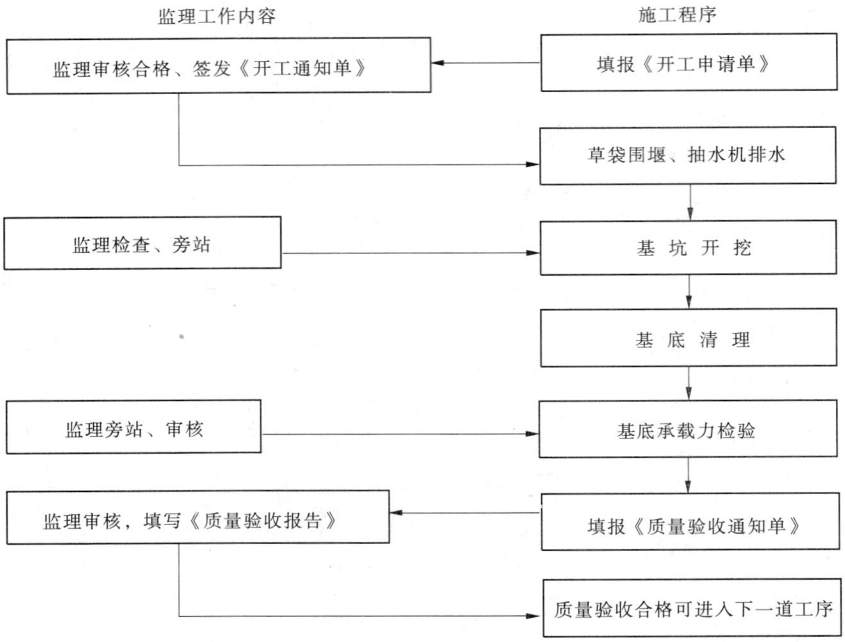

图 4-8　基础开挖施工程序及监理工作内容

2）钻孔桩基础施工质量控制

钻孔桩基础施工前，承包人须将施工方案报送监理工程师，经书面审批后方可正式开工。其施工程序与监理工作程序见图 4-9。

钻孔桩在钻孔、清孔、安放钢筋笼、灌注水下混凝土各工序后，应进行质量检查。检查的内容包括：钻孔的质量和桩的质量。桩的质量检查主要是对水下混凝土灌注质量的检测，由具有相应资质的部门进行，检测结构的完整性和单桩承载力。

2. 桥涵墩台施工质量监理

常用的桥梁墩台有混凝土墩台、砌体圬工墩台和桩柱式墩台等。混凝土桥涵墩台的施工及监理工作程序见图 4-10。

混凝土墩台施工质量监控要点如下：

（1）浇筑墩台基础和第一层混凝土时，应根据基底土（岩）条件对基底加以处理。

（2）在厚而无筋或少筋的墩台或基础中浇筑混凝土，可在混凝土中埋放厚度不小于 15 cm 的石块，将混凝土做成片石混凝土。片石质量及施工方法应符合合同要求或施工技术规范。

（3）当采用滑升模板法浇筑混凝土墩台时，宜采用低流动度或半干硬性的混凝土。监理工程师应监控其浇筑方式和振捣方法，以及混凝土脱模后表面缺陷的处理。

3. 桥涵上部结构质量监理

1）支架、模板的钢筋布设的检查

（1）模板的制作与安装质量的检查；

（2）支架、拱架的制作与安装质量的检查；

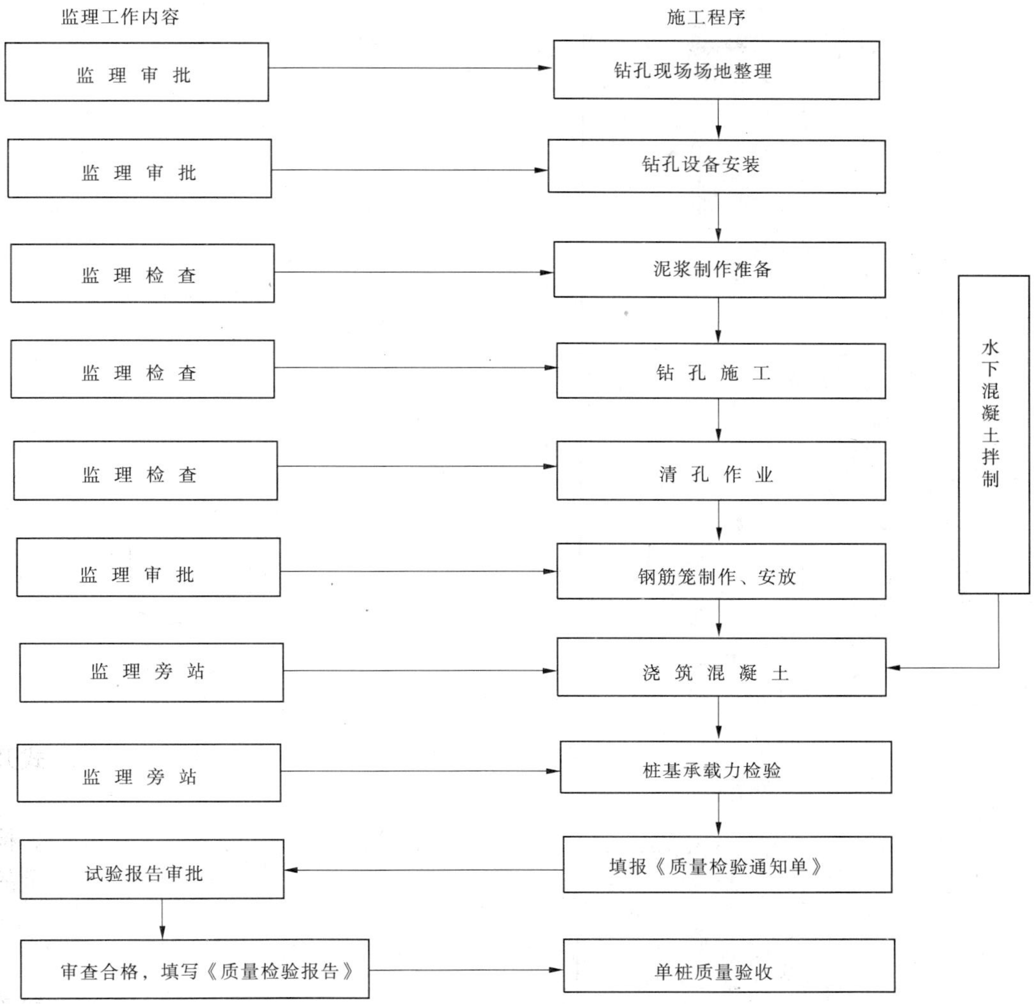

图 4-9　钻孔桩基础施工程序及监理工作内容

(3)模板、支架、拱架拆卸质量的检查；

(4)钢筋加工及安装质量的检查。

2)锚具、张拉设备及张拉作业的质量监理

(1)审批和检查预应力系统(张拉设备)。在预应力混凝土构件施工开始前的约定时间内,监理工程师审批拟采用的预应力系统。监理工程师应检查承包人对锚具和千斤顶使用前的校核,检验其性能和精度是否符合要求。承包人应提供一个监理工程师同意的校核装置,以便定期对千斤顶进行检查。

(2)材料的审批。所有用于预应力混凝土工程的材料,如钢筋、钢丝、钢绞线、冷拔低炭钢丝、预应力混凝土材料、压浆材料等,均应满足规范和设计图纸的要求,并获得监理工程师的批准后方能使用。

(3)预应力张拉作业的质量监理。①一般规定。检查承包人对张拉机具使用前的全

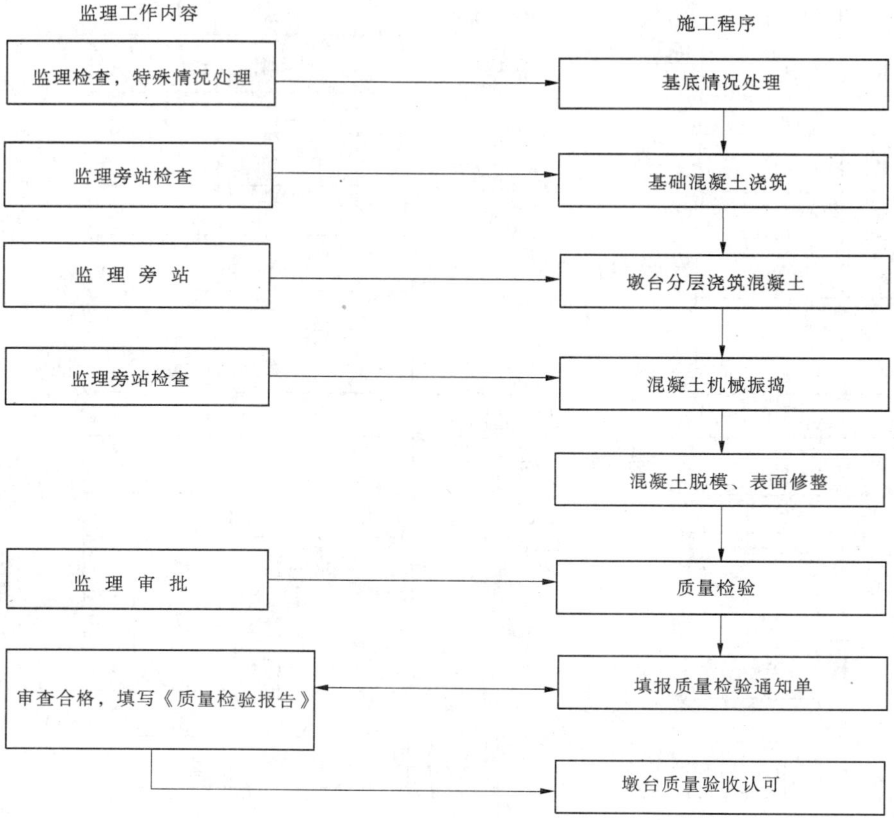

图 4-10　混凝土桥涵墩台施工程序及监理工作内容

面校验；处理张拉设备安装时出现的异常情况；检查张拉作业中承包人的施加预应力记录表。②后张法。审批承包人对混凝土构件施加预应力前的检查结果，检查第一次张拉时混凝土的强度。检查结果审批后，监理工程师应旁站监控，方能进行张拉作业。当预应力加至设计规定值并得到监理工程师同意，方可锚固钢丝束，千斤顶压力应以锚具和钢丝束不受震动的方式予以解除。③先张法。张拉工作开始前，审核张拉方案及拟采用设备的全部细节资料。张拉时，力筋的张拉顺序应按设计图纸所示或监理工程师的指示进行。

所有混凝土构件应标出监理工程师同意的永久性标志。标志上应标明构件编号、制造的生产线、浇筑混凝土和张拉的日期等，但其标志应在构件安装后不外露。

3）混凝土预制块件和砌筑质量控制

混凝土预制块件的预制与砌筑施工程序及监理工程师工作内容见图 4-11。

施工中，各工序的施工质量检查内容如下：

（1）大型预制构件的质量检查。检查混凝土大型预制构件所用原材料的质量、规格和配合比。在混凝土的拌制、运输、浇筑、捣实、养生各工序的施工中，监理工程师应加强旁站。混凝土预制构件的施工质量，应达到合同规定的技术标准。

（2）装配式混凝土预制块件的质量检验。首先应将预制场地平整、压实，并应根据地

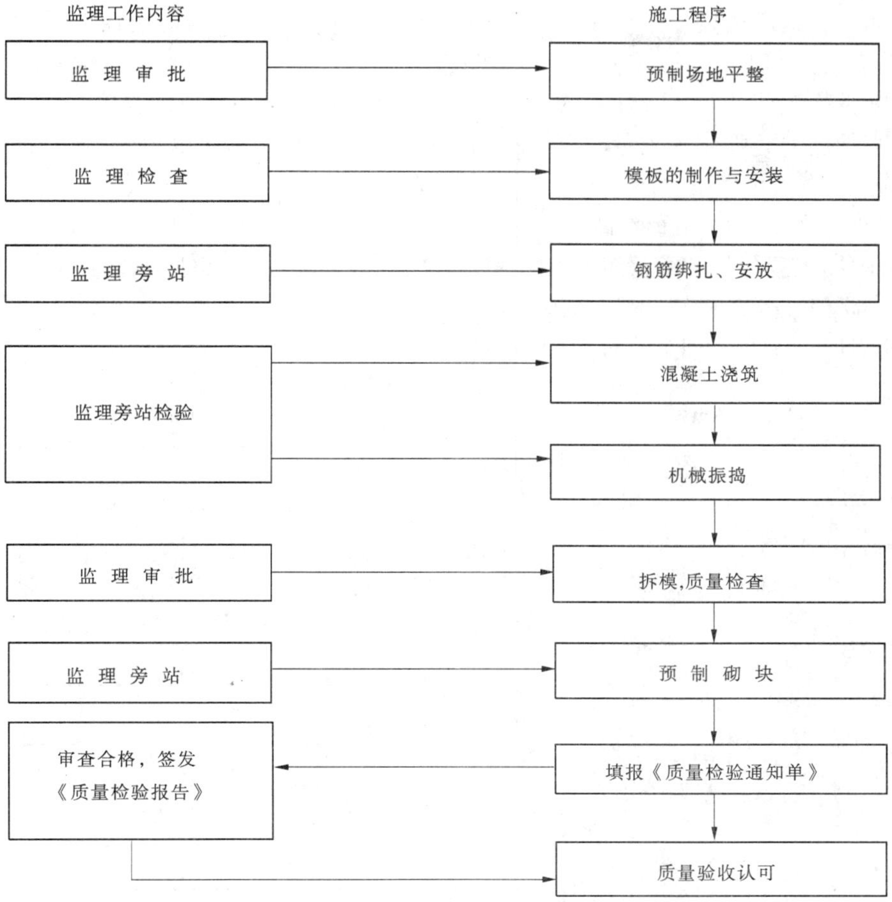

图 4-11　预制块件制作与砌筑施工程序及监理工作内容

基土质和气候条件,采取必要的排水措施,以防场地沉陷,造成预制构件变形。浇注过程中,每块预制件的混凝土必须一次浇筑完成,中途不得间断;大型预制构件,当其形状复杂、钢筋稠密时,可在不同部位采用不同粒径骨料和不同坍落度的混凝土;预制构件应采用机械振捣。

(3)预制砌块砌筑质量的检查。砌块在使用前必须浇水湿润,并将其表面清洗干净。监理工程师在砌块预制和砌筑时,应加强旁站检查,以确保施工质量。

4)桥梁上部结构安装质量控制

(1)梁、板的安装。梁、板安装前,墩台支座垫板必须稳固;就位后,梁两端支座应对位,且梁、板与支座须密贴,否则,应重新安装;两梁、板之间的接缝填充材料的规格和强度应符合图纸要求,且填缝应平整密实;梁、板安装完毕并整体化后,在桥面未铺装前,汽车和机械不得直接从梁、板上通过,如因特殊需要,须采取监理工程师认可的承压力扩散措施后,方可通行。

(2)拱的安装。大中跨径装配式拱桥安装前,承包人必须对吊装机具设备、索塔、地锚等进行检查、试吊,检查合格并经监理工程师审批后,才能进行安装作业。多孔拱桥上部结构吊装时,必须严格按加载程序,由桥台或制动墩起逐孔吊装;如桥墩在设计上限制承受单孔上部结构推力时,吊装过程中应尽量使相邻两孔上部结构的施工进度不能相差过大,以期减少施工荷载对桥墩产生的单向推力。当采用分段吊装,且拱段接头采用现浇混凝土时,必须确保其强度和质量,并在浇筑的混凝土强度达到70%以上时,才可进行拱上建筑的施工。

5)桥面附属工程的质量控制

桥面附属工程包括伸缩缝、桥面铺装、桥面防水、排水、桥面其他附属工程(人行道及安全带、沉降缝、缘石、栏杆、水电管道等)。

桥面附属工程及监理工作程序如图4-12所示。

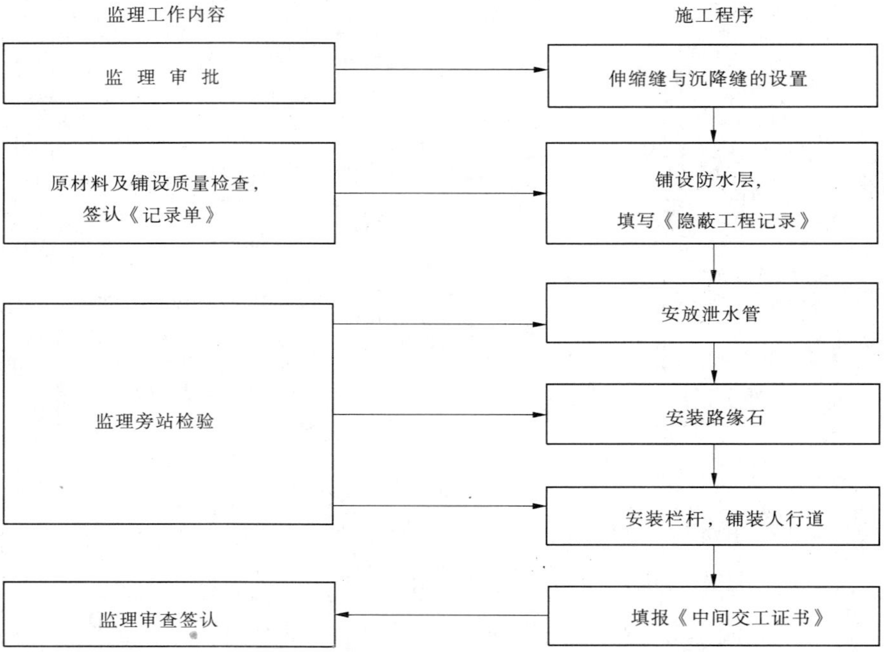

图4-12 桥面附属工程施工程序及监理工作内容

下面以桥面铺装为例,对桥面附属工程施工质量监理的内容加以具体说明:

(1)桥面铺装所用原材料应符合图纸要求,并经监理工程师批准;

(2)桥面铺装厚度的控制;

(3)按施工图纸预留好伸缩缝的工作槽,并检查其伸缩性;

(4)桥面铺装必须在大梁的横向连接钢板已焊接,上部构造构件的横向伸出钢筋已焊接或绑扎、预留的槽缝已经灌注水泥砂浆并按要求铺设纵向接缝钢筋网或桥面钢筋网后才能开始;

(5)为使桥面铺装与下面的混凝土结构物或构件紧密结合,其面板表面必须粗糙,并在浇筑桥面铺装前用水冲洗干净。

为保证桥面排水良好，桥面泄水孔的进水口应略低于桥面面层，泄水孔的数量不得低于设计要求。

（三）竣工验收阶段的质量监理

1.桥涵工程竣工后的监理工作程序及内容

承包人按合同规定的要求组织竣工检查，并写出自检报告，各项自检质量符合合同规定的技术标准后，承包人即可填写《竣工验收申请报告》，连同自检报告一起提交给监理工程师审批。

监理工程师在收到上述报告后，应立即组织监理试验室对已竣工的项目进行检查，并对承包人提交的自检报告和各项检验结果进行复核抽查，即审查隐蔽工程项目的记录签字是否齐全，是否合格；审查工程的各分项工程每道工序的《质量验收单》是否齐全；审查各分项工程混凝土质量试样报告是否合格；审查整体工程和各分项工程的荷载实验报告是否合格；审查主要工程材料质量检验单是否合格。

当以上各项复核检查合格后，监理工程师即可签发《中间交工证书》并计量。

如果桥涵工程是单项的合同工程，则监理工程师除应进行以上项目的审查外，还应组织参加由业主组织的竣工验收，根据验收结果检查，决定是否签发该工程的《竣工交接证书》。

2.验收检验项目及标准的主要内容

桥涵工程的竣工验收检验项目及检查内容详见《公路工程质量检验评定标准》（JTG F80/1—2004）。

四、隧道工程施工质量监理

（一）隧道施工准备阶段的监理

隧道施工准备阶段的监理工作包括以下几方面：

（1）隧道工程所用原材料的质量检验。

（2）隧道混凝土配合比的审查。

（3）隧道施工前测量放样的检查。

（4）施工机械设备的审查。

（5）施工方案的审查。

（二）隧道施工阶段监理

公路隧道工程的主要项目包括：洞口工程、洞身工程、防水与排水工程、附属设施工程。

1.洞口及洞门施工质量监理要点

（1）隧道洞门施工应避开雨季和融雪期。

（2）应按设计要求进行边、仰坡放线和开挖。

（3）洞口土石方施工时，应随时检查边坡和仰坡，以保证边、仰坡稳定和施工安全。

（4）洞门基础开挖及支护方案应报监理工程师审批。洞门基础必须置于稳固的地基上，并有足够的埋置深度。开挖至设计标高，若基底的地质条件与设计不符，应加固处理。

（5）洞门处的衬砌拱墙与洞内衬砌拱墙应整体施工。

(6)洞门端墙的砌筑与墙背回填应两侧同时进行。

(7)洞口边、仰坡顶面及其周围,应设置排、截水沟,坡面应采取防护措施。

2. 洞身工程质量监理要点

1)洞身开挖

开挖前应详细审查承包人的施工方案。施工中,应严格控制开挖断面,不宜欠挖,也尽量减少超挖。采用先拱后墙法施工时,必须控制下部开挖厚度和用药量,并应采取措施,避免损伤拱圈。隧洞开挖,除完整坚硬的岩石可不设支撑外,其余均应做好支撑防护,不良地段应加强支撑,以确保施工安全。

2)施工支护

施工支护应配合开挖及时进行。优先考虑锚杆、喷射混凝土或锚、喷联合的支护方式,围岩不稳定时采用构件支撑。构件支撑应经常检查,出现不良情况时,必须立即加固。锚杆及锚固所用材料应满足设计要求。锚杆注浆设备、水泥浆材料应经批准。喷射混凝土须按施工前试验所取得的方法与条件进行喷射作业。

3)隧道衬砌工程

(1)承包人在施工前,按设计中线和高程对开挖断面进行复测和修整,确认无误并经监理工程师批准后方可施工。

(2)衬砌施工前,根据设计要求,应做好各种防排水设施。对漏水孔洞的缝隙采取排水堵水措施,防止侵蚀性水侵入混凝土。

(3)衬砌用的拱架、墙架和模板,必须有足够的强度和刚度。对于大跨度的拱架,施工时应特别注意其稳定性,防止失稳或移动造成拱圈开裂。

(4)衬砌材料应满足设计图纸规定的标准和要求。施工中要抽验材料的质量,控制好混凝土的配合比和拌和质量,保证混凝土的强度、耐久性和防渗性。

(5)隧道拱圈采用石料或混凝土预制块,并用先墙后拱法施工时,拱脚应设置混凝土支撑或钢筋托架,以防止开挖边墙时拱脚下沉而造成拱圈开裂。

(6)注意检查衬砌背后回填的密实性,其关系到隧道结构的安全,在稳定性差的围岩中尤为重要。

(7)加强衬砌的养护。

(8)严格控制拱架、墙架和模板的拆除时间,衬砌强度达到要求后方能拆除。

3. 防水与排水

隧道施工临时防、排水应与永久性防、排水设施相结合,以防、截、排、堵相结合,因地制宜综合治理的原则进行。施工前,根据设计文件和调查资料,预计可能出现的地下水情况,选择防、排水方案。施工中,应对隧道的出水情况做好观测试验记录,不断改进和完善防、排水措施。

4. 隧道附属设施工程质量监理

隧道附属设施,包括各类消防洞、横通道、设备洞、装饰工程及营运管理设施等。附属设施工程预埋件较多,施工时,隐蔽工程必须经监理人员验收并填写验收合格记录后,方可进行后续工序施工。各类附属设施应遵守相应专业的有关规定。

1)设备洞、横通道施工质量要求

隧道内的各类设备洞与横通道,一般应在正洞掘进至其位置时,经其一次挖成。应注意爆破药量及孔深的监督,加强对交叉部位围岩的监测。应特别注意各类设备洞的联结、折角等处的防排水处理。

2)装饰工程施工质量要求

装饰工程施工前,应仔细检查衬砌表面的渗漏情况,必要时须采取措施,做好防、排水工作。装饰材料不得侵入隧道建筑限界。各类洞室的防护门应开启方便、严密、防水、隔热。

3)营运管理设施质量监理

营运管理设施,包括电缆、电缆槽、通讯、信号、标志、标线、消防、救援、消音、监控、收费、养护设施等。大型机电设备的规格型号应符合设计图纸要求,具备出厂合格证和试验项目清单。所有工程材料均应有完善的测试记录。营运设施施工质量应严格按其专业的设计标准规范进行验收。所有设备安装前应进行调试,并核查设备安装点的环境是否满足要求,并经监理工程师认可。

隧道工程的施工程序及监理工作内容如图 4-13 所示。

五、交通工程设施质量监理

(一)交通安全设施施工质量监理

1. 护栏施工质量控制要点

1)波形梁护栏施工质量要点

(1)分批检查到场材料,注意检查热浸镀锌质量。

(2)检查立柱放线,对桥梁、构造物处的放线要严格检查。

(3)重视混凝土基础的定位、浇筑及预埋件的安装。

(4)护栏应在压实的地基上架设,或设在混凝土基座中。

(5)钢立柱应打入或埋入已压实的路基中。

(6)除非经监理工程师批准,立柱都应在路面铺筑完成后埋设,并安装护栏部件。

(7)注意护栏板的调节。

2)混凝土护栏施工质量监理要点

(1)对混凝土护栏的位置、标高等应反复检查核对。

(2)检查浇筑混凝土护栏模板的制作安装,模板应有足够的强度、刚度和稳定性。

(3)检查钢筋和预埋件的安装,合格后,方能浇筑混凝土。

(4)注意混凝土浇筑后的养护。

(5)采用预制混凝土护栏,安装前,应复核标高和平面位置无误,并按设计做好基层,方可开始安装护栏。

2. 隔离栅施工质量控制要点

(1)分批检查到场材料及热浸镀锌质量。

(2)核查每个柱的高程。

(3)检查基础开挖。

(4)检查立柱安装。

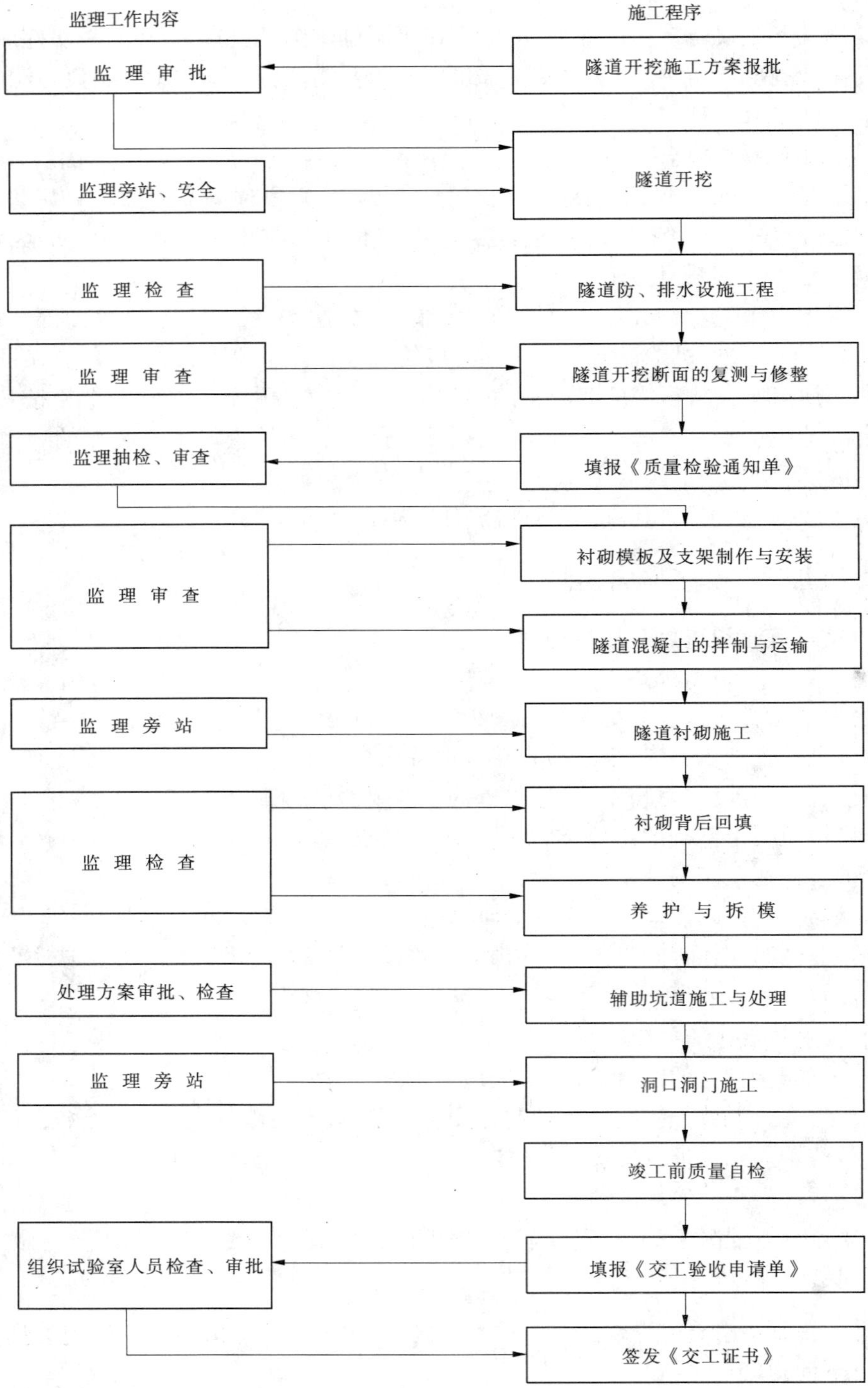

图 4-13　隧道工程施工程序及监理工作内容

(5)施工完成后，检查隔离栅整体的稳定性。

3. 防眩设施施工质量控制要点

(1)施工前，检查清理场地，确定控制点及控制点之间的定位、放样情况。

(2)核查防眩设施的设置位置和高度。

(3)防眩板单独埋设立柱时，应在基础达到设计强度后，方可安装上部构件。

(4)施工过程中不应损失金属涂层。

(二)机电工程施工质量监理

1. 监控系统和收费系统的检测

1)产品外观检查及安装检测

内容包括产品标识及产地的认可，主要技术指标的鉴定，抽检关键设备的高低温、湿度、过压、耐压、振动及兼容性的例行试验。

2)智能设备的检测与诊断

内容包括72小时连续考核、信息处理能力、主要功能的考核、平均无故障运行时间及修复时间的考核、绝缘性测试等。

3)收费系统的检测

收费系统设施的检测一般通过专用的测试软件进行，也可通过仿真试验或模拟试验来测试设备的灵敏度。

2. 通信系统

通信设施的质量检测主要包括产品质量检测和安装质量检测。产品质量检测内容包括设备名称、型号、规格、出厂合格证、设备及产品性能等；安装质量检测内容包括供电系统、接地电阻、绝缘性能及通讯质量等。

3. 照明设施

公路照明设施的质量检测包括单项设备的检测和照明效果的检测。单项设备的检测内容包括照明灯具、灯架、灯杆、照明供电系统、应急的照明系统、照明控制系统；照明效果的检测内容包括对特殊部位、相关场地的平均亮度、防眩性及诱导性等的检测。

第四节　交工及缺陷责任期的质量监理

当合同工程完工后，监理工程师受理了承包人提交的交工验收申请。交工验收申请的受理标志着施工阶段的结束和交工及缺陷责任期的开始。这一阶段监理工程师的主要工作内容包括以下方面。

一、审查交工验收申请

监理工程师应按合同及有关规定要求，审查施工单位提交的合同工程交工验收申请，重点检查下面内容：

(1)合同约定的各项内容的完成情况。根据《公路工程竣(交)工验收办法》，检查工程是否满足公路工程(合同段)交工验收应具备的六项条件：①合同约定的各项内容已完成；②承包人按相关规定的要求对工程质量自检合格；③监理工程师对工程质量的评定合格；④质量监督机构对工程质量进行检测（可委托有相应资质的检测机构），并出具检测意见；⑤竣工文件已编制完成；⑥承包人、监理单位已完成本合同段的工作总结。

（2）施工自检结果。主要指承包人按照合同约定的各个自检项目的自检结果是否合格。

（3）各项资料的完整性。

（4）工程数量核对情况。

（5）工程现场清理情况等。

二、评定工程质量与编制监理工作报告

监理工程师应及时汇总、整理监理资料，按《公路工程竣（交）工验收办法》对合同工程的质量等级进行评定，编制监理工作报告，并提交业主。

三、参加交工验收

监理工程师应参加由业主组织的合同工程交工验收，接受对监理独立抽检资料、监理工作报告及质量评定资料的检查，协助业主检查承包人的合同执行情况，核对工程数量，评定各合同段的工程质量。工程质量符合要求，缺陷责任期内全部剩余工程的完成已得到承包人的书面保证时，监理工程师可会同参加验收的各方签署交工验收证书。工程交工的日期以签发交工证书的日期为准。

四、签认交工结账证书

合同工程交工验收证书签发后，监理工程师应认真审核承包人提交的工程交工结账单，并在规定期限内签认工程交工结账证书，报业主审批。

五、缺陷责任期的监理

合同工程的缺陷责任期从签发交工证书之日起算，期限一般为一年。在缺陷责任期内，监理工程师的主要工作包括以下几个方面：

（1）检查承包人剩余工程的实施和交工验收时指出的工程质量缺陷的修复；对完成或修复的工程，应按合同规定的质量标准进行检查、监测、试验，合格的予以验收。

（2）巡视检查已完工程，发现以前未发现的工程缺陷或交工验收后新发生的工程缺陷。

（3）记录发生的工程缺陷，指示施工单位进行修复，并对工程缺陷发生的原因、责任及修复费用进行调查、确认。

（4）督促承包人按合同规定完成竣工资料的收集和整理。

六、签发缺陷责任终止证书

监理工程师收到承包人提交的终止缺陷责任申请后，应就缺陷责任终止证书签发的必要条件进行审查，即承包人已完成全部剩余工程；全部剩余工程的质量已检查认可；承包人已按合同规定完成竣工资料的收集和整理。符合条件后，经业主同意，监理工程师应

在合同规定的时间内签发合同工程缺陷责任终止证书，并向业主提交缺陷责任期监理工作总结。

七、签认最后支付证书

监理工程师收到承包人提交的最后结账单及所附资料后应进行审核。审核后的最后结账单经承包人认可后，由总监理工程师签认并报业主审批。

八、参加工程竣工验收

监理单位应参加工程竣工验收工作，负责提交监理工作报告，提供工程监理资料，配合竣工验收检查工作。

第五节　案例分析

案例分析1　四川省绵阳(磨家)至广元(沙溪坝)高速公路项目公路工程质量监理

一、监理工作概况

四川成绵(乐)高速公路建设指挥部于1999年1月筹建了Ⅰ期工程(绵阳磨家至江油青林口)监理部，于1999年12月筹建了Ⅱ期工程(江油青林口至广元沙溪坝)监理部。并先后对Ⅰ期、Ⅱ期工程现场施工监理进行了招标，确定了现场施工监理中标监理公司。施工现场设立了8个路基监理组(Ⅰ期工程4个、Ⅱ期工程3个和隧道监理组)和涪江四桥监理组，4个路面监理组(同时负责房建、绿化、通信、交通工程)，1个隧道机电工程监理组。各路基监理组下属共有40个合同段监理小组(Ⅰ期25个、Ⅱ期15个)。同时建立了2个中心实验室(分属Ⅰ期、Ⅱ期监理部)和8个监理组实验室。

为了提高监理工作办事效率，做好对工程的全面监控，全线配置了越野汽车66辆，实验车4辆，微机14台，复印机13台及通信工具和各种检测设备。

二、工程质量管理

(一)质量管理措施

(1)制定了各种监理工作程序，具体化了施工监理的工作步骤和方法。

(2)围绕明确四川省绵阳(磨家)至广元(沙溪坝)高速公路项目公路工程监理工作依据，举办了各种监理培训班。

(3)为了监理自身管理工作的规范化，建立了从工程监理部到各级监理组，以岗位责任制为中心的各项监理工作制度。

(4)要求各级监理人员熟悉施工图并结合施工现场始终注意完善设计文件。

(5)促进承包人建立健全质量保证组织体系，夯实保证工程质量第一道关的基础。

(6)在工程实施过程中严格坚持按监理程序办事。

(7)样板引路,争创优质工程、精品工程,在工程实施过程中坚持全路段全部分项工程开工前,都要先做样板工程。主要包括以下内容:

①路基填方、软基处理必须先做试验路段,经过总结取得可靠数据后才能全面施工。

②涵洞施工先做一道样板涵,经检查评定符合优良要求后再予以推广。

③桥梁柱、梁、板先做样板工程,经总结经验后再继续进行。

④各类砌石工程(包括挡墙、护坡、边沟等)各先做一段样板段,按照样板段的标准进行全面砌石作业。

⑤二灰砂砾路面底基层,先做试验段,经检查数据全部达到要求后才能全面施工。

⑥二灰砂砾路面基层,必须进行厂拌、机铺。先铺筑试验段,经取得数据总结后,才能全面施工。

⑦各层沥青混凝土路面,必须铺筑试验路段,经过全面的检查评定,确定完全达到要求后,再全面展开。

⑧桥面伸缩缝,必须先做一道,经过检查,达到优良标准后,再全面展开施工。

⑨绿化工程先做示范点,经有关各方人员评价后,再予进行。

(8)在省质检站、指挥部、监理部组织质量大检查的基础上,坚持各监理组结合施工现场具体情况组织专项工程质量检查,消除质量问题"死角"。

(9)各项监理工作尽可能主动、超前、务实,对工程施工中遇到的重要决策、工序、材料、工艺等尽可能地提前预见可能出现的后果,不断提醒承包人引起重视,达到防患于未然。

(10)认真做好中间检查和验收工作,确保全路交工验收时具备准确、完善、真实的验收评定资料。

(二)施工过程中质量检查情况汇总

(1)桥梁工程:桥梁总体外形尺寸及内在质量均符合检评标准。

(2)路基工程:填方压实度、平整度,顶面路拱、路基水沟,涵洞、挡土墙、护面墙、倒虹吸管均符合检评标准。

(3)材料及试验:材料堆放及各种试验满足规范要求。试验室的设置标准、规范。

(三)质量问题事故处理情况

较大的质量问题及其处理情况如下:

K187 +752 ~ K187 +818 段左侧 12 根抗滑桩,经过钻芯取样检查,发现了存在严重的质量问题,经设计单位确认,决定增设 11 根抗滑桩进行处治,处治完成后经检测增设抗滑桩全部合格,厅质监部门再进行了检测,亦全部合格。

(四)工程质量评定情况

工程完工时全部合同段的单位工程抽检评定均达到优良标准。2002 年 12 月进行交工验收时,全部合同段质量评定亦达到优良标准。

三、交工验收中存在问题及处理情况

(一)路基工程

需要进行灌浆处治或钢管防护的共计 13 段,以后在处治中进一步发现并新增 6 段,共计 19 段。以上路段均处治完成，经质监站检查全部达到质量要求。

(二)其他工程

K223 + 580 ~ + 790(左幅)、K199 + 700 ~ + 750(左幅)、K92 + 700.15 ~ + 902.45 处所出现的问题均已解决。

案例分析 2 浙江宁波某路、桥工程项目公路工程施工质量监理

一、工程概况

浙江宁波某路，西起环城北路，东至南浦路，道路总长 1 579.04 m(在红线范围内已完成塘渣填筑)，标高为 2.4 m。道路标准横断面总宽 18 m，由西至东布置为 3 m 人行道 + 12 m 机非混行道 + 3 m 人行道，车行道路面采用沥青混凝土路面。行车速度30 km/h，设计年限 15 年。雨水管铺设在北侧人行道下，距侧石 1.5 m，采用 Φ500、Φ700、Φ800 的国标钢筋混凝土Ⅱ 级承插式管道，O 型橡胶圈接口；污水管铺设在南侧人行道下，距侧石 1.5 m，采用 Φ300 ~ Φ500 的高密度聚乙烯 HDPE(双壁工字管)热收缩套连接，360 度砂石管基。

箱涵工程：箱涵为钢筋混凝土单孔箱涵，净宽 6 m，净高 3.5 m，分为 2 节，分节处设防腐木丝板沉降缝。横断面同道路横断面为 24 m：自北向南为 4 m 人行道 + 16 m 车行道 + 4 m 人行道。箱涵中心桩号 K1 + 045.18，与道路中心线正交。箱涵基础底采用 Φ16 松木桩进行地基加固。

二、施工阶段工程质量控制

(一)施工准备阶段的质量控制

首先，监理方认真熟悉合同文件、设计图纸及技术文件，对承包商提交的施工组织设计及施工计划、施工方案进行审查，参加设计交底及有关技术会审。参加工程基准线、控制桩和水准点的现场交底，并对水准点、控制点进行复核。

检查开工条件，如承包商料、机落实、进场情况；水泥、钢筋、砂、石料和预制管构件、主要外购件的质量及有关资料，对部分供应厂家进行考察，见证复核试验。

召开首次工地会议，明确了施工过程中业主、承包商、监理方三方各自的职责和监理工作管理办法。

编制了详细的《监理规划》、《监理细则》，为我们开展监理工作打下了基础。

(二)施工阶段质量控制

在施工中要求承包商必须在自检合格的基础上通知监理验收，经监理检查确认后，才能进入下道工序施工。

1. 排水工程

(1)督促承包商做好施工水准点、控制点、基准线的测量、复核及管道中心线的定位、复核工作，并检查其有关记录，在承包商上报复测资料的基础上，对临时水准点等进行了复核，其结果均在允许误差范围内；同时，多次抽检管道中线的控制点、中心桩、检查井位置等，确保其准确性。

(2)在沟槽开挖工序中，检查承包商沟槽横断面型式是否适用、安全，沟槽排水、支撑措施是否落实，重点控制沟槽不得受水浸泡，防止出现槽底土体扰动和超挖现象。

(3)在抽检垫层、平基的厚度及高程无误后，才同意承包商进入安管工序施工。

(4)安管工作重点检查管底坡度是否符合要求，有无倒流水现象，管道中心线位置是否符合设计要求，并对管内底高程进行检测。

(5)同时，随机抽取以上各道工序的混凝土质量，见证试块试压，全部达到设计要求。

(6)污水管连接和与检查井连接施工中，督促施工单位处理好管材表面，使之接口无缝、完整。

(7)为保证管材的标高和恒温，及时回填管身；接口和检查井部位暂不回填，待污水管闭水试验和合格后再回填。

(8)污水管道的闭水试验均满足设计要求。

(9)通过工地巡视的手段，对全线检查井砌筑质量进行检查，发现有通缝、灰浆不饱满、抹面空鼓、裂缝等现象的，均要求承包商进行返工处理。

(10)承包商充分意识到沟槽回填质量的重要性，本次工程的回填土承包商均自觉分层回填夯实，监理方见证回填土压实度，均达到设计及规范要求。

2. 导虹管工程

要求施工单位根据现场实际情况和施工技术要求，设计导向管施工轨迹，确保导管一次性成功。在施工中，督促施工单位精心操作导航仪，注意钻进的转速、约进力和水压，使导向孔按设计的轨迹施工；监理方复核导向轨迹、测量放线成果，检查扩孔记录和扭矩变化情况。

回拉管时，管道前部套有管帽，以防孔内泥浆进入管内而影响使用。

导虹管托管一次性成功，各项技术指标都达到设计要求。

3. 道路工程

要求承包商必须清除路床的杂物，碾压成型后，督促承包商检测路床的高程、宽度及中线位置合格后，才同意其进入塘渣层施工，塘渣层施工时，严格要求摊铺厚度每层不超过 30 cm，对发现的“弹簧土”，指令承包商及时处理。抽测塘渣层压实度，复测其平整度、宽度和中线高程，合格后，予以签认，同意进入下道工序施工。

在水泥稳定层施工中，严格要求按施工配合比进行投料，要求混合料拌和均匀、色泽一致，对不符合要求的混合料予以退场。水泥稳定层的摊铺采用机械摊铺，要求每层摊铺厚度不得超过 20 cm，避免粗细料集中现象。碾压成型后，要求承包商做好保湿养生和交通管制工作。养护期到了以后，按 1 000 m^2 抽取一点的频率，会同宁波工程学院建工室检测压实度，同时检测水泥稳定层的平整度、宽度、厚度横坡、高程、弯沉等，抽取合格后给予签认。本工程所有水泥稳定层试块强度均符合要求。

路面为沥青面层。在沥青面层这个关键工序施工过程中，监理方将其控制工作放在重中之重的位置。

在监理工作中，监理方首先检查沥青混合料的试验报告，检查测设各种测桩，控制路面高程和平整度，以保证路面的厚度，然后检查透油层的用量、均匀度是否达到设计要求，以达到阻断地表水下渗和地下毛细水上升的目的，并随机检测运到现场的沥青混合料的外观质量、到场温度，不合格的拒绝卸料。同时督促承包商控制好摊铺、碾压等各道工序的施工质量，并委托宁波工程学院建工实验室对每层沥青混合料进行现场取样检测，沥青混合料各项技术指标均符合设计要求。

在监理方的实测实量中，道路沥青面层的压实度、厚度、弯沉等均达到设计规范要求。人行道工程按照道路结构层的要求进行质量控制，铺砌面层时，经常检查其纵横缝直顺度、平整度、横坡，并要求铺砌时必须密实。人行道塘渣层、水泥稳定层的压实度均符合设计要求。

4. 箱涵工程

督促承包商做好施工水准点、控制点、基准线的测量、复核及箱涵的定位、复核工作，并检查其有关记录，在承包商上报复测资料的基础上，对临时水准点等进行复核，其结果均在允许误差范围内。

在基础施工中，检查地基情况，复核控制木桩顶标高及位置偏差，合格后才同意进入下道工序施工。

在箱涵混凝土浇筑过程中，严格执行隐蔽工程验收程序，督促施工方完善和落实质量保障体系，在箱涵底板、两侧、顶板、预留孔洞、枕梁等部位的钢筋模板隐蔽验收中，严格按照图纸，从钢筋规格、数量、尺寸、间距和绑扎焊接长度等方面进行检查，发现问题后坚决要求施工方整改，施工方整改后监理人员进行检查验收，符合要求后方可进行下道工序施工，并在隐蔽资料上签字确认。

箱涵混凝土采用商品混凝土，留取的试块试压全部合格。

箱涵混凝土分两期浇筑。一期浇筑箱涵底板和两侧底板面上 30 cm 侧板，二期浇筑其余部分侧板和顶板，并尽量缩短一二期混凝土之间的龄期。二期浇筑之前，施工缝凿毛并冲洗干净，确保两期混凝土之间接合良好。

混凝土浇筑时，监理人员全程旁站监理，检查商品混凝土质量，随车保证资料；督促施工人员严格按振捣方法施工，防止漏振和过振；见证混凝土试块制作。

从模板拆除后混凝土成型质量来看，混凝土外观质量较好。模板拆除后马上进行浇水保湿养生工作。

用于箱涵工程的原材料均有合格证，钢筋、水泥复试均合格，所有试块强度都达到设计要求。

在监理过程中，监理工程师严格按照设计图纸和施工规范督促施工，及时提出施工中存在的问题，用口头或书面形式指令承包商进行整改。同时建立工程例会制度，及时解决工程中的技术问题、各施工点之间的协调，并在会上将上阶段的质量等情况向承包商、业主等单位通报。

小结

施工项目的质量是工程建设的核心，是决定工程建设成败的关键。要保证公路工程的施工质量，就必须认真做好质量监理工作。而工程质量监理是一个全过程的监理，它贯穿于整个合同执行过程的始终。本章介绍了质量监理的一些基本原理以及工程质量监理

每个阶段的特点和工作内容,重点强调了施工阶段的质量监理。主要从以下几个方面进行论述:

(1)质量监理的基本原理。主要从监理的依据和特点、质量监理的主要方法、质量控制程序、监理中心试验室以及公路工程等级质量评定几个方面来叙述。

(2)施工准备阶段监理。监理合同签订后,监理工作进入施工准备阶段。在该阶段,监理工程师应熟悉合同文件、参加施工招标、复核图纸和放样定线数据、督促承包人提交施工组织设计、准备第一次工地会议、准备发布开工通知等。

(3)施工阶段监理。这个阶段是工程的主体开始实施和形成的阶段,也是工程质量形成的重要阶段,同时更是进行质量控制的关键阶段。这个阶段的质量监理工作主要有:检查承包人的施工组织设计、检查施工中所使用的原材料和混合料、对每道完工后的工序进行严格的质量检查验收、对施工中产生的质量缺陷或质量事故进行调查和处理等。在该阶段,监理工程师主要应抓住检查这个环节,尽可能增加检查的时间,加密检查点,从而做到防患于未然,对已出现的质量问题,要及时责令承包人处理改正。

(4)交工及缺陷责任期阶段监理。在该阶段,监理工程师应审查承包人的交工验收申请、评定合同工程的质量等级、参加交工验收、签认交工结账证书、做好缺陷责任期的监理、签发缺陷责任终止证书、签认最后支付证书、参加工程竣工验收。

复习思考题

4-1　质量监理的依据和任务是什么?

4-2　简述质量监理的程序和方法。

4-3　简述路基填方压实质量监理的要点及挖方路基施工监理的程序与要点。

4-4　路基材料的试验项目有哪些?

4-5　简述路基排水系统、路基支挡构造物的组成及设置。

4-6　路基施工前为什么要修建试验路段?应如何修建试验路段?

4-7　路面工程施工中应如何监理检查承包人的施工机具设备?

4-8　基层施工中,主要应加强哪些环节的质量监理?

4-9　在沥青路面和水泥混凝土路面施工的准备阶段,监理工程师应分别进行哪些方面的检查?

4-10　沥青、混凝土路面如何设置试验路段?修筑试验路段的目的是什么?

4-11　在沥青、混凝土路面施工过程中,质量监理的内容和要点是什么?

4-12　《工程缺陷责任终止证书》签发的必要条件是什么?

第五章　公路工程施工费用监理

本章学习要求

1. 了解工程费用监理的任务及意义，了解支付证书、支付表格及其应用；
2. 熟悉工程费用的特点、组成，工程费用监理的原则、程序和方法；
3. 掌握工程量清单内容和作用及工程费用支付的原则、程序及内容。

第一节　概　述

工程费用监理，就是监理工程师按合同文件，依据工程实际情况，对工程费用的计算与支付实行监督管理。它是工程监理的主要工作之一。其核心是工程的计量与工程费用支付两个方面。工程费用的有效监理，一方面直接关系到工程造价和投资效益，关系到合同的实施和投资目标的实现，另一方面也是保证监理工程师全面采取监理措施，有效地进行质量和进度监理的有效手段。工程费用监理直接涉及业主和承包人的利益，是各方关注的焦点和核心。因此，搞好费用监理，是保证工程施工任务顺利完成的前提和条件。

一、工程费用

(一)工程费用的特点

工程费用是指通过施工生产活动而形成的建筑安装工程所具备的价值或工程价格的货币表现。它是工程项目造价的主要组成部分和直接基础，又分为预算工程费用和实际工程费用两类。工程费用具有如下特点：

(1)预先定价，由于工程建设内在规律，工程费用必须在实际使用和支付前先定价。

(2)以工程成本为基础，工程费用以标准成本为基础计价，而对各种意外情况则以实际成本进行估价。实际成本是生产过程中各种实际耗费的总和，标准成本则是在合理的劳动组织和一定的生产技术条件下完成工程施工生产任务所需的社会平均消耗量。

(3)主要由承包人使用，工程施工任务一般情况下是由承包人完成，工程费用也主要由承包人使用。当承包人被驱逐，且剩余工程由业主直接完成时，工程费用才由业主自己使用。但这种情况少见，往往是业主驱逐了原承包人后，再另外招请承包人来完成工程。

(4)必须由监理工程师签认，合同实施过程中的各种费用，只有监理工程师按合同文件所签认的工程价款才是工程费用。

(5)由业主支付，业主在承包人完成了既定施工任务，并经监理工程师确认其价值后，应支付工程费用。工程承包行为也是一种商业活动，业主在获得了预定的工程结构物后，理应支付其价值。

(二)工程费用的组成

工程费用由直接成本、间接成本和利润三部分组成。

(1)直接成本:指完成该建设项目的施工任务而直接用于工程上的费用。包括消耗在施工中的全部材料费、机械使用费、人工费和其他有关费用四个部分。

(2)间接成本:指为完成工程施工任务而间接发生的费用及间接为工程服务而发生的费用。由施工管理费(包括现场管理费及总部或上级管理费)和其他间接成本组成。其中,其他间接成本包括各种分摊费用,如投标费、合同公证费、各种保险和保函手续费、临时设施费、各种税金、办公费和试验费等。

(3)利润:工程费用中利润的多少,主要取决于承包人施工管理水平的高低及合同价格的合理程度。一般情况下,编制标底时按平均利润率来确定并预算工程费用中的利润,而承包人在投标报价时,则是按自己的投标策略来确定利润额,并将其注入单价中。因此,工程价值的大小已由合同预先定价,承包人实际获得利润的多少,必须取决于他对工程实际成本的控制能力。

(三)影响工程费用的因素

公路工程是一种线长面广,受各种自然因素和社会因素影响较多的工程项目。其施工活动必然会受到各种因素的干扰,进而使工程费用受到影响。影响工程费用的因素很多,归纳起来有如下几种:①设计因素;②施工因素;③合同因素;④社会因素;⑤自然因素;⑥监理因素;⑦业主管理因素。以上诸因素都是影响工程费用的关键性因素和决定性因素。

二、工程费用监理的任务及意义

(一)工程费用监理的任务

工程费用监理的内容包括各项工程费用。在施工活动中所发生的一切费用都是其监理对象,都必须进行计价并作恰当记录,为各项工程费用的最终签认做好准备。

工程费用监理的目标是组织和协调好业主与承包人之间的收支行为,使他们之间发生的每笔工程费用都符合合同要求,并做到准确合理。

监理工程费用监理的核心是计量与支付,FIDIC 条件采用以单价为基础的支付办法。监理工程师除了控制好合同中工程量清单所列各项费用的计量与支付之外,还应对清单之外的各类合同支付进行严格监理,并尽可能地减少合同以外的不合理开支。

(二)工程费用监理的意义

工程费用监理具有十分重要的意义,包括以下几个方面:

(1)可以促进业主筹集资金、偿还贷款;还可促使承包人实行内部管理体制改革,降低成本,提高劳动生产率,达到加快施工速度、提高工程质量,优质高效完成工程项目的目的。

(2)给承包人引进了竞争机制,也为业主改善了投资环境,实现了投资监督,使资金变为有偿使用。

(3)工程费用监理是集技术、经济与管理于一体的综合性工作。

(4)可造就一批既懂技术,又懂经济和管理知识的专门人才。

三、工程费用监理与其他监理的关系

工程监理由工程费用监理、工程质量监理、工程进度监理和工程合同管理四部分组成。其中,前三者直接源于工程的投资、质量、工期三大目标,合同管理则是实施上述三大监理的共同基础。它们之间的关系,是既互相联系,又互相独立的关系,但其目标却是一致的,即共同实现对工程项目的监理。

此外,由于工程建设的三大目标在施工过程中,不能同时达到最优,即不可能同时做到投资省、工期短、质量高。为此,在进行监理时,应根据业主要求及工程的实际客观条件进行综合研究,采用积极主动的监理措施,尽可能减少以至避免目标值与实际值的偏差;而不是采取被动监理的方法,当实际值与目标值出现偏差时,再去分析产生偏差的原因,并确定下一步的对策。

四、工程费用监理的原则、程序和方法

(一)工程费用监理的原则

1. 政策性原则

费用监理是一项政策性、法律性、经济性和技术性很强的工作,必须根据国家的方针政策办事。要严格遵守国家的法律和有关制度,处理好国家整体利益和局部利益的关系;同时还必须遵循工程项目本身内在规律的要求,处理好进度、质量与费用三者之间的辩证关系。

2. 合同原则

工程承包合同,既综合体现了国家的经济政策和基本建设管理制度及法律,又全面概括了工程设计意图和要求,并综合考虑了施工中的各种因素,是有关工程施工的综合性文件。监理工程师在进行工程费用监理时,必须以合同为依据,按合同要求处理好各类工程费用的签认与支付。

3. 公正原则

工程费用的支付直接涉及业主和承包人的利益,因此监理工程师必须恪守公正的原则来进行费用监理。在工程施工活动中,监理工程师处于主导地位,合同赋予他广泛的权力。承包人与业主的货币收支行为是否准确、合理,取决于监理工程师所签认的工程费用是否公正。要使工程费用既合理又准确,只有监理工程师保持公正才有可能。监理工程师在费用监理过程中必须认真负责,以实事求是的精神和科学的态度做好每一项工作,确保自己站在客观、公正的立场上。

4. 责、权、利相结合的原则

要搞好工程费用监理的各项工作,同样必须贯彻责、权、利相结合的原则。“责”是要完成费用监理任务的责任;“权”是指监理工程师为了完成费用监理任务,对于必须采取的措施所应有的权限,即实施费用监理的权力,确切地说是监理工程师必须拥有工程计量与工程费用签认的权力;“利”是根据费用监理任务完成的好坏给予监理工程师的奖惩。

费用监理必须明确职责,否则无人负责;监理还必须有权,没有权,也就无从监理;同样,还必须有利,有利才能充分调动积极性和促进责任的履行。只有责、权、利高度结合,才能有效地搞好费用监理工作。

(二)工程费用监理的程序

工程费用监理必须有专门的机构来执行。首先,应落实费用监理的机构,除配置费用

监理工程师外,还应落实计量、支付人员及明确由谁对最终结果负责,即由谁在计量证书和支付证书上签字;此外,还须制定计量支付的规章制度及管理程序与计量、支付的审核环节,以保证计量支付的质量。

应注意,费用监理的前提和条件是明确目标,而目标必须在数量、时间、责任上有明确的规定。一般情况下,质量、进度监理和合同管理三者既是进行费用监理的基础,又须依靠费用监理来开展其有效的工作。因此,负责费用监理的人员必须合理分工,并明确各自的任务和责任范围。

(三)工程费用监理的方法

费用监理的方法很多,从不同角度可以进行不同的分类和总结,现仅从时间的角度进行归类。从监理措施采取的时间上来看,可以分为事后监理(反馈监理)、事前监理(前馈监理)和跟踪监理(过程监理)三类。

1. 事后监理

事后监理,是指监理工程师将计量证书和支付证书以及各种相关的调节信息输送出去,又把作用结果的信号返送回来,并对信息的再输出发生影响,以起到费用监理的作用。在费用监理中,为了对施工中的各种耗费进行有效的监理,要求把实际耗费与合同价进行比较,并把发生偏差的信息反馈给监理单位,以便及时进行调节,保证费用监理目标的实现。

2. 事前监理

事前监理又叫主动监理,是指在目标发生偏差以前,即在实际工程费用超出合同价格之前,根据预测的信息,采取相应的措施予以监理,使工程费用不偏离或尽量少偏离合同价。从事后监理来说,往往监理工程师获得偏差信息的时间和偏差发生的时间有时间差,由于这种信息反馈的滞后性使得偏差无法立即被监理工程师得知,影响纠正偏差的时效和作用。尤其在工程施工过程中,各种意外情况如地下埋藏物等经常发生,光靠承包人来报告意外事件的发生,之后再去处理,将造成不必要的损失。因此,应加强预防,进行事前的主动监理。这就意味着监理工程师必须在全面了解工程特点、承包人的施工能力及技术水平、施工环境和地质地形及原料等情况的基础上,对下阶段施工中可能出现的意外情况进行预测。在预测的基础上,采取预防措施,从而做到更有效的监理。

3. 跟踪监理

跟踪管理,是指监理工程师跟踪施工过程,并对其进行监理,也即是监理工程师现场进行监理。如旁站监理就是一种典型的跟踪监理。跟踪监理同事前监理的区别是,前者在工程费用发生的当时就在现场进行监理,而后者则是通过制定措施,明确合同价款等来进行监理;后者还有可能对现存施工条件进行改变,可从较远的时间和较好的施工条件出发来加以考虑,而跟踪监理就没有这些条件。跟踪监理同事后监理的区别是,跟踪监理的反馈时间很短,几乎是瞬时反馈,采取的措施必须是当机立断,没有过多的时间来全盘考虑;而事后监理则不同,它可以把实际的工程费用与工程费用的目标值及合同价进行比较,把差异原因搞清楚,把差异责任查明白,并提出全面的处理措施和意见,作为下一步工作的依据,而跟踪监理就无此可能。跟踪监理是一种日常的监理,事前监理与事后监理最后都要通过日常监理才能起作用,没有跟踪监理,事前监理就没有意义。跟踪监理能及时反馈信息，可以立即采取措施加以调整，监理效果立竿见影。

因此，费用监理事实上存在三种方法，只有将三种方法有机地结合起来，才能搞好费用监理，片面或单纯采用某一方法有效地搞好费用监理工作是不可能的。

第二节　工程量清单

一、工程量清单的概念

工程量清单又叫工程数量清单，是招标单价按一定的原则将招标的工程进行分解，以明确工程的内容和范围，并将上述内容数量化，且以表格形式表述的文件。工程量清单是招标文件的重要组成部分；当由投标人填上单价后，即成为标价的工程量清单（报价单）；中标的报价单即是工程费用支付时作价的直接基础。

二、工程量清单的实质和作用

工程量清单的实质是一个工程项目表，常以每一个体工程为对象，按分部分项列出其工程数量，反映出该工程项目的主要内容和预算数量。招标单位按一定的原则将招标的工程进行工作分解，以明确工程的内容和范围，并将上述内容数量化，即成工程量清单。

工程量清单的作用如下：

（1）为编制标底服务。工程量清单必须按一定的分项规则和工程量计算方法编制，其中工程量清单的分项同概预算的分项有较大的差别，不能直接套用概预算项目表，而应按招标文件中技术规范的要求编制，标底则应按这些分项进行计算而编制。工程量计算方法一般参照国内的有关规定和国际惯例。

（2）为所有投标人提供一个报价计算的共同基础，以便使他们能够有效而精确地编定报价单，合理地进行投标报价。并为评标时对报价进行比较提供方便。

（3）中标人的投标书中提供的有报价的工程量清单，作为合同的一部分，是工程实施过程中计量和支付的依据，也是工程决算的依据。

三、工程量清单的内容

工程量清单的内容包括：前言、工程细目、计日工明细表、工程量清单汇总表四个部分。

（1）前言，在合同文件中又叫清单序言。前言主要说明工程细目的包容程度及费用依据。阐明编制工程量清单时已经采用的计算方法，以及这种计算方法是否将继续用于实际工程的计量。同时，前言还应说明单价所包含的内容和范围，并要求工程量清单必须与其他文件共同阅读和理解；在前言中，亦须强调指出工程量清单中各细目工程数量的性质和估算量，达到提醒投标人投标报价及将来施工计量支付时计量人员注意的目的。

由于工程量清单各章是按技术规范相应章次编号的，有标价的单价与价格，均已包括了所有施工的工、料、机费，以及安装费、质检费、缺陷修复费、保险费、管理费、税费和利润，同时包括合同明示和暗示的所有一切风险、责任和义务。因此，一般在前言中均规定：

无论数量是否标出，在工程量清单中的每一细目均需填上单价，否则，没填单价的细目将被视为已分摊到其他细目的单价之中，那些符合合同规定的工作若没有列细目，亦视其费用已经分摊到有关细目的单价之中。

（2）工程细目，又叫做分项清单表，是招标工程中各个工程细目的工程数量单位及单价数额的排列。各工程细目应分章编列，以便将不同性质、不同位置、不同的施工阶段或其他性质不同的工程加以区别。工程细目可根据工程的具体情况分为不同的章、节、目，现以表 5-1 为例，对章、节、目的整体联系和具体内容加以说明。

表 5-1　第 200 章路基土石方

合同段　　　　（货币单位：人民币元）

编　号	项目名称	单　位	数　量	单　价	总　额
202－1	清理与掘除				
202－1.1	清理草皮及表土	m^2			
202－1.2	掘除树根	棵			
202－1.3	砍伐树木	棵			
202－2	拆除旧路面				
202－2.1	碎（砾）石土路面	m^2			
202－2.2	沥青混凝土路面	m^2			
202－2.3	沥青表处路面	m^2			
202－2.4	……				
202－3	拆除结构物				
202－3.1	钢筋混凝土结构	m^3			
202－3.2	混凝土结构	m^3			
202－3.3	砖、石及其他砌体结构	m^3			
202－4	……				
203－1	挖方				
203－1.1	挖土	m^3			
203－1.2	挖石	m^3			
203－1.3	弃方超运	$m^3 \cdot km$			
203－2	填方				
203－2.1	利用土填方	m^3			
203－2.2	利用石填方	m^3			
203－2.3	借土填方	m^3			
203－2.4	填方超运	$m^3 \cdot km$			

（3）计日工明细表，一般包括：总则、计日工劳务、计日工材料、计日工施工机械、计日工汇总表5个方面的内容，并且由相应的计日工劳务单价表、计日工材料单价表、计日工施工机械单价表和计日工汇总表等四个表组成。具体表格格式请参见《公路工程国内招标文件范本》。

（4）工程量清单汇总表，本表是对分项清单的汇总，包含着由各个工程量清单以章结转过来的内容。同时还列有考虑计日工、工程意外和价格意外等的暂定金额，详见表5-2。

表5-2　工程量清单汇总表

序　号	章　名	金额（人民币元）
1	第100章　一般条目	
2	第200章　路基土石方	
3	第300章　路面	
4	第400章　桥梁	
5	第500章　隧道	
6	第600章　排水	
7	第700章　防护	
8	第800章　道路设施	
9	第900章　绿化	
10	第1000章　房屋	
11	第100章~第1000章总计	
12	计日工总额	
13	（第100章~第1000章总计）+计日工总额	
14	按第100章~第1000章合计额的____%作为暂定金额	
15	写入投标书作为____合同段投标金额的总价（13+14）	

注：一切暂定金额都应由监理工程师按照FIDIC合同通用条件第58条规定决定使用或使用其一部分。

四、工程量清单单价说明

工程量清单应与投标须知、合同条款、技术规范及图纸等文件结合起来查阅与理解。所列工程数量是估算或设计的预计数量，仅作为投标的共同基础，不能作为最终结算与支付的依据。实际支付应按实际完成的工程量，由承包人按技术规范规定的计量方法，以监理工程师认可的尺寸、断面计量，按工程量清单的单价和总额价计算支付金额；或者，根据具体情况，按FIDIC合同条款第52条的规定，由监理工程师确定的单价或总额价计算支付额。工程量清单中本合同工程的每一个细目，都需填入单价；有些细目数量虽未标出而要求填入总额价者，投标人亦按要求将总额价填入。对于没有填入单价或总额价的细目，其费用应视为已包括在工程量清单的其他单价或总额价中，承包人必须按监理工程师指令完成工程量清单中未填入单价或总额价的工程细目，但不能得到结算与支付。

五、工程量清单的变动

公路工程在施工过程中，由于意外情况、优化设计等原因进行工程变更，变更的结果，必然要涉及工程量清单的变动。当监理工程师按照合同的规定办理工程变更时，应对工程量清单按下列方式进行相应的修改和补充：

(1)当仅变更工程数量，则清单细目的内容及其单价不变；

(2)工程性质变更引起单价变化，原清单细目的内容及数量不变；

(3)清单细目内容、单价、数量全部变更，其中包括项目整个被取消；

(4)新增工程，即清单细目、单价、数量全部是新增列的。根据设计计算数量，单价参照相近项目计算或双方协商确定。

六、工程量清单的使用

工程量清单在使用前，应先弄清楚所列的工程量清单栏目的形式，然后再根据需要加以使用。《公路工程国内招标文件范本》第6.1.2条，列明了5类工程量清单的栏目形式，下面分别说明其使用方法。

(一)有具体工程单位的清单栏目

此类清单栏目主要是用于工程的计量与支付。由于工程量清单栏目都有具体的工程单位(如以“t”、“m^2”等物理单位来表示构件的重量和结构物的面积；以“道”表示涵洞与通道，以“座”表示加油站等)，其单价和数量又基本稳定，则监理工程师必须按工程量清单标明的单价和实际计量的工程数量办理。但是，当实际施工完成的工程量与工程量清单给定的数量有出入，即工程数量有自然增减，若其自然增减的幅度在合同规定的范围内时，则应按工程量清单标明的单价和实际计量的工程数量办理；当实际施工完成的工程数量自然增长的幅度已超出合同规定的幅度，或因工程发生变更，鉴于这两种情况都使工程量清单的数量和金额发生变化，因此在处理时应按合同的有关具体规定办理。

(二)以细目为单位的清单栏目

监理工程师应根据实际情况，确定细目计量划分比例。

(三)暂定金额的清单栏目

本栏目以项为计量单位，且其工程数量和单价均是待定的。监理工程师应根据实际情况，部分动用、全部动用或根本不动用该项费用，且通常不允许超出使用暂定金额。如果工程量清单所列的暂定金额明显有误时，可通过颁布工程变更令来加以解决。

(四)计日工的使用

计日工是在施工过程中根据需要由监理工程师临时安排的工作。监理工程师必须根据工程实施的具体情况严格掌握本清单栏目的使用。合同中计日工的数量是估计的。因此，在使用时需要监理工程师根据实际情况确定如何使用及使用多少，并应持慎重态度。计日工的计量支付中还应包括需要动用的机械设备和使用的材料费用。

第三节　工程计量

一、工程计量的必要性、条件及依据

（一）工程计量的必要性

虽然由招标文件提供的工程量清单中已经给出了每一细目的工程内容和相应的工程数量，而且承包人投标时也是依据工程量清单中的工程量填报单价的，但是在施工过程中还是必须进行工程计量这一环节，这是因为：

1. 准确的实际工程量只有通过计量才能获得

工程量同工程费用一样，也有预算工程量与实际工程量之分。根据 FIDIC 通用条件第 55 条的规定，工程量清单的工程量仅是估算工程量，不能作为承包人应予完成的工程量之实际和确切的工程量，实际工程量必须在施工过程中实测才能获得。这是因为工程量清单中的工程量是在制定招标文件时，在图纸和技术规范的基础上估算出来的。无论在设计中考虑得多么仔细，要在工程实施之前十分准确地计算完成该工程的工程量是绝对不可能的，更何况很多时候设计深度达不到要求。

2. 确保监理工作顺利开展的需要

计量同时还是监理工程师控制质量与进度的重要手段。因为，对于不合格的工程，监理工程师可以拒绝计量，这就严格限制了承包人必须按合同要求办事。同时，监理工程师通过按时计量，可以及时掌握承包人的工作进展情况和工程的进度，当发现实际进度严重落后于计划进度时，监理工程师有权要求承包人采取措施加快进度，在极端严重情况下，监理工程师甚至可以向业主提交强制性分割或驱逐承包人的报告。

3. 费用支付的需要

费用支付是需要进行工程计量的最关键原因。在单价合同中，计量是支付的基础，也就是说单价合同的付款额是通过将监理认可的实际工程量与承包人投标报价时对该工程细目所填报的单价相乘后得到的。由于单价已在承包合同中固定下来，工程量成为影响付款金额的唯一参数，所以进行准确的工程计量是确保业主与承包人双方实现公平交易的关键。

（二）工程计量的条件

工程计量一方面是准确地测定和计算已完工程的数量，另一方面也是对已完工程进行综合评价。因此，对进行计量的工程，必须满足以下条件：

1. 计量的项目应符合合同要求

合同规定计量的项目包括以下三个方面。

1）清单中的工程项目

清单中的工程项目全部需要进行计量，合同文件规定，没有填写单价与金额的项目，其费用已包括在清单的其他单价或款项中，因此对于清单中没有填写单价与金额的项目，仍需进行计量，以便确认承包商是否按合同条件完成了该项工程。

2）合同文件中规定的项目

除了清单中的工程项目以外，在合同文件中通常还规定了须根据合同条件进行计量的项目。

3）工程变更项目

工程变更中一般附有变更清单，工程变更清单同工程量清单具有相同的性质，因此对于工程变更清单项目亦必须按合同有关要求进行计量。

上述合同规定以外的项目，例如承包商为完成上述项目而进行的一些辅助工程，监理工程师没有进行计量的义务。因为这些辅助工程的费用已包括在上述项目的单价中。

2. 质量必须达到合同规范标准的要求

承包商所完成的工程细目的质量必须经监理工程师检查并达到合同规范的标准后，才能由监理工程师签发中间交工证书，在此基础上再进行计量。工程质量没有达到合同规范标准的任何工程或工序，一律不得进行计量。

3. 验收手续必须齐全

对一项工程或一道工序的验收应有以下资料和手续：

（1）监理工程师批准的开工申请单；

（2）承包商自检的各种资料和试验数据，同时各种试验的频率要符合合同规定；

（3）监理工程师检验的各种试验数据；

（4）中间交工证书。

总之，上述验收手续和资料齐全后才能进行计量。

（三）工程计量的依据

工程计量的依据主要有质量合格证书、工程量清单前言和技术规范中的“计量支付条款”以及设计图纸等几个方面。

1. 质量合格证书

计量工程师要同质量监理工程师密切配合，只有被质量监理工程师签发了质量合格证书的工程内容，才能进行计量。

2. 工程量清单前言和技术规范

由于工程量清单前言和技术规范中的“计量支付条款”规定了清单中每一项工程的计量方法，同时也明确了按规定的计量方法确定的单价所包括的工作内容和范围，所以它们是计量十分重要的依据。

3. 设计图纸

在工程量清单前言中规定，对于某些工程项目，计量的几何尺寸应当以设计图纸为准，而不能按工程实际施工尺寸，如钢筋的数量、混凝土的体积等。这是在计量过程中必须遵守的，而且往往要求将清单前言同设计图一起阅读。

二、工程计量的职责与权限

根据 FIDIC 合同条件的规定，监理工程师在工程费用监理中的职责与权限主要体现在工程计量与工程费用支付两个方面。明确监理工程师在计量和支付中的职责与权限，是进行工程费用监理的前提条件。

FIDIC 合同条件下的工程计量就是监理工程师按合同文件的要求对承包商完成的实际工程量进行测量和计算。计量不仅包括对工程量清单中所列工程细目的实际工程量进行测定,而且还包括对施工过程中所有与费用支付有关的其他工作内容进行详细、准确的记录(例如停工对承包商的实际影响等)。

在 FIDIC 合同条件中,计量的职责与权限由第 55、第 56、第 57 条具体规定,现简要介绍如下。

(一)工程计量的职责

计量的根本职责是按照合同文件的有关规定准确测定已完工程的实际工程量。由于公路工程施工采用单价合同,工程量的多少直接关系到某次付款的金额,涉及业主与承包商双方之间的直接经济利益,而工程量清单(亦即报价单)中的工程量只是一种估算的工程量,所以完成某一工程细目的实际工程量必须由监理工程师按照清单前言和技术规范中有关的计量规定来确定。因此,计量既是监理工程师的一项基本职责,也是费用监理最重要的一个方面。

(二)工程计量的权力

合同条件中明确规定计量工作由监理工程师负责。在监理工程师独自计量、承包商独自计量以及监理工程师与承包商联合计量这三种方式中,无论采用哪种计量方式,最终确认工程量多少的权力归监理工程师。因此,监理工程师的计量权力实际上是对计量结果的确认权。具体地说,监理工程师有权拒绝对质量不合格部分的计量,同样有权审查和核实承包商的计量记录,删除那些不合理的部分。所谓不合理是指虽然质量合格,但没有按规范指定的计量规则和计量方法计量,或者有多计、冒计部分,或者大多数工程是合格的,但其中混有不合格的部分等。总之,要按技术规范、工程量清单前言及通用条件中关于计量的规定来判断是否合理。

(三)权力的限制

尽管合同文件中没有直接给出有关权力限制的内容,但这一思想已隐含其中。由于监理工程师拥有工程量的确认权,因而,承包商会想方设法让监理工程师尽可能地多批工程量,最终达到多获得工程进度款的目的。为了防止监理工程师与承包商串通,合同文件中对监理工程师总的工作原则作出了明确的规定,例如,不得损害业主的利益,必须公正独立地进行工作,认真地行使职权,这就是对这种权力的一种约束和限制。同时,还可由政府机关按有关法律和条例对监理工程师的工作加以监督,交通部颁发的《公路施工监理办法》第 21 条规定:监理单位或人员营私舞弊,如损害建设单位、施工单位利益或因监理人员失职造成重大事故和经济损失的,除按法律规定承担其法律责任外,其行政、资质主管机关可视情节轻重,分别给予扣减监理服务费、责令停业整顿、警告、降低资质等级、吊销监理资格证书的处罚。这实质上就是对监理工程师的权利和职责从外部加以约束和限制。除此之外,通用条件第 56 条在赋予监理工程师计量权力的同时,也对这种权力的应用给予了一定的约束。

三、工程计量的程序

在明确计量的依据、职责和权限后,下面讨论计量的程序问题。我国公路工程施工监理的计量工作分为驻地监理工程师办公室、高级驻地监理办公室以及总监理工程师代表处三级管理程序。

计量工作主要由驻地监理工程师办公室承担,高级驻地监理工程师负责审核,总监理工程师代表处最后审定。高级驻地监理工程师与总监理工程师代表对驻地监理工程师的计量结果拥有充分的否决权。对于计量中的数量问题有权更改或责令驻地监理工程师进行复查。发现被计量的工程中存在质量问题,有权责令承包商对缺陷部位返工或修补,并重新签发中间交工证书。

(一)驻地监理工程师对工程的计量

1. 计量类型

工程计量的组织类型一般有三种:

(1)监理工程师独立计量。计量工作由监理工程师单独承担,然后将计量的记录送承包商。承包商如对监理工程师的计量有异议,可在14天内以书面形式提出,再由监理工程师对承包商提出的质疑进行复核,并将复议后的结果通知承包商。

(2)承包商进行计量。由承包商对已完的工程进行计量,然后将计量的记录及有关资料报送监理工程师核实确认。

(3)监理工程师与承包商共同计量。在进行计量前,由监理工程师通知承包商计量的时间与工程部位,然后由承包商派人同监理工程师共同计量,计量后双方签字认可。如果承包商在收到监理工程师的计量通知后,不参加或未派人参加计量工作,根据FIDIC通用条件第56条的规定,由监理工程师派出人员单方面进行工程计量后,经监理工程师批准的计量应认为是正确的工程计量,可以用做支付的依据,承包商不能对此种计量提出异议。

上述三种计量方式各有不同的特点。由监理工程师独立计量,程序较为复杂,工程计量的结果被最后确认时间较长,同时占用较多监理人员。采用由承包商进行计量的方式可以减少监理人员的工作量,但对计量的现场控制不如其他两种计量方式。在我国的公路工程合同中主要采用由监理工程师和承包商共同计量的方式,这既有利于消除双方的疑虑,当场解决分歧,减少争议;又能较好地保证计量结果的公正性和准确性,简化程序,节约时间。

2. 现场计量的程序

对于签发中间交工证书的工程项目(或部位),首先由监理人员通知承包商计量的时间,并做好有关计量的准备工作,包括计量部位的图纸和其他有关资料,以及计量时所需仪器设备。采用监理工程师与承包商共同计量的方式,一般由监理工程师与承包商委派的负责计量支付的人员组成一个计量小组。小组人员按通知的时间到现场进行计量,然后将计量的记录(中间计量表)及有关资料报送驻地监理工程师核对确认。

3. 填写中间计量表

中间计量表是计量的凭证,在进行现场计量时由计量人员填写,经监理工程师核对确认后,作为中期付款的依据。

(二)高级驻地监理工程师对计量结果的审查

高级驻地监理工程师对驻地监理工程师的工程计量进行全面审查,主要审查以下方面。

1. 计量的工程质量是否达到合同标准

审查计量项目的质量，一方面审查承包商的试验方法、过程和结果，以及驻地监理工程师的试验情况，此外还要由高级驻地试验室对一些工程项目进行复核试验。对审查过程中发现的未达到质量标准的项目，均需进行修补或返工，达到标准后再重新予以计量。

2. 计量的过程是否符合合同条件

计量的过程包括计量简图、计算过程及最终计算结果，发现计量过程的错误，高级驻地监理工程师办公室可以直接修正，或通知驻地监理工程师进行修正。经高级驻地监理工程师审查后的计量结果报送总监理工程师代表处审定。

（三）总监理工程师代表处对工程计量项目的审定

总监理工程师代表处设置了专门负责计量支付的工程师，对全线各合同的工程计量进行审定。在审定过程中有权对计量的工程项目的质量进行抽检，抽检不合格的项目不予计量，对计量过程有错误的项目进行修正或不予计量。只有经总监理工程师审查批准的计量项目，才予以支付工程款项。

四、工程计量的方法

（一）计量的原则

根据《公路工程施工监理规范》（JTG G10—2006）的规定，进行工程计量时应遵循以下原则：

（1）不符合合同文件要求的工程不得计量。

（2）按合同文件所规定的方法、范围、内容、单位计量。

（3）按监理工程师同意的计量方法计量。

（二）计量的时间要求

根据合同规定，监理工程师应及时对已完成且质量合格的工程细目进行计量，并且对一切进行中的工程，均须每月粗略计量一次，到该部分工程完工后，再根据规范的条款进行精细的计量。每月进行计量的目的是掌握工程进度情况及核定月进度款（即中期支付证书），为此，监理工程师一般须填制中间计量单。

对于隐蔽工程，则需在工程覆盖之前进行计量。否则，在覆盖后再进行计量将使工作更复杂和更困难。

（三）计量单位与计量精度

计量单位分两类，一类是物理计量单位，一类是自然计量单位。物理计量单位以公制计量，自然计量单位通常采用十进位自然数计算。

对于物理计量单位，其中长度常采用米、延米、千米；面积常用平方米、平方千米、公顷；体积常用立方米、立方千米；重量常用克、千克、吨；自然计量单位常用个、片、座、株，而时间计量单位常用日、星期、月、年等。

关于计量精度，为方便起见，浮点数一般四舍五入至小数点后恰当的位数。应对不同的细目分别做出统一的规定。

虽然这个问题比较简单，但实际工作中，常常出现计量名称、符号及取位错误和不规范。同时，应该注意的是，各细目的计量单位必须与工程量清单中所用单位一致。特别应予强调的是，FIDIC 通用条件规定，所有计量都以净值为准。

（四）计量的方法

根据技术规范、工程量清单和合同条款的有关规定，公路工程施工监理一般采用以下方法进行计量。

1. 断面法

断面法主要用于计算取土坑和路堤土方的计量。在土方施工前，每 50 m 测出一个地形断面，然后将路堤设计断面画在地形断面上，每次计量时测出完成的路堤顶高程（见图 5-1），据此，在断面图上计算完成的工程数量。为了减少计量的误差，每次计量时可采取计算的 H_0-H_n 断面面积减 H_0-H_{n-1} 断面面积的方法。如图 5-1 中第二次计量的断面面积应为 H_0-H_2 的断面面积减去 H_0-H_1 的断面面积。

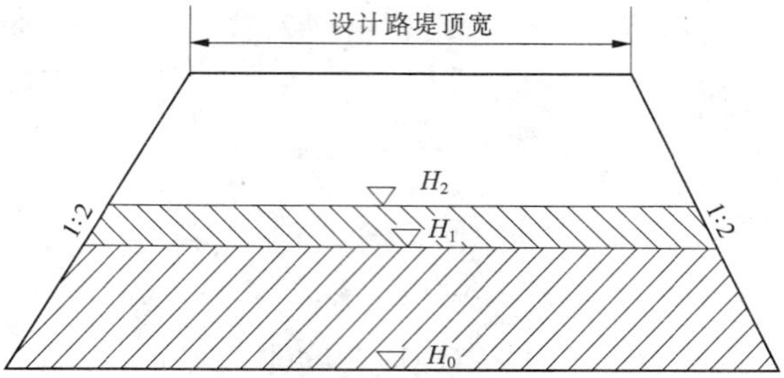

图 5-1　断面法计量图

2. 图纸法

《国际范本》和《国内范本》技术规范中的某些章节中的计量支付条款规定一些工程的数量应根据图纸法进行计量，例如混凝土的体积、钢筋的长度、钻孔灌注桩的桩长等都应该按图纸法计量。

值得指出的是，对于采用图纸法计量的项目，有些必须进行现场量测，量测的目的在于检查结构物几何尺寸的偏差是否在技术规范允许的误差范围内。达到规范标准的项目或部位才予以计量。

3. 钻孔取样法

钻孔取样法主要用于道路面层结构的计量。根据技术规范有关条款规定，路面结构层的计量按平方米计，但必须保证结构层的设计厚度，因此采用钻孔取样法确定结构层的厚度。

4. 分项计量法

所谓分项计量法，就是根据工序或部位将一个项目分成若干子项，对完成的各子项进行计量支付。子项计量支付的金额，根据估算的子项占总项的比例而定，但各子项合计的支付金额应等于项目规定的金额。

5. 均摊法

所谓均摊法，就是对清单中合同价按合同工期每月平均计量。它适用于临时道路、桥梁的修建和养护，办公室的维修以及测量设备的保养等清单项目。这些项目的特点是在合同工期内每月都有发生,因此可以采用均摊法。

6. 凭证法

所谓凭证法就是根据合同中要求承包商提供的票据进行计量支付。例如,工程险和第三者责任险的保险费,以承包商每次实际交付费用的凭证或单据进行计量支付。

7. 估价法

所谓估价法,就是按合同文件的规定,根据监理工程师估算的已完成的工程价值支付。如为监理工程师提供办公和生活设施、用车以及测量、天气记录和通信设备等项目的工程价值。这类清单项目往往要购买几种仪器设备,当承包商对于某一清单项目中规定购买的仪器设备不能一次购进时,则需要采用估价法进行计量支付。其计量过程如下:

(1)按照市场的物价情况,对清单中规定购置的仪器设备分别进行估价。

(2)按式(5-1)计算支付金额:

$$F = A \times B/D \tag{5-1}$$

式中 F——计算支付的金额;

A——清单中所列该项的合同金额;

B——该项实际完成的金额(按估算价格计算);

D——该项全部仪器设备的总估算价格。

从上式可知:①该项实际完成金额 B 必须按估算各种设备的价格计算,它与承包商购进的价格无关。②估算的总价与合同工程量清单的款额无关。当然,估价的款额与最终支付的款额无关,最终支付的款额总是合同清单中的款额。

第四节 工程费用支付的职权与必要性、原则与程序

一、工程费用支付的职责与权限

工程费用支付是工程费用监理的最后一个环节,同时亦是监理工程师进行合同管理的最后一个环节,是最终落实业主和承包人经济利益的关键工作,也是确认实际工程费用的过程和工作。在施工合同文件中,监理工程师对工程费用支付的职责条款同时也是其权限条款。

(一)工程费用支付的职责

监理工程师在工程费用支付方面的职责有以下两个:

(1)定期审核承包人的所有付款要求,并为业主提供付款凭证,保证业主对承包人的支付公平合理。

(2)按时代承包人向业主提供付款证明,使承包人能及时获得各种应收的款项。

进行审核和开具付款证书是监理工程师在费用支付中的主要职责,但这种审核必须按合同文件现定的原则和要求来进行,既为业主的每一笔资金支出把好关,也使承包人应得到的经济利益得到维护。

(二)工程费用支付的权限

监理工程师在工程费用支付中的权限,内容很广,FIDIC 通用条件的全部条款几乎都

和工程费用的支付有关，而每一支付条款都给予了监理工程师相应的权限，现归纳如下：

(1)审查、签发期中支付证书及合同终止后任何款项的支付证书。

(2)对不符合技术规范和合同文件要求的工程细目与施工活动，有权暂拒支付，直至上述工程细目和施工活动达到要求。

(3)合同价格调整的权力。在合同执行期间，由于后续法律、法令、法规等使用而使工程费用发生增减，或者由于资源价格的涨落而引起工程费用的变化，监理工程师均须与业主和承包人协商，以确定新的合同价格；此外，当实际支付的总价与合同总价相差悬殊时，亦应对合同价格进行调整。

(4)其他有关支付方面的权力。如确定变更的单价、确认索赔金额、下令使用计日工、动用暂定金额、关于紧急补救及保留金支付等方面的权利。

二、工程费用支付的必要性

公路工程施工合同是经济合同的一种，是为经济目的而签订的。因此，工程承包是一种商业行为，在承包活动中的业主与承包人双方，均是独立的经济实体，有着各自的经济利益。由于业主和承包人的目标与经济利益不同，在整个施工活动中又处于不同的经济地位，而合同的全面履行，承包人必然要对工程的费用支付提出要求，要让他们按照合同履行各自的义务，则必须以费用支付为经济杠杆来加以协调。另一方面，工程施工是一种特殊的生产活动，具有复杂、风险性大、费用巨大、周期长及生产必须连续等特点。一般情况下，承包人不愿也不可能单方面承担施工中的各种风险，更无法垫付全部工程费用，假如业主不及时支付工程费用，承包人肯定会出现资金周转困难，从而造成施工受阻，并最终影响业主的利益。

基于上述原因，通过工程的合理支付，使他们在共同参与的工程活动中公平地实现各自的经济利益，即资金随工程的进展情况逐步由业主向承包人转移，而工程活动中的物质(材料)则经承包人按图纸加工形成业主所需的待定商品——结构物。

三、费用支付原则及程序

(一)费用支付原则

支付是工程费用监理的关键，亦是监理工程师的核心权力。因此，监理工程师在费用支付中，一定要站在公正的立场上，客观而准确地评价承包人的施工活动，认真、负责和正确地确定工程费用，并及时加以签认，让承包人能及时获得补偿。为了达到公平合理的支付目标，应遵守下述原则：

(1)支付必须以工程计量为基础。

(2)支付必须以技术规范和工程报价单为依据。

(3)支付必须以合同条款和日常记录资料为依据。

(4)支付必须严格按照规定的程序进行。

(5)支付金额必须大于阶段证书的最低限。

(6)支付必须及时。

(二)费用支付程序

在合同实施期间的历次中期支付,或交接证书签发后的支付,或缺陷责任期终止后的最终支付,都必须按照付款的程序进行。基本支付程序如下。

1. 承包人提出申请

支付工程费一般由承包人首先通过监理工程师向业主提出付款申请,承包人在提出付款申请时要出具一系列的报表,以说明其申请金额的准确性。其主要工作就是填好月报表或月结账单。

2. 监理工程师审核与签认

监理工程师对承包人的月报表进行全面审核和计算(监理工程师有权修改月报表中的错误或不实之处),在逐项审核和计算的基础上签认应支付的工程费用。一般以支付证书的方式确认工程费用的数额。

3. 业主付款

业主收到监理工程师签认的支付证书后,在规定的时间内支付费用给承包人。

四、工程费用支付项目

工程费用支付,就是业主根据确认的工程(工作)量,按合同规定的价格及支付方法付款给承包人。工程费用支付项目如图 5-2 所示。

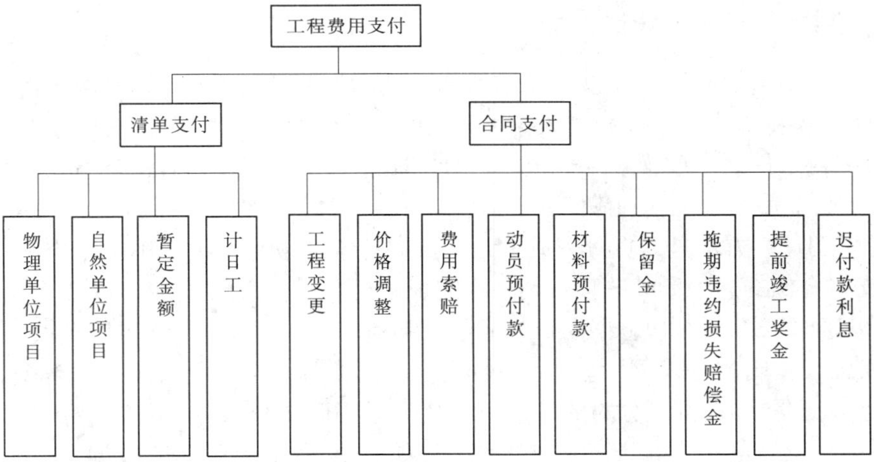

图 5-2　工程费用支付项目

(一)按支付时间分类

1. 前期支付

前期支付项目包括动员预付款、履约保函及保险费用。

2. 中期支付

中期支付就是按月的进度款支付,即在工程进行过程中,根据承包人的申请,按合同的有关规定,对承包人已完成的工程进行付款。由监理工程师开出中期支付证书来实施。它包括:工程款、暂定金额、计日工、材料设备预付款、工程变更、保留金以及承包人可能的索赔费用等。

3. 最终支付

最终支付就是竣工结算。即监理工程师签发《工程缺陷责任终止证书》后,业主根据承包人的申请,按照合同的有关规定,对全部工程付款。这是业主和承包人双方之间的全面清算,结清各种未了支付,特别是缺陷责任等,由监理工程师开出最终支付证书来完成。

(二)按支付内容分类

工程费用支付,按内容可分为清单支付和合同支付两种,在本章第四节和第五节中详述。

第五节 清单支付

清单支付,就是按照合同条件和技术规范,监理工程师通过计量,确认已完工程量,然后按确认的工程数量与报价单中的单价,计算和支付工程量清单中各项工程费用。清单支付在支付款额中所占比重最大,也是主要支付,并且在合同中规定得比较明确。

清单支付的分项原则是,凡在工程费用预算时能比较准确地计算的工程细目和工作内容都应以物理单位和自然单位计量支付,而不太明确但可能发生的工程内容则使用计日工和暂定金额来计量支付。清单支付包括以下四类。

一、以物理单位计量支付的项目

工程量清单中的绝大部分工程内容是以物理单位计量支付的,其费用约占工程总费用的85%。现将以物理单位计量的支付项目的支付条件和费用计算方法简述如下:

(1)支付条件是完成了技术规范和设计图纸所规定的工作内容,且质量合格,计量结果准确无误,并使监理工程师满意。

(2)费用计算方法是以每月完成工程项目的计量的数量与报价单中相应的单价相乘来求得支付金额的。如果某一项目是一次完成的,则十分简单,而如果分多次完成,则应在计量单上列出实际数量、上期累计完成数量和本期完成数量并附上计算公式和简图。

特别需要指出的是,《国际范本》和《国内范本》第200章中路基土石方的运费项目,无论是挖方还是填方,都应分为免费运距和超运运距两部分,超运距部分另计超运费,以$m^3 \cdot km$为单位计量。我国已完成的公路工程项目中,免费运距一般取1km。因此,对于路基土石方这个特殊项目,应根据规范的有关部门规定,绘制土方运距图。

二、以自然单位计量支付的项目

以自然单位计量支付的项目分为按项支付和单纯按自然单位计价支付两种情况。例如,某一涵洞、通道、房屋和某一项试验等,都属于按项支付项目。根据合同通用条件第57条第2款的规定,承包商在接到中标通知书的28天之内,应向监理工程师提交包括在投标书内的每个总额(包干)支项项目的细目。该细目必须经过监理工程师的批准。又如桥梁支座以块计价,照明灯柱以根计价以及砍伐树木以棵计价等,都属于单纯按自然单位计价支付项目,只需将实际数量与报价单中的单价相乘即可。

对于按项支付的结构物项目，首先应按结构型式和施工顺序将结构物分解成不同的工程部位；其次，估算各部位的价值并计算在该项结构物总额中所占百分比；最后，待施工中某一部位完成并通过质量监理后，再支付该部位的费用。

三、暂定金额

暂定金额是指包含在合同之内，并在工程量清单中以此名称标明的，为了实施本工程的任何部分或为了供应货物、材料、设备或提供服务，或作不可预见费用的一项金额。

(1)暂定金额的使用规定。暂定金额是合同工程量清单中指定用于部分工程或用于支付提供货物、材料、设备或服务，或不可预见费用的一项金额，应视具体情况，部分使用或全部使用或根本不予动用。当使用这笔金额时，监理工程师应通知承包人，并报给业主一份复印件。

(2)暂定金额的付款。使用暂定金额支付的方式，监理工程师应与业主和承包人进行协商，或按合同工程量清单中相似或相同项目的单价或按计日工的计价方式。按计日工的付款方式应符合计日工的有关规定。暂定金额的外币部分应按合同规定的外币种类及比例支付。

(3)暂定金额项目的支付价格。暂定金额项目的支付价格有两种方式，一是按工程量清单的报价和标书附录的费率或价格支付，如果由指定的承包商完成这些工作，则按通用条件第 58 条第 2 款规定的办法进行支付；二是按计日工的计价进行支付。

四、计日工

根据通用条件的规定，监理工程师如认为必要或可取，可以指令按计日工完成任何合同实施中增加的工程或工程项目的工程数量、性质不明的工程或完成工程项目必需的附属工程。

(1)计日工使用的规定。承包人用于计日工的劳务、材料、施工机械，必须每日填写清单或报表一式两份，送交监理工程师审查。劳力应包括人数、工种、使用工时，施工机械应包括类型、实际使用工时。

用于计日工的劳务，除监理工程师另有指令外，一般按正常工时进行，不允许加班。

用于计日工的材料应由承包人提供，除非监理工程师另有指令由业主供应。承包人用于计日工的材料，未经监理工程师同意不得随意改变。

用于计日工的施工机械应由承包人提供，因故障或闲置的施工机械不予支付费用。

除非监理工程师事先同意，否则承包人无权任意分包计日工作。

(2)计日工的支付。承包人应每日向监理工程师提交一式两份的用于计日工的清单或报表，监理工程师审查后有权修改，在确认后退还给承包人，以作为支付的依据。

用于计日工的劳务，应按合同计日工有关规定按正常工时使用，未经监理工程师批准，不支付加班费用。劳务费用的支付应按合同计日工的规定，在直接费上另加一个百分比的附加费，此费包括管理费、利润、质检费、税费、保险、工具的使用与维修及其他有关的费用。费用的计算应按投标人在合同计日工项目所开列的单价进行，如遇价格调整，应按专用条件规定的办法执行。

用于计日工材料费用的支付，应是材料运至现场仓库或贮料场的材料费用票面的净值加上合同工程量清单规定的一个百分比的附加费，这个百分数包括管理费、利润、税费、保险费及其他有关费用。从仓库或贮料场到施工现场的搬运费，按所用劳务或施工机械有关条目支付。

承包人用于计日工的施工机械费用的支付，应是合同工程量清单开列的基本租价。此基本租价包括全部折旧费、利息、燃料、油料、保养维修、配件及其他消耗品以及有关使用这些机械需要的任何附加物的管理费、利润、税费、保险及其他有关费用。驾驶、操作工与助手等的费用包括在计日工劳务费中，另行支付。

第六节　合同支付

合同支付，就是监理工程师按照合同条件的规定，根据工程实际情况和现场证实资料，确认清单以外的各项工程费用。合同支付在支付款额中所占比例较小，但却是支付中最难办的事，因为合同中没法做出准确估计和详细规定，只在合同中作了原则性规定，它们的发生要取决于各方面的情况，一方面是工程施工过程中本身遇到的客观意外和工程管理中遇到的问题，另一方面则涉及社会因素如法规变更、物价涨落等。因此，合同支付是否合理和准确，取决于监理工程师对合同条件的正确理解以及是否及时地掌握了现场实际情况。

合同支付项目一般包括以下九项内容。

一、动员预付款的支付和扣回

动员预付款是业主提供给承包商用于支付施工初期各种费用的一笔无息款额。监理工程师在确认承包商已提供相当于动员预付款金额的银行担保或保函后，向业主签发合同规定的动员预付款支付证书。业主应按照监理工程师签发的支付证书向承包商付款。动员预付款的额度一般在投标书附件中由承包商根据自己的财产提出不同的百分比，国际上规定的范围是0～20%。监理工程师应根据合同规定，在工程进度款的中期支付证书中逐月扣回动员预付款。

二、材料预付款的支付和扣回

根据合同条件的规定，业主应给承包商支付材料、设备预付款，以供购进将用于和安装在永久工程中的各种材料、设备之用，并且不计利息。此项金额应按照投标书附件中写明的材料、设备单据所列费用（进口的材料、设备为到岸价，国内采购的为出厂价或销售价，地方材料为堆场价）的百分比支付。

（一）材料预付款的支付条件

监理工程师必须在下列要求满足后，签发支付材料、设备的预付款证明：

（1）材料、设备将被用于永久性工程；

（2）材料、设备已运抵工地现场或监理工程师认可的承包商的生产场地；

（3）材料、设备的质量和存放方法均满足合同要求；

(4)承包商向监理工程师提交材料、设备的费用凭证或支付单据。

监理工程师应按预付款货币的种类和比例，将此金额作为材料预付款计入下次的中期支付证书中。材料预付款一般按所购材料、设备支付单据的75%支付，但监理工程师签发的支付证书不应被视为是对上述材料、设备的质量批准。

(二)材料预付款的扣回

当材料、设备已用于永久工程后，材料预付款从中期支付证书中逐次扣回。已经支付材料预付款的材料、设备的所有权应属于业主。当工程竣工后，所有剩余材料、设备的所有权应属于承包商，承包商应将剩余材料迅速从现场运走。

三、保留金

所谓保留金就是监理工程师根据合同条件的规定，从支付给承包商的付款中替业主暂时扣留的一种款项。设置保留金的目的在于使承包商能完全履行合同，如果承包商未能履行合同中规定应承担的责任，则扣除额就成为业主的财产，显然，这是对业主的一种保护措施。

(一)保留金的扣除

按照合同条件的规定，从第一次付款开始，业主每次从付给承包商的款额中，按其中永久性工程的付款金额的10%扣留，直到累计扣留的金额达到合同总价的5%为止。

所谓永久性工程的付款包括工程量清单、工程变更、价格调整和费用索赔等四项费用。

如果承包商在提交第一次付款申请，或者在这个时间以前提交一份由业主认可的银行保函，其担保金额为合同价的5%，则监理工程师不再替业主从《中期支付证书》中扣除保留金。

(二)保留金的使用

保留金主要使用在施工和缺陷责任期内，应当由承包商支付的各种费用。例如，承包商未能遵照监理工程师的指示进行对缺陷工程的修补或其他事项，则业主可以雇用他人完成有关工作，其费用由承包商承担，业主可从保留金中支付。在缺陷责任期内对任何缺陷工程，如果承包商未能合理地进行修补，则也可以采取上述办法，从保留金中支付应当由承包商承担的费用。

(三)保留金的退还

当颁发整个工程的交接证书时，监理工程师应当把一半保留金退还给承包商并开具证明书，在退回的保留金中应当扣除已经使用的保留金额。如果颁发永久工程的一区段或部分的交接证书时，监理工程师应把由他决定的与永久工程这一区段或部分的价值相应的保留金退还给承包商并开具证明。业主根据监理工程师开具的证书，向承包商退还保留金。

当工程的缺陷责任期满时，另一半保留金将由监理工程师开具证书退还给承包商。此时也应当扣除已使用的保留金的金额。但是，如果此时尚有应当由承包商完成的与工程有关的任何工作时，监理工程师有权在剩余工程完成之前，扣发他认为与需要完成的工程费用相应的保留金余额。

四、工程变更费用

由于多种不可预见的因素，任何工程项目在施工过程中都会遇到变更问题。工程变更费用的支付依据是工程变更令和工程变更清单，支付方式采用列入《中期支付证书》的形式进行，支付货币与其他支付项目相同，即按承包商投标时所提出的货币种类和比例进行付款。

鉴于变更项目的复杂性和特殊性，监理工程师应对变更项目的审批制定严格的管理程序，并且应特别注意的是，变更的权力在总监理工程师，一般不得委托。有些合同还在专用条件中对监理工程师进行工程变更的权力作了某种限制，要求变更超过了一定限度后，必须由业主授权。

五、索赔费用

导致索赔的原因多种多样，所以其费用的计算和确定原则就各不相同。因此，为了客观、公正地处理好索赔费用支付，监理工程师不仅要对合同条件和技术规范十分熟悉，而且还要有深刻的理解，并能结合实际情况正确运用。

索赔费用的处理程序是：首先，承包商应送给监理工程师一份说明索赔的具体细节账目，并说明索赔所依据的理由；若承包商未能在规定的时间内将上述证实资料送交监理工程师，则不予受理。其次，监理工程师应对承包商提供的索赔证据和细节账目等有关资料进行审查核实，在与业主和承包商协商后，确定承包商有权得到的全部或部分的索赔款额。最后，以《中期支付证书》的形式进行支付，支付货币与其他支付项目相同。

六、价格调整

由于公路工程项目施工所跨越的时间较长，施工成本容易受市场物价波动的影响，所以合同通用条件规定：在合同执行期间，随着劳务和材料或影响工程施工成本的任何其他事项的价格涨落而引起费用增减时，应根据规定的价格调整公式给予调价，将此费用加到合同价格中或从合同价格中扣除。

这个规定是国际竞争性招标项目中的一则惯例，采用它的目的是使招标、投标工作处在公平的水准线上，以使业主单位在工程决算时能在一个合理的价格水平上承受工程费用，同时也免除承包商在施工中因为发生劳动力或原材料价格上涨带来的风险。

七、拖期违约损失赔偿金

根据 FIDIC 通用条件第 47 条的规定，如果承包商未能在规定的工期内完成合同工程或未能在相应的工期内完成某区段或某单项工程，则承包商应向业主支付按投标书附件中约定的金额，作为拖期违约损失赔偿金，而不作为罚款。时间自有关的竣工日期起到合同工程或某区段或某单项工程的交接证书中写明的竣工日期止（即：实际工期 = 合同工期 + 批准的延长工期），按天数计算，不足一天按比例计。

如果在合同工程竣工之前，已对合同工程内的某区段或某单项工程签发了交接证书，且上述交接证书中写明的竣工日期并未延误，而是合同工程中的其他部分产生了工期延误,则合同工程的拖期违约损失赔偿金应予减少,减少的幅度按已签发交接证书的某区段或某单项工程的价值占合同工程价值的比例计算,但这一规定不影响该赔偿金的限额。

通常规定,每拖期1天,赔偿合同价的0.01% ~0.05%,虽采用了0.05%的额度,但赔偿总额不应超过合同价的10%,这些都由投标书附件做出明确规定。

拖期违约赔偿金可从承包商的履约保证金或中期支付证书中扣除,公路工程项目一般采用从《中期支付证书》中扣除的方式,但此项扣除不应解除承包商对完成该项工程的义务或合同规定的其他义务和责任。

八、提前竣工奖金

为了调动承包商的积极性,使其合理地加快工程进度,从而提前完成工程施工,使业主提早受益,因此在合同条件中设立了与拖期违约损失赔偿金相对应的一个支付项目,即提前竣工奖金。

如果承包商按照FIDIC通用条件第43条规定的工期提前完成了合同工程或某区段或某单项工程,则业主应按投标书附件中写明的金额,发给承包商××元/日的提前竣工奖金。时间自合同工程或某区段或某单项工程的交接证书中写明的竣工日期算起,到按第43条规定的该有关竣工日期止(即:合同工期=实际工期+批准的延长工期),按天数计算。提前竣工奖金应不超过投标书附件中写明的限额。监理工程师应在承包商提交的竣工结账单上核证,并支付给承包商。

九、迟付款利息

为了督促业主按合同规定的时间付款给承包商,合同条件中设立了迟付款利息支付项目。合同条件第60条规定,如果业主在合同规定的时间内没有向承包商付款,则业主应向承包商支付迟付款利息,其费用按照投标书附录中规定的利率,从规定的付款截止日期起至恢复付款日止,按复利计算利息。

总之,监理工程师在工程费用监理中需要处理的支付项目就是本章第四节和第五节的两大类共计13项。为了搞好整个工程项目的费用支付工作,监理工程师应对每一个支付项目认真审查,精确计算,并按规定的程序进行支付。

第七节　支付证书及支付表格

一、支付证书

支付证书是业主向承包人付款的唯一凭证。在工程的施工过程中,每月一次开具的,称为"中期支付证书";在工程结束后开具的,称为"最终支付证书"。

(一)中期支付证书

中期支付证书是一种对规定时间内承包人所做工作的价值估算,且由监理工程师向业主开具的付款凭证。中期支付证书由支付月报表和工程进度图表组成。

月报表又叫月结账单。为便于统一管理,月结账单的格式由监理工程师设计或指定。

每月末，承包人应向监理工程师提交由其项目经理签署的，按监理工程师批准格式填写的月结账单一式6份。该月结账单包括以下项目：工程进度表；截至本月末前已完成的永久工程价值（合同价款）；截至上月底前已完成，并已支付了的永久工程的合同价款；本月份完成的永久工程的合同价款；工程量清单中已列明的本月完成的临时工程的价款；本月完成的以计日工方式支付的工程价款；本月应支付的暂定金额；本月应支付的已进场的材料设备预付款；承包人有权得到的按合同规定业主应支付的，如工程变更、停工补偿、迟付款利息等其他款项；因费用和法律的变更而产生的款项，即按通用条件第70条进行的价格调整；本月应扣还的动员预付款、材料设备预付款、保留金；本月应扣除的拖期违约损失赔偿金。

监理工程师审核并开具证书。监理工程师在收到承包人的月账表后14天内，应对其项目、款项等参照自己相应的记录，并结合各方面的情况和要求进行全面审核，然后签发《中期支付证书》。签发时应写明其认为到期应该结算的价款及需要扣留和扣回的价款，并报业主审批。

如果经扣款后，该月应付给承包人的款额少于投标书附件内列明的中期支付证书的最低金额，则该月可不核证支付，而将支付金额按月结转，直至累计应支付的款额达到投标书附件中列明的中期支付证书的最低金额时为止。

（二）最终支付证书

监理工程师在收到承包人提交的最后结账单和清账书14天之后，应签发最终支付证书并报业主审批，同时抄送承包人。其内容包括：监理工程师认为根据合同规定最终应付的金额；以及在确认以前的收付款后，双方应找清的差额。

二、支付表格

《公路工程施工监理规范》（JTG G10—2006）将支付表格收集于附录B之中。其中包括：工程进度表（支表1）；中期支付证书（支表2）；清单支付报表（支表3）；计日工支付报表（支表4）；工程变更一览表（支表5）；价格调整汇总表（支表6）；价格调整表（支表7）；单价变更一览表（支表8）；永久性材料价差金额一览表（支表9）；永久性工程材料到达现场计量表（支表10）；扣回材料设备预付款一览表（支表11）；扣回动员预付款一览表（支表12）；中间计量表（支表13）；中间计量支付汇总表（支表14）。以上各表为附录B所列。

施工放样及报验单（监表1）；工程分项开工申请批复单（监表2）；承包人每周工作计划（监表3）；监理月报（监表4）；检验申请批复单（监表5）；工作指令（监表6）；工程变更令（监表7）；索赔申请单（监表8）；索赔时间（金额）审批表（监表9）；工地会议纪要（监表10）；中间交工证书（监表11）；分包申请报告单（监表12）；工程暂时停工指令（监表13）；复工指令（监表14）；工程质量事故处理报告单（监表15）；工程交工证书（监表16）；工程缺陷责任期终止证书（监表17）。以上各表为附录A所列。

上述报表应由监理工程师指定，并由承包人仔细填写申报。监理工程师在收到这些报表后，应在合同通用条件规定的时限内，通过认真仔细的审核，然后签发计量支付证书。以下只详述部分表格。

三、工程支付报表及其附件的填报

（一）工程报表主要名词及指标

1. 主要名词

主要名词有：合同开工日期（年、月、日）；合同完成日期；合同规定的竣工日期（年、月、日）；合同总价，即在中标通知书中写的，承包商按合同规定实施和完成本合同工程及缺陷的修复应得到的支付价款总额；保留金，即在中期支付证书中应支付给承包商的工程价款中分期予以扣留的金额，其扣留和退还的规定按具体合同办理；暂定金额，即为了实施本工程的任何部分或供应材料、货物、设备或提供服务或供支付不可预见的费用的并已在工程量清单中标明的一项金额；开工预付款，即指业主按投标书或附件中规定的金额而预付给承包商的一项款项，其预付办法在合同中均明确加以规定；扣回预付款，指按合同规定，由承包商向业主归还的开工预付款，其扣回的办法已在合同中予以明确规定；支付款，即经结算的实际支付的工程款项。

2. 指标

指标主要有：

（1）本期完成：本期完成反映的是截至填报报告期内的已完成工程的数量；

（2）到上期末完成：抄自上期报表中的"到本期末完成"栏；

（3）到本期末完成：填报的工程数量系工程项目自开工以来截至报告期时所累计完成的，即到上期末完成的加本期完成的工程量之和；

（4）工程变更（±）：本月（期）因工程变更增加（+）或减少（-）的工程费用；

（5）工程变更增减金额：抄自"到本期末"的变更（±）；

（6）违约罚金：按合同文件有关规定确定其违约金额后，按实际发生金额填写。

（二）合同工程进度表（支表1）

1. 编表目的

本表主要是为反映工程项目的计划进度与实际完成的情况对比，每月由承包商填报，并经各级监理工程师和业主签字认可后方才生效。

2. 填表说明

填表说明包括：

（1）单项合同金额：按与业主签约时业主认可的并标价的工程量清单的相应项目填写。

（2）单项合同金额占合同总金额（%）：单项工程费用与工程量清单总计金额之比。

（3）单项实际完成的百分比（%）：单项工程累计完成金额与单项工程计划金额之比。

（4）实际完成占合同金额的百分比（%）：单项工程累计完成金额与工程量清单总计金额之比，按月计划与实际完成填写，本栏以单项工程计划和实际完成的工作量横道形象图及工程项目计划与实际完成工作量进度坐标曲线形象图加以表示。

（5）单项工程形象进度图由承包商按施工组织设计先给出单项工程计划进度形象图，形象图下行数字表示单项工程按月计划完成百分数，并逐月填报，形象图上行数字表示实际完成百分数。

(6)项目工程形象进度图由承包商按施工组织设计以时间为横坐标,以工程数量为纵坐标,绘出工程形象进度图。在图中,先绘出的计划进度曲线以虚线表示,后绘出的实际进度曲线以实线表示。

(7)实际与计划栏的填报:实际分上下两行填写,上行填写本月实际完成百分数,下行填写累计实际完成百分数;计划分上下两行填写,上行填写本月计划完成百分数,下行填写累计计划完成百分数。

报告日期:报表统计截止日期按年、月、日填写,并统一规定每月截止日期为 25 日。清单号、名称及编号系按工程量清单填写。

(三)中期支付证书(支表 2)

1. 编表目的

本表为合同工程项目财务支付的凭证,是承包商向业主提供的工程进展情况和工程价款结算的汇总表,经各级监理工程师和业主审核后可作为临时支付证书。

2. 填表说明

(1)合同价及变更增减金额:合同价及变更增减金额分别抄自工程量清单及本期末变更增减(+、-)栏。

(2)名称栏下各行的填报:变更(+、-),抄自相应的计算表(支表 4)。合计为以上各项分章工程、暂定金额、索赔等之和以及合同变更增减金额等,合同价与变更增减小计栏之和。保留金 = 本期合计 × 合同规定的 10%。扣回预付款,抄自相应的计算表(支表 6 和支表 7)。支付 = 合计 - 保留金 - 扣回预付款 - 违约罚金。截止日期:报表统计截止日期(年、月、日)。

(四)清单支付月报(支表 3)

1. 编表目的

本表为财务支付月报的附表。清单支付月报是按工程量清单中各工程项目的实际竣工数量和合同有关规定进行计量并计算工程价款,是填写财务支付月报的依据之一。

2. 填表说明

(1)编号及内容:按工程量清单各章工程项目的编号填写。

(2)合同数量及单价金额:按工程量清单各章的分项目填写。

(3)本期完成有效量金额:抄自工程月报附件的"本期分章计量支付数量汇总表"。

(五)工程变更一览表(支表 5)

1. 编表目的

工程变更一览表所反映的是工程设计变更使工程量增减而发生的费用,填表时按清单分章分别对照工程量清单编号、项目进行填写,无清单编号应列入新增编号栏。设计变更一览表由承包商编制,经监理工程师签认后上报。本表是填写财务支付月报的依据之一。

2. 填表说明

(1)工程项目及批准变更数量;工程量增减按承包商提供的且经监理工程师签认后的变更令及变更设计报告和有关凭证分别填入相关栏。

(2)批准单价:批准单价有两种,一是采用合同对应单价,二是按合同的有关规定重新分析并经监理工程师签字认可的单价，该单价经业主批准后执行。

(3)工程量增减：(＋、－)金额＝批准单价×工程量增减(＋、－)。

(4)本期限完成工程量增减(＋、－)及工程金额增减(＋、－)：抄自附件中的本期分章计量支付数量的汇总表。

(5)批准文号：批准的该项设计变更令的编号。

(6)因本表是变更统计表，因此在填表时，无论本期是否发生变更，以前所有已变更的项目在每期报表上均要加以反映。

(六)单价变更一览表(支表8)

1. 编表说明

由于本表反映的是因单价变更且经调整后的单价，应分章分别对照工程量清单的编号、项目进行填写，并经监理工程师签认后上报。本表是填写财务支付月报的依据之一。

2. 填表说明

(1)调整前单价：签订合同时的该项目的单价。

(2)调整后单价：按合同有关规定重新分析并经监理工程师签认的单价。该单价经业主批准后执行。

(3)批准文号：批准调整项目单价变更的变更令的编号。

(七)永久性工程材料到达现场的统计表(支表10)

1. 编表目的

本表所反映的是承包商采购的材料到达施工现场的具体情况，以便考核是否因合格材料未组织供应到现场而造成停工待料，影响工程进度。本表由承包商编制并经监理工程师核实签认后上报。

2. 填表说明

材料名称按核实分类的填写，永久性材料价差金额一览表(支表9)此处略。

(八)扣回材料设备、动员预付款一览表(支表11、支表12)

1. 编表说明

本表反映的是承包商按合同规定完成银行保函等证明文件之后，业主向其拨付的开工预付款按合同规定加以扣回的情况。本表也是由承包商编制，经监理工程师签认后上报。本表也是填写财务支付月报的依据之一。

2. 填表说明

扣回预付款的计算方法应按合同有关规定，其金额按合同规定计算后如实填入表中，并将此金额转入“支表2”的有关栏中。

(九)中间计量表(支表13)

1. 编表目的

本表是反映本期支付数量(包括设计变更增减)的原始计算表，从此表可得到各章细目的工程数量。本表由承包商计算、填写，经现场监理、驻地监理工程师、计量监理工程师审核签认后上报。

2. 填表说明

(1)计算的工程量必须是经质量检验合格的工程。

(2)所计数量必须经过测量、丈量、检评,各种质量证明的附件必须完整(包括材质证明、物理力学试验报告、厂方证明文件、检测报告、化学分析)并经监理工程师、中心试验室认为合格工程的工程量,方可进行计算并纳入计量支付之中。

(3)工程数量的计算必须清晰,且应附草图,计算由承包商进行,应反复审核,必须做到准确无误。

(4)属设计变更部分的工程量应在支付项目编号后注明“变更”字样,其有关要求同前(1)、(2)、(3)条所述。

(十)中间计量支付汇总表(支表14)

1. 编表目的

编制本表是为支表3、支表4的本期完成的数量和金额提供依据。本表反映的是本期本章完成的各细目数量和按合同单价应支付的金额(包括设计变更的增减数量和金额)在本章中之和。

2. 填表说明

本期本章完成的各细目工程数量(包括变更设计)来源于工程中间计量表,其单价来源于合同清单。个别设计变更新增细目号,因工程量清单中无对应单价时,可按合同规定另做单价分析,并经批准后再执行。且其凭证号为中间计量表的编号。

(十一)说明

(1)填表的项目名称、数字和内容,必须用计算机打印,禁止采用手写(防止涂改)。

(2)承包商编制的每期工程支付月报9份,按程序报送,所有报送资料均需加盖“公章”。

(3)承包商发出的文件应主送项目监理组,需抄送业主的应由监理部转交。主送件需加盖“正本”字样,且正本及副本均须经正本收件人签署姓名和日期。

(4)由于各公路工程建设指挥部的要求不一致,故应仔细研究各工程项目的“施工监理工作规程”,并按其要求去办理。

小结

本章主要讲述监理工程师在费用监理方面的职责、权限、工程计量支付、支付内容、支付证书、支付表格等内容。要求掌握工程费用的特点、组成,工程费用监理的原则、程序和方法;掌握工程量清单的实质、内容和作用;掌握工程费用支付的原则、程序及内容;了解工程费用监理的任务及意义;了解支付证书、支付表格及其在工程施工中的应用。

复习思考题

5-1 工程费用有哪些特点?其费用由哪几部分组成?

5-2 影响工程费用的因素有哪些?

5-3 工程费用监理与其他监理之间有什么样的关系?

5-4 工程费用监理有哪些原则?

5-5 简述工程费用监理的程序和方法。

5-6 监理工程师在工程计量中的职责是什么？权限是什么？

5-7 监理工程师在工程费用支付中的职责是什么？权限是什么？

5-8 什么叫工程量清单？编制它的目的是什么？工程量清单有什么作用？

5-9 为什么要进行工程费用的支付？

5-10 工程费用支付的原则和依据是什么？

5-11 简述工程费用支付的种类及程序。

5-12 清单支付有哪些内容？

第六章　公路工程施工安全监理

本章学习要求

1. 了解安全生产的重要性、必要性；
2. 掌握安全监理要点和控制措施。

第一节　安全施工监理概述

一、安全监理的概念

安全监理是社会化、专业化的工程监理单位受建设单位（或业主）的委托和授权，依据法律、法规、已批准的工程项目建设文件、监理合同及其他建设工程合同对工程建设实施阶段安全生产的监督管理。

安全监理包括对工程建设中的人、机、物、环境及施工全过程的安全生产进行监督管理，并采取组织、技术、经济和合同措施，保证建设行为符合国家安全生产、劳动保护法律法规和有关政策，有效地控制建设工程安全风险在允许的范围内，以确保施工安全性。安全监理属于委托性的安全服务。

二、安全监理的意义

安全生产涉及到施工现场所有的人、物和环境，安全工作贯穿于施工现场生产的全过程。监理单位只有在质量控制、进度控制、投资控制基础上，引入安全控制环节，把公路工程监理的“三控制”发展成为“四控制”，把加强安全监理作为政府行为的延伸，把原来政府行业主管部门的安全监督扩大到全社会，才能使得公路建设行业安全生产意识、安全管理水平有根本性的提高。

公路工程建设安全监理的目的是对公路工程建设中人的不安全行为、物的不安全状态、作业环境的防护及施工全过程进行安全评价、动态监控管理和督查，并采取法律、经济、行政和技术的手段，保证建设行为符合国家安全生产、劳动保护法律、法规和有关政策，制止建设行为中的冒险性、盲目性和随意性，督促落实各级安全生产责任制和各项安全技术措施，有效地消除各类事故隐患，实现安全生产。

安全是质量的基础。只有在良好的安全措施保证之下，施工人员才能较好地发挥技术水平，保证工程施工的质量。同样，工程施工质量越好，其产生的安全效应就越高；质量是“本”，安全是“标”，两者密不可分；只有标本兼治，才能使建设项目达到设计标准。

安全是进度的前提。建设项目的最大特点是施工工期较长，建设单位总是希望其投入资金能尽快产生效益，对工期提出不合理的要求。长时间的加班加点，造成的结果往往是人员和设备的疲劳及施工安全条件无法保证，最终导致安全事故发生。工期过短是产生安全隐患的原因之一。国家规范标准中的工期是可以适当压缩的,但提出一个有利于安全的合理工期,即约定工期应当在施工合同中明确规定。安全与进度互保。进度应以安全作保障,安全就是进度。在项目实施过程中,应追求安全加进度,尽量避免安全减进度;当进度与安全发生矛盾时,应暂时减缓进度,保证安全。

安全与效益兼顾。安全技术措施的实施,会改善作业条件,带来经济效益。所以安全与效益是完全一致的,安全促进效益的增长。当然在安全管理中,投入应适当,既要保证安全,又要经济合理。

安全监理是工程建设监理的重要组成部分,也是建设工程安全生产管理的重要保障。安全监理是提高施工现场安全管理水平的有效方法,也是建设工程项目管理体制改革中加强安全管理、控制重大伤亡事故的一种新模式。

《公路工程国内招标文件范本》中规定:投标人(中标后为施工单位)与建设单位在签订工程施工承包合同的同时还必须签订工程施工安全生产合同。监理工程师必须加强对安全生产的监理工作。

在 2004 年 2 月 1 日国务院颁布实施的《建设工程安全生产管理条例》中规定:“工程监理单位和监理工程师应当按照法律、法规和工程建设强制性标准实施监理,并对建设工程安全生产承担监理责任。”这进一步明确了监理单位和监理工程师在安全生产中的作用和法律责任。

三、安全施工的内容

安全生产贯穿于自开工到竣工的施工生产的全过程,因此安全工作存在于每个分部分项工程、每道工序中,也就是说哪里的安全防护措施不落实,哪里就有发生伤亡事故的可能。安全监理不仅要监督检查各部位安全防护措施的贯彻落实,还应该了解公路施工中的主要安全技术,才能有效地采取措施,预防各类伤亡事故发生,保证安全生产。安全施工的内容包括以下三个方面。

(一)控制施工人员的不安全行为

人是施工生产中的主体,也是安全生产的关键,搞好安全生产,必须首先控制人的不安全行为。人的不安全行为分为生理上的,即身体上的缺陷,使其不能适应某些生产的速度、工作条件和环境;心理上的,即受到了某些因素的刺激和影响,产生了思想和情绪上的波动,身心不支、注意力转移,发生了误操作和误判断;行为上的,即为了某种目的和动机有意采取的错误的行动。必须根据人的生理和心理的特点,合理安排和调配工作,预防不安全行为;通过培训教育,增强安全意识,做到不伤害自己,不伤害他人,也不被他人伤害。

(二)控制“物的”不安全状态

施工人员在公路施工过程中,要使用多种工具、机械、设备、材料等,也要接触各类的设施、设备等,使用和接触的各类材料、工具、设施、设备等统称为“物”,这些“物”不仅要保持良好的状态和技术性能,还应该操作简便,灵敏可靠,并且具有保持操作者免受伤害的各类防护和保险装置。

(三)作业环境的防护

在任何时间、季节和条件下施工,对于任何作业都必须给施工人员创造良好的、没有任何危险的环境和作业场所。

以上三个方面都齐备，安全生产就有了保障，缺少一个方面，就留下不安全隐患，给发生伤亡事故创造了条件和机会。

四、安全事故的分类和处理

（一）安全事故的分类

1. 事故和事件

（1）事故：造成死亡、疾病、伤害、损坏或其他损失的意外情况。职业健康安全事故分两大类型，即职业伤害事故与职业病。

（2）事件：导致或可能导致事故的情况。

2. 职业伤害事故的分类

职业伤害事故是指因生产过程及工作原因或其他相关原因造成的伤亡事故。按事故后果严重程度分 6 类：

（1）轻伤事故：造成职工肢体或某些器官功能性或器质性轻度损伤，表现为劳动能力轻度或暂时丧失的伤害，一般每个受伤人应休息 1 个工作日以上，105 个工作日以下。

（2）重伤事故：一般指受伤人员肢体残缺或视觉、听觉等器官受到严重损伤，能引起人体长期存在功能障碍或劳动能力有重大损失的伤害，或者造成每个受伤人损失 105 个工作日以上的伤害。

（3）死亡事故：一次事故中死亡职工 1 ~2 人的事故。

（4）重大伤亡事故：一次事故中死亡 3 人以上（含 3 人）的事故。

（5）特大伤亡事故：一次事故中死亡 10 人以上（含 10 人）的事故。

（6）急性中毒事故：指生产性毒物一次或短期内通过人的呼吸道、皮肤或消化道大量进入人体内，使人体在短时间内发生病变，导致职工立即中断工作，并须进行急救或导致死亡的事故；急性中毒的特点是发病快，一般不超过一个工作日，有的毒物因毒性有一定的潜伏期，可在下班后数小时发病。

（二）安全事故的处理

1. 安全事故处理的原则（四不放过的原则）

（1）事故原因不清楚不放过；

（2）事故责任者和员工没有受到教育不放过；

（3）事故责任者没有处理不放过；

（4）没有制订防范措施不放过。

2. 安全事故处理程序

（1）报告安全事故；

（2）处理安全事故，抢救伤员、排除险情、防止事故蔓延扩大，做好标识，保护好现场等；

（3）安全事故调查；

（4）对事故责任者进行处理；

（5）编写调查报告并上报。

3. 伤亡事故处理规定

(1)事故调查组提出的事故处理意见和防范措施建议,由发生事故的企业及其主管部门负责处理。

(2)因忽视安全生产、违章指挥、违章作业、玩忽职守或者发现事故隐患、危害情况而不采取有效措施以致造成伤亡事故的,由企业主管部门或者企业按照国家有关规定,对企业负责人和直接责任人员给予行政处分;构成犯罪的,由司法机关依法追究刑事责任。

(3)在伤亡事故发生后隐瞒不报、谎报、故意延迟不报、故意破坏事故现场,或者以不正当理由,拒绝接受调查以及拒绝提供有关情况和资料的,由有关部门按照国家有关规定,对有关单位负责人和直接负责人给予行政处分。构成犯罪的,由司法机关依法追究刑事责任。

(4)伤亡事故处理工作应当在 90 日内结案,特殊情况不得超过 180 日。伤亡事故处理结案后,应当公开宣布处理结果。

第二节　公路工程施工安全监理的任务、依据及法律责任

一、安全监理的任务

公路工程监理工作是受建设单位(或业主)的委托或授权,按照合同规定的要求,完成委托或授权范围内的工作,同样公路工程安全监理也是受委托完成任务。只要建设单位委托了施工安全管理工作,监理单位就要认真地研究合同所包括的范围,并依据相关的建设工程安全生产的法律法规和标准规范进行监督管理。

安全监理的任务主要是贯彻落实国家、地方安全生产法律法规、方针政策和建设工程安全生产管理法规、规章、标准,督促施工单位按照建设工程安全生产管理法规和标准组织施工,落实各项安全技术措施,消除施工中的冒险性、盲目性和随意性,有效地杜绝各类安全隐患,控制和减少各类伤亡事故,实现安全生产。

安全监理的具体工作主要是:

(1)贯彻执行"安全第一,预防为主"的方针,国家、地方安全生产、劳动保护、环保、消防法规和行业标准。

(2)督促施工单位落实安全生产组织保证体系,建立健全安全生产管理体系和安全生产责任制。

(3)督促施工单位对工人进行安全生产教育及分部分项工程的安全技术交底。

(4)审查施工组织设计的安全技术措施、专项施工方案。

(5)检查并督促施工单位落实分部分项工程或各工序关键部位的安全防护措施。

(6)监督检查施工现场的消防安全工作。

(7)监督检查施工现场文明施工。

(8)组织安全综合检查、评价,提出处理意见并限期整改。

(9)发现违章冒险作业的,责令其停止作业;发现严重安全事故隐患的,责令其停工整改。

(10)施工单位拒不整改或不停止施工,应及时报有关管理部门。

二、安全监理的依据

(1)安全监理委托合同。
(2)《中华人民共和国建筑法》。
(3)《建设工程安全生产管理条例》。
(4)《中华人民共和国公路法》。
(5)国家安全生产法律、法规、政策。
(6)劳动保护、环境保护、消防等的法律法规与标准。
(7)公路行业安全生产规章、规范性文件、安全技术规范等。
(8)设计的施工说明书。
(9)经过审核、审批的施工组织设计、专项施工方案的安全技术措施。

三、工程监理单位及监理工程师的法律责任

(一)违法行为

(1)工程监理单位未对施工组织设计中的安全技术措施或者专项施工方案进行审查。

(2)工程监理单位发现安全事故隐患未及时要求施工单位整改或者暂时停止施工。

(3)施工单位拒不整改或者不停止施工,工程监理单位未及时向有关主管部门报告。

(4)工程监理单位未依照法律、法规和工程建设强制性标准实施监理。

(二)法律责任

(1)行政责任:对于监理单位的上述违法行为,责令限期改正;逾期未改正的,责令停业整顿,并处10万元以上30万元以下的罚款;情节严重的,降低资质等级,直至吊销资质证书。

(2)刑事责任:《刑法》第一百三十七条规定:“建设单位、设计单位、施工单位、工程监理单位违反国家规定,降低工程质量标准,造成重大安全事故的,对直接责任人员,处五年以下有期徒刑或者拘役,并处罚金;后果特别严重的,处五年以上十年以下有期徒刑,并处罚金。”这里的刑事责任针对的是监理单位的直接责任人员,承担刑事责任的前提是造成重大的安全事故。

(3)民事责任:工程监理单位的违法行为往往也是违约行为,如果给建设单位造成损失,监理单位应当对建设单位承担赔偿责任。承担民事责任的前提是建设单位有损失,而不是工程监理单位的违法行为,只有当这种违法行为造成了建设单位的损失时,工程监理单位才承担民事责任。

第三节　公路工程施工安全监理的主要内容

一、施工准备阶段的安全监理主要内容

工程开工前,监理工程师应审查施工单位编制的施工组织设计中的安全技术措施或

专项施工方案是否符合强制性标准,审查合格后方可同意工程开工。审查重点包括以下内容:

(1)安全管理和安全保证体系的组织机构,包括项目经理、专职安全管理人员、特种作业人员配备的数量及安全资格培训持证上岗情况。

(2)是否制订了施工安全生产责任制、安全管理规章制度、安全操作规程。

(3)施工单位的安全防护用具、机械设备、施工机具是否符合国家有关安全规定。

(4)是否制订了施工现场临时用电方案的安全技术措施和电气防火措施。

(5)施工场地布置是否符合有关安全要求。

(6)生产安全事故应急救援的制订情况,针对重点部位和重点环节制订的工程项目危险源监控措施与应急预案。

(7)施工人员安全教育计划、安全交底安排。

(8)安全技术措施费用的使用计划。

二、施工阶段的安全监理主要内容

(1)监理工程师应审查分包合同中是否明确了施工单位与分包单位各自在安全生产方面的责任。

(2)监理工程师在巡视、旁站过程中应监督施工单位按专项安全施工方案组织施工,若发现施工单位未按有关安全法律、法规和工程强制性标准施工,违规作业时,应予以制止。对危险性较大的工程作业等要定期巡视检查,如发现安全事故隐患,应立即书面指令施工单位整改;情况严重的应签发《工程暂停令》要求施工单位暂停施工,并及时报告建设单位。施工单位拒不整改或者不停止施工的,监理工程师应及时向有关主管部门报告。

(3)督促施工单位进行安全生产自查工作、落实施工生产安全技术措施,参加施工现场的安全生产检查。

(4)建立施工安全监理台账。监理机构应建立施工安全监理台账,并由专人负责。监理人员应将每次巡视、检查、旁站中发现的涉及施工安全的情况、存在的问题、监理的指令及施工单位处理的措施和结果及时记入台账。总监理工程师和驻地监理工程师应定期检查施工安全监理台账记录情况。

(5)分项分部工程交工验收时,如安全事故的现场处理未完成,不得签发《中间交工证书》。

小结

本章主要介绍了公路施工安全监理的任务、依据及法律规定的安全监理的法律责任,安全监理的主要工作内容和方法,以及安全事故的分类和处理。

复习思考题

6-1 简述监理工程师的安全责任。

6-2 简述安全生产监理的概念。

6-3 简述公路工程施工监理的主要内容。

第七章　公路工程施工环境保护监理

本章学习要求

1. 了解环境保护的意义和作用，环境保护监理的任务、工作方式；

2. 掌握环境保护监理的程序等内容。

第一节　公路工程施工环境保护的意义和作用

一、概述

（一）环境的概念

什么是环境？环境是一个范畴广泛的概念。从哲学上讲，环境是相对于主体（或某项中心事物）而言的客体，它与其主体相互依存、相互作用、相互制约，它的内容随着主体的不同而不同，其差异源于主体的界定。在环境科学中，环境是指以人类为主体的外部世界，主要是地球表面与人类发生相互作用的自然要素及其总体。它是人类生存发展的基础，也是人类开发利用的对象，具有整体性、区域性、变动性等最基本的特性。环境包括自然因素和社会因素，一般分为自然环境和社会环境。自然环境是指围绕人类周围的各种自然因素的总和。社会环境是指人类社会的上层建筑和生产关系。

我国的环境保护法中规定："本法所称环境是指：大气、水、土地、矿藏、森林、草原、野生动物、野生植物、水生生物、名胜古迹、风景游览区、温泉、疗养区、自然保护区、生活居住区等。"这是把环境中应该保护的要素界定为环境保护的工作对象，其目的是对环境一词的法律适用范围作出规定，以保证法律的准确实施。

（二）环境问题

环境问题一般分为自然灾害问题（原生或第一环境问题）和人为因素引起的环境问题（次生或第二环境问题），环境科学与环境保护研究的环境问题主要是人为环境问题。人为环境问题通常分两类：一是不合理地开发利用自然资源，超出环境的承受能力，使生态环境恶化或自然资源趋向枯竭；二是人口激增、城市化和工农业高速发展引起的环境污染和环境破坏。

人类与环境是对立统一的关系，地球上诞生了人类就出现了环境问题，随着人类社会的发展，环境问题也在发展变化，大致经历了萌芽阶段、发展恶化阶段、第一次高潮、第二次高潮四个阶段。20 世纪 80 年代以来，全球面临的环境问题有：地球臭氧层减少、温室效应加剧、环境空气污染严重、土地退化和沙漠化扩展迅速、水源短缺、污染严重、海洋环境恶化、"绿色屏障"锐减、生物种类不断减少、垃圾成灾、人口增长过快。人类正面临着一场严峻的由于空前的环境恶化所引起的生存危机挑战。我国经济发展正处在工业化高速发展的起步阶段，增长速度前所未有，并为各国所不能及。同时，和世界各国一样，当代人类所面临的某些尖锐矛盾在中国都有所体现：人口庞大、资源相对短缺、生态变化趋势令人担忧、环境污染不断加剧。

由此可见，当今的环境问题已经发展为全球性的环境污染和生态破坏，已严重威胁到人类的生存，阻碍经济的持续发展。环境问题的实质是对环境的价值认识不足，盲目发展，不合理开发利用资源而造成环境质量恶化和资源浪费、破坏甚至枯竭。

（三）环境保护

20 世纪 70 年代起，随着环境科学的问世及世界性环境会议的召开，人们逐渐从发展与环境的对立统一关系来认识环境保护的含义。认为环境保护不仅是控制污染，更重要的是合理开发利用资源。环境保护的内容大致包括两个方面：一是保护和改善环境质量，保护人们身心健康，防止机体在环境污染影响下产生遗传变异和退化；二是合理开发利用资源，保护自然环境，加强生物多样性保护，以求维护生态平衡和生物资源的生产能力，恢复和扩大自然资源的再生产，保障人类社会的持续发展。

我国环境保护工作从 20 世纪 70 年代起步，先后确定了“全面规划、合理布局、综合利用、化害为利、依靠群众、大家动手、保护环境、造福人民”的环境保护 32 字方针，“环境保护是我国的一项基本国策”及“经济建设、城乡建设与环境建设同步规划、同步实施、同步发展，实现经济效益、社会效益与环境效益统一”的环境保护战略方针，1989 年环境保护会议上提出了努力开拓具有中国特色的环境保护道路的号召，同年还颁布了《中华人民共和国环境保护法》，明确提出了环境保护的基本任务是：“保护和改善生活环境与生态环境，防治污染和其他公害，保障人体健康，促进社会主义现代化建设和发展。”

环境保护是我国一项长期的基本国策。在社会主义经济建设过程中，为了正确处理环境保护与经济发展的关系，坚持环境与经济协调发展的思想，为此国家制定了“经济建设、城乡建设、环境建设同步规划、同步实施、同步发展，实现经济效益、社会效益、环境效益统一”的指导方针，相继颁布了《环境保护法》等各项有关环境保护方面的专门法律，发布了 20 多项环境保护法规和 360 多种环境保护标准，以指导各行各业在经济建设活动中的环境保护工作。就公路工程环境保护而言，国家体现的是公路建设与环境保护并举的原则，同时提出“保护优先，防护为主，防治结合”的方针，为公路工程建设过程中的环境保护问题指出了明确的方向。

二、环境保护监理的概念

我国的环境保护监理发展刚刚起步，在许多方面都是空白的，法律法规尚不健全，有很多不成熟的地方，它是指具有相应资质的监理企业，接受建设单位的委托，承担其建设项目的环境管理工作，代表建设单位对承建单位的建设行为对环境的影响情况进行检查，并对污染防治和生态保护的情况进行检查，确保各项环境保护措施落到实处。

环境保护监理是工程监理的重要组成部分，但由于工作内容不仅仅限于工程本身，还涉及环境保护技术，因此具有特殊性和相对独立性。

工程环境监理是指具有相应资质的监理企业，受建设单位的委托，承担建设项目的环境管理工作，并代表建设单位就承建单位的建设行为对环境的影响进行检查，对污染防治和生态保护的情况进行检查，确保各项环境措施落实到实处的专业化活动，对未按有关环境保护要求施工的，应责令建设单位限期改正；造成生态破坏的，应采取补救措施或予以恢复。

三、公路工程环境保护监理的意义

自20世纪80年代起，按照国家有关环境保护的规定，在公路建设项目的可行性研究阶段执行环境影响评价制度。通过环境影响评价，对项目存在的环境影响问题进行分析、预测，并针对不利于环境的影响提出防治措施，要求项目在规划设计阶段、实施阶段和建成运营阶段严格落实执行。涉及亚洲银行和世界银行贷款的项目对环境保护问题尤为重视，要求在环境影响评价报告的基础上编制环境保护行动计划，以指导项目的整个实施过程。因此，在公路施工过程中实行环境保护，是对项目全过程环境保护管理不可缺少的重要环节，也完全符合国家关于环境保护必须与工程主体“同时设计、同时实施、同时交付使用”的三同时原则。

四、公路环境保护的作用

路基工程在施工及竣工后，结合造地还田与疏导排水，各部分相互协调配套，可使工程稳定坚固，外观顺适优美，能起到防止水土流失的作用；路面工程对路基起保护作用，同时也起着防尘、防水，保护公路沿线环境不被污染的作用；桥梁涵洞工程设计与施工中重视对公路路域景观环境的影响，可起到美化环境的作用；排水工程对公路工程的整体性和稳固性有特殊的作用，可以防止路基路面水及水中含有的油污、有害元素直接进入农田，避免耕地淹没、土壤污染；防护工程确保了路基稳定，减少了水土流失，直接起到了环境保护作用；其他工程（通常包括公路与公路、公路与铁路的平面交叉和立体交叉、公路工程的沿线设施、公路养护管理用房屋及场、厂建筑物以及公路绿化等），特别是公路绿化，是国土绿化的重要组成部分，不仅可以有效地改善行车环境，还可以起到美化路容、优化环境的作用。

第二节　公路工程施工环境保护的任务、程序及法律责任

一、环境保护监理的任务

环境保护监理的主要任务一方面是根据《中华人民共和国环境保护法》及相关法律法规，对工程建设过程中污染环境、破坏生态的行为进行监督管理；另一方面对建设项目配套的环境保护工程进行施工监理，确保“三同时”的实施。

公路环境保护监理包括两部分内容：一是监理公路主体工程的施工过程应符合环境保护要求，如噪声、废气、污水等污染物排放应达标，减少水土流失和生态环境破坏，称为“工程环境监理”或“环境监理”；二是对为保护营运和施工期的环境而建设的配套环境保护设施进行监理，称为“环境保护工程监理”，包括水处理设施、声屏障、绿化工程等。

二、环境保护监理的依据

(1)国家有关的法律、法规。如《中华人民共和国环境保护法》、《中华人民共和国大气污染防治法》、《中华人民共和国野生动物保护法》、《中华人民共和国水土保持法》等。

(2)国家有关的条例、办法、规定。如《建设项目环境保护管理条例》、《关于加强自然资源开发建设项目的生态环境管理的通知》、《关于涉及自然保护区的开发建设项目环境管理工作有关问题的通知》、《关于开展交通工程环境监理工作的通知》等。

(3)地方性法规、文件。

(4)项目的环境影响评价报告书及批复。

(5)项目的环境行动计划(贷款项目均有此文件)。

(6)工程设计文件。

(7)监理合同及工程建设合同。

三、环境保护监理应遵循的原则要求

从事工程环境保护监理活动,应当遵循守法、诚信、公正、科学的准则。确立环境保护监理是"第三方"的原则,应当将环境监理和业主的环境管理、政府部门的环境监督执法严格区分开来,并为业主的环境管理和政府部门的环境监督服务。

四、环境保护监理人员素质要求

环境保护监理是一门新兴的交叉学科,具体从事环境保护监理工作的监理人员,不仅要有一定的环境保护或工程技术方面的专业技术能力,能够对工程建设进行监督管理,提出指导性的意见,而且要有一定的组织协调能力,在工程与环境保护有联系和交叉时,起到协调和指导作用。

五、公路工程环境保护监理的工作程序

公路工程环境保护监理工作程序见图 7-1。

六、公路工程环境保护监理工作方法

公路施工期环境保护监理工作实质上就是施工活动过程中的对环境保护的管理工作,必须与整个施工组织管理紧密结合,要以法制观念强化工程管理人员的环境保护意识,使环境保护管理工作制度化、规范化、合理化。环境保护监理工作方法有以下几个环节。

(一)施工期环境保护措施报告表

此报告表要求由承包商编制,报告表随总体施工组织设计、各单项工程开工申请表同时呈报。

报告表编制时,要求承包商依据国家各项有关环境保护法规、政策,环境影响评价报告书或环境行动计划提出的环境保护措施,针对施工活动的具体内容,提交承包商在施工组织管理过程中的环境保护承诺。报告表由监理工程师审核,随总体施工组织设计或单

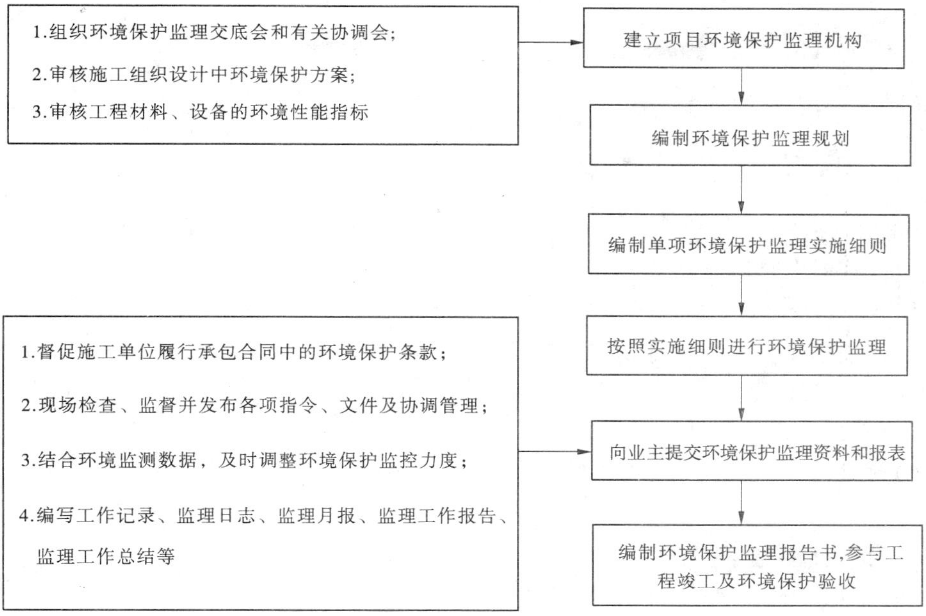

图 7-1　公路工程环境保护监理工作程序

项工程开工报告一同批准实施。

(二)施工期环境保护措施实施情况的核查

监理工程师应定期或不定期地对施工现场进行环境保护措施实施情况的核查。检查承包商在环境保护措施报告表中承诺的各项环境保护措施是否得到落实和执行,该检查结果应有文字记录备案,作为工程竣工验收的考核内容。

(三)施工现场环境监测

监理人员应对施工现场进行定期(或不定期)的环境监测,并及时将监测结果通报承包商或驻地监理工程师,以便双方能够掌握施工现场环境质量动态情况,及时调整环境保护监控力度。同时,环境监测结果也是施工现场执行环境保护措施的客观评价。环境监测方法按国家环境保护局有关环境监测分析方法的规定执行。

七、环境保护监理的工作内容及方式

环境保护监理人员对施工活动中的环境保护工作按照施工进程实施动态管理。工程环境监理的工作方式以日常巡视为主,辅以必要的环境监测,以便及时调整环境保护监控力度。环境保护工程监理从合同、计量到支付等都与其他工程的监理相似,工作方式主要以工程监理的方式进行。

对于环境评价中的相关要求和内容,环境保护监理人员应在开工前熟悉与工程有关的内容。

八、环境保护监理的工作制度

环境保护监理的工作制度主要有日常工作制度、例会制度、月报制度、污染事故报告制度、验收制度等。

九、环境保护监理的权力保障

环境保护监理的权力保障有法律、法规保障，合同保障等。

十、主要环境保护监测仪器

这里仅对公路施工期环境保护监测内容提出主要的监测仪器（因同类仪器型号多种多样，这里只提出监测仪器的统称）。

（1）大气 TPS 总悬浮微粒监测仪。

（2）水质监测仪。水质监测仪的监测项目包括 COD、DO（溶解氧）、pH 值（酸碱度）、水温、电导率、浓度等。

（3）声级计。

（4）常规气象观测仪。常规气象观测仪的观测项目包括风速、风向、气温、湿度、气压等。

（5）有害气体监测仪。有害气体监测项目根据需要而定，一般隧道施工时要求测定施工环境中 CO、NO_2、SO_2、H_2S 等的含量。

小结

环境保护监理是指具有相应资质的监理企业，接受建设单位的委托，承担其建设项目的环境管理工作，代表建设单位对承建单位的建设行为对环境的影响情况进行检查，并对污染防治和生态保护的情况进行检查，确保各项环境保护措施落到实处。

公路工程施工环境保护监理具有非常重要的意义，在实施监理时要有一定的法律依据和其主要任务，另外还需要有一定的方法和程序等。

通过本章的学习，要求主要掌握环境保护监理的意义和作用，环境保护监理的任务、程序、方法等。初步了解什么是环境，什么是环境问题，以及环境保护监理的依据、环境保护监理应遵循的原则要求、主要环境保护监测仪器等。

复习思考题

7-1　公路工程施工为什么要进行环境保护？

7-2　公路工程环境保护的意义和作用有哪些？

7-3　公路工程环境保护监理的任务是什么？

第八章　公路工程施工合同管理

本章学习要求

1. 熟悉施工合同内容及施工合同文件组成，工程分包合同管理内容，施工中保险的种类；

2. 掌握工程变更程序，工期索赔条件和计算方法，违约责任方式，合同争端的解决方式。

第一节　概　述

一、合同与合同法概述

（一）合同的概念

合同是平等主体的自然人、法人、其他组织之间设立、变更、终止民事权利义务关系的协议。

合同作为一种协议，其本质是一种合意，必须是两个以上意思表示一致的民事法律行为。合同是当事人合法的行为。合同中所确立的权利义务，必须是当事人依法可以享有的权利和能够承担的义务，这是合同具有法律效力的前提。

（二）合同法的概念

合同法是调整平等主体的自然人、法人、其他组织之间在设立、变更、终止合同时所发生的社会关系的法律规范总称。我国于1999年3月15日颁布了统一的《合同法》，并于1999年10月1日起施行。在我国，《合同法》是适用于合同的最重要的法律。

（三）合同的种类

在我国，合同法调整的对象主要是经济合同、技术合同和其他民事合同。其中最主要的几种常见的合同类型如下。

1. 买卖合同

买卖合同是为了转移标的物的所有权，在出卖人和买受人之间签订的合同。出卖人将原属于他的标的物的所有权转移给买受人，买受人支付相应的合同价款。在建筑工程中，材料和设备的采购合同就属于这一类合同。

2. 供电（水、气、热力）合同

本合同适用于电（水、气、热力）的供应活动。按合同规定，供电（水、气、热力）人向用电（水、气、热力）人供电（水、气、热力），用电（水、气、热力）人支付相应的费用。

3. 赠与合同

本合同是财产的赠与人与受赠人之间签订的合同。赠与人将自己的财产无偿地赠与受赠人，受赠人表示接受赠与。

4. 借款合同

本合同是借款人与贷款人之间因资金的借贷而签订的合同。借款人向贷款人借款，到期返还借款并支付利息。

5. 租赁合同

本合同是出租人与承租人之间因租赁业务而签订的合同。出租人将租赁物交承租人使用、收益，承租人支付租金，并按期交还租赁物。在建筑工程中常见的有周转材料和施工设备的租赁。

6. 融资租赁合同

融资租赁是一种特殊的租赁形式。出租人根据承租人对设备出卖人、租赁物的选择，向出卖人购买租赁物，提供给承租人使用，承租人支付相应的租金。

7. 承揽合同

本合同是承揽人与定作人之间就承揽工作签订的合同。承揽人按定作人的要求完成工作，交付工作成果，定作人支付相应的报酬。承揽工作包括：加工、定作、维修、测试、检验等。

8. 建设工程合同

本合同是发包人与承包人之间签订的合同，包括建设工程勘察设计、施工合同。

9. 运输合同

本合同是承运人将旅客或货物从起运地点运输到约定的地点，旅客、托运人或收货人支付票款或运输费的合同。运输合同的种类很多，按运输对象不同，可分为旅客运输合同和货物运输合同；按运输方式的不同，可分为公路运输合同、水上运输合同、铁路运输合同、航空运输合同；按同一合同中承运人的数目，可分为单一运输合同和联合运输合同等。

10. 技术合同

本合同是当事人就技术开发、转让、咨询或服务订立的合同。它又可分为技术开发合同、技术转让合同和技术服务合同。

11. 保管合同

本合同是在保管人和寄存人之间签订的合同。保管人保管寄存人交付的保管物，并返还该保管物。而保管的行为可能是有偿的，也可能是无偿的。

12. 仓储合同

本合同是一种特殊的保管合同，保管人储存存货人交付的仓储物，存货人支付仓储费。

13. 委托合同

本合同是委托人和受托人之间签订的合同。受托人接受委托人的委托，处理委托人的事务。

14. 行纪合同

本合同是委托人和行纪人就行纪事务签订的合同。行纪人以自己的名义为委托人从事贸易活动（一般为购销、寄售等），委托人支付报酬。

15. 居间合同

本合同是就订立合同的媒介服务及相关事务签订的合同。合同主体是委托人和居间人。居间人向委托人报告订立合同的机会或提供订立合同的媒介服务，委托人支付报酬。

（四）合同法的基本原则

合同法的基本原则是合同当事人在合同的签订、执行、解释和争执的解决过程中应当遵守的基本准则，也是人民法院、仲裁机构在审理、仲裁合同纠纷时应当遵循的原则。

1. 自愿原则

自愿原则是合同法重要的基本原则，也是市场经济的基本原则之一，也是一般国家的法律准则。自愿原则体现了签订合同作为民事活动的基本特征。它表现为：第一，合同当事人之间的关系，合同法规定，“合同当事人的法律地位平等，一方不得将自己的意志强加给另一方”；第二，合同当事人与其他人之间的关系，合同法规定，“当事人依法享有自愿订立合同的权利，任何单位和个人不得非法干预”。在市场经济中，合同双方各自对自己的行为负责，享受法律赋予的平等权力，自主地签订合同，不允许他人干预合法合同的签订和实施。

2. 合同的法律原则

签订和执行合同绝不仅仅是当事人之间的事情，它可能涉及社会公共利益和社会经济秩序。因此，遵守法律、行政法规，不得损害社会公共利益是合同法的重要原则。

3. 诚实信用原则

合同法规定：“当事人行使权力、履行义务应当遵循诚实信用原则”。诚实信用原则是社会公德的体现，符合商业道德的要求。

合同是在双方诚实信用基础上签订的，合同目标的实现必须依靠合同相关各方真诚的合作。如果双方都缺乏诚实信用，或在合同签订和实施中出现“信任危机”，则合同不可能顺利实施。诚实信用原则具体体现在合同的签订、履行以及终止后的全过程中。

4. 公平原则

合同法规定：“当事人应当遵循公平原则确定各方的权利和义务”，公平是民事活动应当遵循的基本原则。合同调节双方民事关系，应不偏不倚，公平地维持合同双方的关系。将公平作为合同当事人的行为准则，有利于防止当事人滥用权力，保护和平衡合同当事人的合法权益，使之能更好地履行合同义务，实现合同目的。

二、施工合同的概念

施工合同即建筑安装工程承包合同，是发包人和承包人为完成商定的工程，明确相互权利、义务关系的合同。依照施工合同，承包人应完成一定的建筑、安装工程任务，发包人应提供必要的施工条件并支付工程价款。

施工合同的当事人是发包人和承包人，双方是平等的民事主体。承发包双方签订施工合同，必须具备相应资质条件和履行施工合同的能力。发包人既可以是建设单位，也可以是取得建设项目总承包资格的项目总承包单位。在施工合同中，实行的是以工程师为核心的管理体系（虽然工程师不是施工合同当事人）。

（一）施工合同的特点

由于建筑产品是特殊的商品，建筑产品的单件性，建设周期长，施工生产和技术复杂，工程付款和质量认证具有阶段性，受外界自然条件影响大等特点，决定了施工合同不同于其他经济合同，具有自身的特点。

1. 施工合同标的物的特殊性

施工合同的标的物是特定建筑产品，不同于其他一般商品。首先，建筑产品的固定性和施工生产的流动性，是区别于其他商品的根本特点；其次，由于建筑产品各有其特定的功能要求，其实物形态千差万别，种类繁多，形成建筑产品的个体性和生产的单件性；再次，建筑产品体积庞大，消耗的人力、物力、财力多，一次性投资额大。施工合同标的物的这些特点，必然会在施工合同中表现出来，使得施工合同在明确标的物时，不能像其他合同只简单地写明名称、规格、质量就可以了，而需要将建筑产品的幢数、面积、层数或高度、结构特征、内外装饰标准和设备安装要求等一一规定清楚。

2. 施工合同履行时间长

由于建筑产品体积庞大、结构复杂，施工周期都较长，施工工期少则几个月，一般都是几年甚至十几年，在合同实施过程中不确定的影响因素多，受外界自然条件影响大，合同双方承担的风险高，当主观和客观情况变化时，就有可能造成施工合同的变化，因此施工合同的变更较频繁，施工合同争议和纠纷也比较多。

3. 施工合同内容条款多

由于建设工程本身的特殊性和施工生产的复杂性，决定了施工合同必须有很多条款。我国建设工程施工合同示范文本通用条款就有 11 大部分共 47 个条款、173 个子款；FIDIC施工合同通用条件有 25 节共 72 个条款、194 个子款，20 多万个印刷字符。

施工合同一般应具备以下主要内容：

(1) 工程名称、地点、范围、内容，工程价款及开竣工日期；

(2) 双方的权利、义务和一般责任；

(3) 施工组织设计的编制要求和工期调整的处置办法；

(4) 工程质量要求，检验与验收方法；

(5) 合同价款调整与支付方式；

(6) 材料、设备的供应方式与质量标准；

(7) 设计变更；

(8) 竣工条件与结算方式；

(9) 违约责任与处置办法；

(10) 争议解决方式；

(11) 安全生产防护措施等。

此外，关于索赔、专利技术使用、发现地下障碍和文物、工程分包、不可抗力、工程保险、合同生效与终止等也是施工合同的重要内容。

4. 施工合同涉及面广

签订施工合同首先必须遵守国家的法律、法规，另外大量其他法规、规定和管理办法，如部门法规、地方法规、定额及相应预算价格、取费标准、调价办法等，也是签订施工合同要涉及的内容。因此，承发包双方要熟悉和掌握与施工合同相关的法律、法规和各种规定。此外施工合同在履行过程中，不仅仅是建设单位和施工单位两方面的事，还涉及监理单位、施工单位的分包商、材料设备供应商、保险公司、保证单位等众多参与方。从施工合同监督管理上，还会涉及工商行政管理部门、建设主管部门、合同双方的上级主管部门以及负责拨付工程款的银行、解决合同纠纷的仲裁机关或人民法院，还有税务部门、审计部门及合同公证机关或签证机关等机构和部门。

施工合同的这些特点，使得施工合同无论在合同文本结构，还是合同内容上，都要反映涉及面广的特点，符合工程项目建设客观规律的内在要求，以保护施工合同当事人的合法权益，促使当事人严格履行自己的义务和职责，提高工程项目的综合社会、经济效益。

（二）施工合同的订立

依据《工程建设施工招标投标管理办法》的规定，中标通知书发出30天内，中标单位应与建设单位依据招标文件、投标书等签订工程承发包合同（施工合同）。签订合同的必须是中标的施工企业，投标书中已确定的合同条款在签订时不得更改，合同价应与中标价相一致。如果中标施工企业拒绝与建设单位签订合同，则建设单位将不再返还其投标保证金（如果是由银行等金融机构出具投标保函的，则投标保函出具者应当承担相应的保证责任），建设行政主管部门或其授权机构还可给予一定的行政处罚。

施工合同文件组成包括：

（1）施工合同协议书；

（2）中标通知书；

（3）投标书及其附件；

（4）施工合同专用条款；

（5）施工合同通用条款；

（6）标准、规范及有关技术文件；

（7）图纸；

（8）工程量清单；

（9）工程报价单或预算书。

双方有关工程的洽商、变更等书面协议或文件视为协议书的组成部分。

施工合同文件的解释顺序：上述合同文件应能够互相解释、互相说明。当合同文件中出现矛盾或不一致时，上述顺序就是合同的优先解释顺序。当合同文件出现含糊不清或者当事人有不同理解时，按照合同争议的解决方式处理。

（三）施工合同类型与条件的选择

1. 工程施工项目合同的分类

国内外工程管理理论界普遍以付款方式对工程项目合同进行如下分类：

1）总价合同

总价合同是指在合同中确定一个完成项目的总价，承包单位据此完成项目全部内容的合同。

这种合同类型能够使建设单位在评标时易于确定报价最低的承包商、易于进行支付计算。但这类合同仅适用于工程量不太大且能精确计算、工期较短、技术不太复杂、风险不大的项目。因而采用这种合同类型要求建设单位必须准备详细而全面的设计图纸（一般要求施工详图）和各项说明，使承包人能准确计算工程量。

2）单价合同

单价合同是承包人在投标时，按招标文件就分部分项工程所列出的工程量表确定各分部分项工程费用的合同类型。

这类合同的适用范围比较宽，其风险可以得到合理的分摊，并且能鼓励承包人通过提高工效等手段从成本节约中提高利润。这类合同能够成立的关键在于双方对单价和工程量计算方法的确认。在合同履行中需要注意的问题则是双方对实际工程量计量的确认。

3）成本加酬金合同

成本加酬金合同，是由业主向承包人支付工程项目的实际成本，并按事先约定的某一种方式支付酬金的合同类型。

在这类合同中，业主需承担项目实际发生的一切费用，因此也就承担了项目的全部风险。而承包人由于无风险，其报酬往往也较低。这类合同的缺点是业主对工程总造价不易控制，承包人也往往不注意降低项目成本。

这类合同主要适用于以下项目：

（1）需要立即开展工作的项目，如震后的救灾工作。

（2）新型的工程项目，或对项目工程内容及技术经济指标未确定的项目。

（3）风险很大的项目。

2. 合同条件的选择

我国的工程建设可选择的合同条件主要有两个：国家工商行政管理局和建设部颁布的《建设工程施工合同文本》和 FIDIC 合同条件。FIDIC 合同条件在国际工程中影响较大，世界银行和亚洲开发银行对我国的贷款项目一般都要求采用 FIDIC 合同条件。除此之外，国内的工程项目一般应采用《建设工程施工合同文本》。

（四）施工合同主要条款

1. 双方的一般权利和义务

1）发包人的工作

根据专用条款约定的内容和时间，发包人应完成以下的工作：

（1）办理土地征用、拆迁补偿、平整施工场地等工作，使施工场地具备施工条件，并在开工后继续负责解决以上事项的遗留问题。

（2）将施工所需水、电、通信线路从施工场地外部接至专用条款约定地点，保证施工期间需要。

（3）开通施工场地与城乡公共道路的通道，以及专用条款约定的施工场地内的主要道路，满足施工运输的需要，保证施工期间的通道畅通。

（4）向承包人提供施工场地的工程地质和地下管线资料，对资料的真实准确性负责。

（5）办理施工许可证及其他施工所需的证件、批件和临时用地、停水、停电、中断道路交通、爆破作业以及可能损坏道路、管线、电力、通信等公共设施法律、法规规定的申请批准手续（证明承包人自身资质的证件除外）。

（6）确定水准点与坐标控制点，以书面形式交给承包人，进行现场交验。

（7）组织承包人和设计单位进行图纸会审与设计交底。

（8）协调处理施工现场周围地下管线和邻近建筑物、构筑物（包括文物保护建筑）、古树名木的保护工作,承担有关费用。

(9)发包人应做的其他工作,双方在专用条款内约定。

(10)发包人可以将上述部分工作委托承包人办理,具体内容由双方在专用条款内约定,其费用由发包人承担。

2)承包人的工作

承包人按专用条款约定的内容和时间完成以下工作:

(1)根据发包人的委托,在其设计资质等级和业务允许的范围内,完成施工图设计或与工程配套的设计,经工程师确认后使用,发生的费用由发包人承担。

(2)向工程师提供年、季、月工程进度计划及相应进度统计报表。

(3)根据工程需要,提供和维修非夜间施工使用的照明、围栏等设施,并负责安全保卫。

(4)按专用条款约定的数量和要求,向发包人提供在施工现场办公和生活的房屋及设施,发生费用由发包人承担。

(5)遵守有关部门对施工场地交通、施工噪音以及环境保护和安全生产等的管理规定,按管理规定办理有关手续,并以书面形式通知发包人。发包人承担由此发生的费用,因承包人责任造成的罚款除外。

(6)已竣工工程未交付发包人之前,承包人按专用条款约定负责已完工程的保护工作,保护期间发生损坏,承包人自费予以修复。要求承包人采取特殊措施保护的工程部位和相应追加合同价款,在专用条款内约定。

(7)按专用条款的约定做好施工现场地下管线和邻近建筑物、构筑物(包括文物保护建筑)、古树名木的保护工作。

(8)保证施工场地清洁,符合环境卫生管理的有关规定。交工前清理现场,达到专用条款约定的要求,承担因自身原因违反有关规定造成的损失和罚款。

(9)承包人应做的其他工作,双方在专用条款内约定。

3)工程师的产生和职权

工程师包括监理单位委派的总监理工程师和发包人指定的履行合同的负责人。

(1)发包人委托监理。发包人可以委托监理单位,全部或者部分负责合同的履行。监理单位委派的总监理工程师在施工合同中称为工程师,是经监理单位法定代表人授权,派驻施工现场监理组织的总负责人。在施工合同专用条款中应当写明总监理工程师的姓名、职务、职责。

(2)发包人派驻代表。发包人派驻施工场地履行合同的代表在施工合同中也称工程师,是经发包人单位法定代表人授权,派驻施工现场的负责人,其姓名、职务、职责在专用条款内约定,但职责不得与监理单位委派的总监理工程师职责相互交叉。

(3)工程师更换。发包人应当至少于更换前 7 天以书面形式通知承包人,后任继续履行合同文件约定的前任的权利和义务,不得更改前任作出的书面承诺。

(4)工程师的职责。工程师在施工合同的履行过程中,应当承担以下职责:

①工程师可委派或撤回委派工程师代表。工程师代表在工程师授权范围内向承包人发出的任何书面形式的函件,与工程师发出的函件效力相同。工程师代表的委派和撤回

均应提前7天以书面形式通知承包人。委派令和撤回通知作为合同附件。

②工程师发布指令、通知。工程师的指令、通知由其本人签字后，以书面形式交给项目经理，项目经理在回执上签署姓名和收到时间后生效。确有必要时，工程师可发出口头指令，并在48小时内给予书面确认，若不能及时给予书面确认，承包人应于工程师发出口头指令后7天内提出书面确认要求，工程师在承包人提出确认要求后48小时内不予答复，应视为口头指令已被确认。

承包人认为工程师指令不合理，应在收到指令后24小时内向工程师提出修改指令的书面报告，工程师在收到承包人报告后24小时内作出修改指令或继续执行原指令的决定，并以书面形式通知承包人。紧急情况下，工程师要求承包人立即执行的指令，或承包人虽有异议，但工程师决定仍继续执行的指令，承包人应予执行。因指令错误发生的费用和给承包人造成的损失由发包人承担，延误的工期相应顺延。对于工程师代表在工程师授权范围内发出的指令和通知，视为工程师发出的指令和通知。但工程师代表发出指令失误时，工程师可以纠正。除工程师或工程师代表外，发包人派驻工地的其他人员无权向承包人发出任何指令。

③工程师应当及时完成自己的职责。否则发包人应承担所造成的追加合同价款，并赔偿承包人有关损失，顺延延缓的工期。

④工程师做出处理决定。在合同履行中，发生影响承发包双方权利或义务的事件时，负责监理的工程师应依据合同在其职权范围内，客观公正地进行处理。

4）项目经理的产生和职责

项目经理是由承包人单位法定代表人授权的、派驻施工场地的承包人的总负责人。代表承包人负责工程施工的组织、实施。项目经理的姓名、职务应在专用条款内约定。

项目经理一旦确定后，承包人不能随意更换，若需更换，承包人应当至少于更换前7天以书面形式通知发包人，后任继续履行合同文件约定的前任的权利和义务，不得更改前任作出的书面承诺。

发包人可以与承包人协商，建议调换其认为不称职的项目经理。

2. 施工组织设计和工期

1）进度计划

承包人应当按专用条款约定的日期，向工程师提交施工组织设计和工程进度计划。工程师接到承包人提交的进度计划后，应当予以确认或者提出修改意见。如果工程师逾期不确认也不提出书面意见的，则视为已经同意。但是，工程师对进度计划予以确认或者提出修改意见，并不免除承包人施工组织设计和工程进度计划本身的缺陷所应承担的责任。

2）开工及延期开工

承包人应当按协议书约定的开工日期开始施工。承包人不能按时开工，应在不迟于协议书约定的开工日期前7天，以书面形式向工程师提出延期开工的理由和要求。工程师在接到延期开工申请后的48小时内以书面形式答复承包人，若未做答复，则视为同意承包人的要求，工期相应顺延。因发包人的原因不能按照协议书约定的开工日期开工，可推迟开工日期。承包人对延期开工的通知没有否决权，但发包人应当赔偿承包人因此造成的损失，相应顺延工期。

3）工期延误

承包人应当按照合同约定完成工程施工，如果由于其自身的原因造成工期延误，应当承担违约责任。但是，因以下原因造成工期延误，经工程师确认，工期可以相应顺延。

（1）发包人不能按专用条款的约定提供开工条件。

（2）发包人不能按约定日期支付工程预付款、进度款，致使工程不能正常进行。

（3）工程师未按合同约定提供所需指令、批准等，致使施工不能正常进行。

（4）设计变更和工程量增加。

（5）一周内非承包人原因停水、停电、停气造成停工累计超过 8 小时。

（6）不可抗力。

（7）专用条款中约定或工程师同意工期顺延的其他情况。

承包人在工期可以顺延的情况发生后 14 天内，就延误的工期向工程师提出书面报告。工程师在收到报告后 14 天内予以确认，逾期不予确认也不提出修改意见，视为同意顺延工期。

3. 质量和检验

1）工程质量标准

工程质量应当达到协议书约定的质量标准，质量标准的评定以国家或者专业的质量检验为评定标准。达不到约定标准的工程部分，工程师一经发现，应要求承包人拆除和重新施工，直到符合约定标准。

2）施工过程中的检查和返工

在工程施工过程中，承包人应认真按照标准、规范和设计要求以及工程师依据合同发出的指令施工，随时接受工程师及其委派人员的检查检验，为检查检验提供便利条件，并按工程师及其委派人员的要求返工、修改，承担由于自身原因导致返工、修改的费用。工程师的检查检验不应影响施工正常进行，如影响施工正常进行，检查检验不合格时，影响正常施工的费用由承包人承担。除此之外影响正常施工的追加合同价款由发包人承担，相应顺延工期。

3）隐蔽工程和中间验收

工程具备隐蔽条件和达到专用条款约定的中间验收部位，承包人进行自检，并在隐蔽和中间验收前 48 小时内以书面形式通知工程师验收。

工程质量符合标准、规范和设计图纸等的要求，验收 24 小时后，工程师不在验收记录上签字，视为工程师已经批准，承包人可进行隐蔽或者继续施工。

工程师如不能按时参加验收，须在开始验收前 24 小时向承包人提出书面延期要求，延期不能超过 2 天。工程师未能按以上时间提出延期要求，不参加验收，承包人可自行组织验收，发包人应承认验收记录。

4）重新检验

无论工程师是否参加验收，当其提出对已经隐蔽的工程重新检验的要求时，承包人应按要求进行剥露或者开孔，并在检验后重新覆盖或者修复。检验合格，发包人承担由此发生的全部追加合同价款，赔偿承包人损失，并相应顺延工期。检验不合格，承包人承担发生的全部费用，工期不予顺延。

5）试车

对于设备安装工程，应当组织试车。试车内容应与承包人承包的安装范围相一致。

（1）单机无负荷试车。设备安装工程具备单机无负荷试车条件，由承包人组织试车。承包人应在试车前48小时书面通知工程师，发包人根据承包人要求为试车提供必要条件。

（2）联动无负荷试车。设备安装工程具备无负荷联动试车条件，由承包人组织试车。并在试车前48小时书面通知承包人。

6）材料设备供应

（1）发包人供应材料设备的验收。发包人应当向承包人提供其供应材料设备的产品合格证明。在其所供应的材料设备到货前24小时，应以书面形式通知承包人，由承包人派人与发包人共同清点。清点后由承包人妥善保管，发包人支付相应的保管费用。发包人不按规定通知承包人清点，发生的损坏丢失由发包人负责。发包人供应的材料设备使用前，由承包人负责检验或者试验，费用由发包人负责。

发包人供应的材料设备与约定不符时，应当由发包人承担有关责任。

（2）承包人采购材料设备的验收。承包人根据专用条款的约定及设计和有关标准要求采购工程需要的材料设备，并提供产品合格证明。承包人在材料设备到货前24小时通知工程师清点、验收。

承包人采购的材料设备与设计或者标准要求不符时，工程师可以拒绝验收，由承包人按照工程师要求的时间运出施工场地，重新采购符合要求的产品，并承担由此发生的费用，由此延误的工期不予顺延。

工程师不能按时到场验收，事后发现材料设备不符合设计或者标准要求时，仍由承包人负责修复、拆除或者重新采购，并承担发生的费用，由此造成的工期延误不予顺延。

4.合同价款与支付

1）施工合同价款及调整

协议书中的合同价款应依据中标通知书中的中标价格和非招标工程的工程预算书确定，任何一方不得擅自改变。合同价款可以按照固定价格合同、可调价格合同、成本加酬金合同三种方式约定。可调价格合同中价款调整的范围包括：

（1）国家法律、法规和政策变化影响合同价款。

（2）工程造价管理部门公布的价格调整。

（3）一周内非承包人原因停水、停电、停气造成停工累计超过8小时。

（4）双方约定的其他调整或增减。

承包人应当在价款可以调整的情况发生后14天内，将调整原因、金额以书面形式通知工程师，工程师确认后作为追加合同价款，与工程款同期支付。工程师收到承包人通知之后14天内不作答复也不提出修改意见的，视为该项调整已经同意。

2）工程预付款

工程预付款主要是用于采购建筑材料。双方应当在专用条款内约定发包人向承包人预付工程款的时间和数额，开工后按约定的时间和比例逐次扣回。发包人不按约定预付，承包人在约定预付时间7天后向发包人发出要求预付的通知，发包人收到通知后仍不能按要求预付，承包人可在发出通知后7天停止施工，发包人应从约定应付之日起向承包人支付应付款的贷款利息，并承担违约责任。

3）工程量的确认

对承包人已完成工程量的核实确认，是发包人支付工程款的依据和前提，其具体的确认程序如下：首先，承包人向工程师提交已完工程量的报告。工程师接到报告后7天内按设计图纸核实已完工程量（以下称计量），并在计量前24小时通知承包人，承包人为计量提供便利条件并派人参加。承包人不参加计量，发包人自行进行，计量结果有效。工程师接到承包人报告后7天内未进行计量，从第8天起，承包人报告中开列的工程量即视为被确认。工程师不按约定时间通知承包人，使承包人不能参加计量，计量结果无效。对承包人超出设计图纸范围和因承包人原因造成返工的工程量，工程师不予计量。

4）工程款（进度款）支付

发包人应在双方计量确认后14天内，向承包人支付工程款（进度款）。同期用于工程上的发包人供应材料设备的价款、按约定时间发包人应按比例扣回的预付款，合同价款调整、设计变更调整的合同价款及追加的合同价款，与工程款（进度款）同期结算。

5.竣工验收与结算

1）竣工验收中承发包人双方的具体工作程序和责任

工程具备竣工验收条件。承包人按国家工程竣工验收有关规定，向发包人提供完整竣工资料及竣工验收报告。发包人收到竣工验收报告后28天内组织有关部门验收，并在验收后14天内给予认可或提出修改意见。因特殊原因，发包人要求部分单位工程或者工程部位需要竣工时，双方另行签订该项竣工协议，明确各方责任和工程价款的支付办法。建设工程未经验收或验收不合格，不得交付使用。发包人强行使用的，由此发生的质量问题及其他问题，由发包人承担责任。

2）竣工结算

工程竣工验收报告经发包人认可后28天，承包人向发包人递交竣工结算报告及完整的结算资料，发包人自收到竣工结算报告及结算资料后28天内进行核实，确认后支付工程竣工结算价款，承包人收到竣工结算价款后14天内将竣工工程交付发包人。

发包人自收到竣工结算报告及结算资料后28天内无正当理由不支付工程竣工结算价款，从第29天按承包人同期向银行贷款利率支付拖欠工程价款的利息，并承担违约责任。工程竣工验收报告经发包人认可后28天内，承包人未能向发包人递交竣工结算报告及完整的结算资料，造成工程竣工结算不能正常进行或工程竣工结算价款不能及时支付，发包人要求交付工程的，承包人应当交付；发包人不要求交付工程的，承包人承担保管责任。

3）质量保修

建设工程办理交工验收手续后，在规定的期限内，因勘察、设计、施工、材料等原因造成的质量缺陷，应当由施工单位负责维修。

为了保证保修任务的完成，承包人应当向发包人支付保修金，也可由发包人从应付承包人工程款内预留。质量保修金的比例及金额由双方按有关部门规定的比例约定。发包人应当在工程的质量保证期满后14天内,将剩余保修金和按约定利率计算的利息返还承包人。

6. 施工合同中涉及的其他条款

1)安全施工

承包人按工程质量、安全及消防管理有关规定组织施工,并随时接受行业安全检查人员依法实施的监督检查,采取严格的安全防护措施,承担由于自身的安全措施不力造成事故的责任和因此发生的费用。非承包人责任造成安全事故,由责任方承担责任和发生的费用。

承包人在动力设备、输电线路、地下管道、密封防震车间、易燃易爆地段以及临街交通要道附近施工时,施工开始前应向工程师提出安全保护措施,经工程师认可后实施,防护措施费用由发包人承担。

实施爆破作业,在放射、毒害性环境中施工(含存储、运输、使用)及使用毒害性、腐蚀性物品施工时,承包人应在施工前14天以书面形式通知工程师,并提出相应的安全保护措施,经工程师认可后实施。安全保护措施费用由发包人承担。

2)专利技术及特殊工艺

发包人要求使用专利技术或特殊工艺,须负责办理相应的申报手续,承担申报、试验、使用等费用。承包人按发包人要求使用,并负责试验等有关工作。承包人提出使用专利技术或特殊工艺,报工程师认可后实施,承包人负责办理申报手续并承担有关费用。擅自使用专利技术侵犯他人专利权,责任者承担全部后果及所发生的费用。

3)文物和地下障碍物

在施工中发现古墓、古建筑遗址、钱币等文物及化石或其他有考古、地质研究等价值的物品时,承包人应立即保护好现场,并于4小时内以书面形式通知工程师,工程师应于收到书面通知后24小时内报告当地文物管理部门,承发包双方按文物管理部门要求采取妥善保护措施。发包人承担由此发生的费用,延误的工期相应顺延。施工中发现影响施工的地下障碍物时,承包人应于8小时内以书面形式通知工程师,同时提出处置方案,工程师收到处置方案后24小时内予以认可或提出修正方案。发包人承担由此发生的费用,延误的工期相应顺延。

(五)施工合同的管理

施工合同的管理,是指各级工商行政管理机关、建设行政主管机关和金融机构,以及工程发包单位、监理单位、承包单位依据法律和行政法规、规章制度,采取法律的、行政的手段,对施工合同关系进行组织、指导、协调及监督,保护施工合同法规的贯彻实施等一系列活动。

它包括两个层次:第一层次为国家机关及金融机构对施工合同的管理;第二层次则为建设工程施工合同当事人及监理单位对施工合同的管理。

它包括的内容有:工程分包与变更;工程延期与索赔;违约、争端与保险的处理。

第二节　FIDIC《施工合同条件》简介

一、FIDIC《施工合同条件》概述

FIDIC 是指国际咨询工程师联合会，它是由该联合会的法文名称字头组成的缩写词。1913 年欧洲三个国家的咨询工程师协会组成了 FIDIC，经过多年的发展，该联合会已拥有 60 多个代表不同国家和地区的咨询工程师专业团体会员国（它的会员在每一个国家只有一个），是被世界银行认可的国际咨询服务机构，总部设在瑞士洛桑。中国工程咨询协会代表我国于 1996 年 10 月加入了该组织。

FIDIC 编制了许多标准合同条件，最基本的和在工程界影响最大的是 FIDIC《土木工程施工合同条件》。1999 年出版了《施工合同条件》、《生产设备和设计—施工合同条件》、《设计采购施工（EPC）/交钥匙工程合同条件》、《简明合同格式》四份新的合同标准格式的第一版，它继承了原有合同条件的优点，并吸收了多年来在实践中取得的经验以及专家、学者和相关各方面的意见与建议，做出了重大的调整。并在出版前言中简要说明了各合同条件的适应情况。

（1）《施工合同条件》简称新红皮书。该合同条件被推荐用于由业主设计的或由其代表工程师设计的房屋建筑或（土木）工程。与原来的《土木工程施工合同条件》（红皮书）相对应。

（2）《生产设备和设计—施工合同条件》简称新黄皮书。该合同条件被推荐用于电力和机械设备的提供，以及房屋建筑或（土木）工程的设计和实施。与原来的《电气与机械工程合同条件》（黄皮书）相对应。

（3）《设计采购施工（EPC）/交钥匙工程合同条件》简称银皮书。该合同条件适用于在交钥匙的基础上进行的工厂或其他类型开发项目的实施。与原来的《设计—建造和交钥匙（工程）合同条件》（桔皮书）有一定的相关性。但 FIDIC 并无意以银皮书取代桔皮书，银皮书中的 EPC 为 Engineering、Project 和 Construction 的缩写，故可全译为《设计—采购—施工交钥匙项目合同条件》。

（4）《简明合同格式》。该合同条件被推荐用于价值相对较低的房屋建筑或土木工程，或价值较高，但较简单的、或重复的、或工期短的工程。

二、FIDIC《施工合同条件》的组成

FIDIC《施工合同条件》推荐用于由业主或其代表工程师设计的建筑或工程项目。这种合同的通常情况是，由承包商按照业主提供的设计进行工程施工，但该工程可以包含由承包商设计的土木、机械、电器和（或）构筑物的某些部分。FIDIC《施工合同条件》包括施工合同的通用条件和专用条件。

（一）通用条件

FIDIC《施工合同条件》中的通用条件是固定不变的，无论是工业与民用建筑施工、水电工程、路桥工程、港口工程的建筑安装工程施工都可适用。通用条件共分 20 大项 247

款。其中 20 大项分别是:一般规定;业主;工程师;承包商;指定分包商;员工;生产设备材料和工艺;开工、延误和暂停;竣工检验;业主的接收;缺陷责任;测量和估价;变更和调整;合同价格和支付;业主提出终止;承包商提出暂停和终止;风险和责任;保险;不可抗力;索赔、争端和仲裁。

由于通用条件可以适用于所有建筑安装工程施工,条款也非常具体而明确,因此当我们脱离具体工程从宏观的角度讲 FIDIC《施工合同条件》的内容时,仅指 FIDIC 通用条件。

(二)专用条件

FIDIC 在编制合同条件时,对建筑安装工程施工的具体情况作了充分而详尽的考察,从中归纳出大量内容具体、详尽的合同条款,组成了通用条件。但仅有这些是不够的,具体到某一工程项目,有些条款应进一步明确,有些条款还必须考虑工程的具体特点和所在地区的情况予以必要的变动,专用条件就是为了实现这一目的而设立的。通用条件与专用条件一起构成了决定一个具体工程项目各方的权利、义务和对工程施工的具体要求的合同条件。

专用条件中的条款的出现可能起因于以下原因:

(1)在通用条件的措词中专门要求在专用条件中包含进一步的信息,如果没有这些信息,合同条件则不完整。

(2)在通用条件中说到在专用条件中可能包含有补充有关材料的地方,但如果没有这些补充,合同条件仍不失其完整性。

(3)工程类型、环境或所在地区要求必须增加的条款。

(4)工程所在国法律或特殊环境要求通用条件所含条款有所变更,此类变更一般是在专用条件中说明将通用条件的某条或某条的一部分内容予以剔除,并根据具体情况给出适用的替代条款,或者条款的一部分。

(三)标准化附件

合同文件除了通用条件和专用条件以外,还包括标准化附件,即投标书和协议书。

投标书中的空格只需投标人填写具体内容,就可与其他材料一起构成投标文件。投标书附件是针对通用条件中某些具体条款需要做出具体规定的明确条件,如工期、费用的明确数值,以便承包商在投标时予以考虑,并在合同履行期间作为双方遵照执行的依据。这些详细数字,要求在标书发出之前由招标单位填写好。

协议书是业主和中标的承包商签订施工合同的标准文件,只要双方在空格内填入相应的内容,并签字或盖章后即可生效。

三、FIDIC《施工合同条件》的特点

(一)合同条件职责明确

FIDIC《施工合同条件》不仅对工程的规模、范围、标准以及费用的结算办法都规定得十分明确,而且对合同管理过程中的许多细节也都作了明确的规定,以减少执行中的误解和扯皮。例如,对在合同管理中来往信件、文件的时间,口头指示的确认时间,质量检验的时间,延期支付计息的时间,索赔报告的提出时间及批准时间,工程施工计划、移交证书、延期的最终报告等的时间限制都作了详细的规定。由于 FIDIC《施工合同条件》对合同各

方面的内容和责任规定得很明确，从而为合同的履行和管理提供了依据和保证，容易促进合同各方按合同条件开展工作，认真履行自己的职责，确保合同的最终目标能够实现。

（二）合同条件严密、连贯

FIDIC《施工合同条件》是由技术、经济、法律三部分内容构成的法律性文件，是在几十年的工程实践中，经过工程管理专家和法律专家数次修改形成的科学结合的整体。合同条件的不同条款之间既有互相制约的关系，又有互相保证的作用，从而使合同条件严密、连贯。

FIDIC《施工合同条件》的严密、连贯性体现在合同中的各个方面。例如，在合同条件中规定了关于业主、工程师及承包商之间严密的工作关系。即业主不能直接指挥承包商，而只能通过工程师向承包商发出指令。这样就保障了在合同履行中要以工程师为核心的工作程序。又如，工程款的支付问题也从各个不同的方面作了明确但又相互制约的规定。即承包商有权对已完工程要求付款。但又规定，承包商完成的工程必须达到合同规范中规定的标准才能得到支付。还规定了承包商的任何工程活动不能令工程师满意时，工程师有权拒绝对承包商的支付。承包商对工程师的做法不服时，有权提出对争议的问题进行仲裁。

合同条件的严密、连贯性还体现在能够修正不同条款之间歧义和含糊不清的问题，合同条件规定构成合同的几个文件应被认为是互相说明的，不能单独、孤立地去理解、执行其中的某个文件。

（三）合同条件公正合理

FIDIC《施工合同条件》的公正合理，表现最鲜明的一点就是在履行合同过程中由第三者——工程师进行监督和管理。工程师不仅监督承包商的施工活动，同时也对业主履行合同的情况进行监督。工程师的工作在一定程度上对业主和承包商都具有约束力。

FIDIC《施工合同条件》在赋予工程师监督业主和承包商权力的同时，又规定了对监督公正性的保证条件进行制约。即业主和承包商都有权对工程师的任何决定提出仲裁，从而使合同的公正性有了法律保证。

（四）合同条件风险划分合理

FIDIC《施工合同条件》明确了各种风险的分担，而且力求使合同双方权利和义务达到总体的平衡，使风险的分担尽量合理。如对异常气候、政治动乱、不可预见因素、物价变动等问题都预先作了明确规定，并且从积极防止减少风险所造成的损失的角度规定了合同各方的行为。如要求承包商在发生工程风险事件后，应尽力控制事件的发展，减少事件所造成的损失，然后才是报告工程师，提出损失申请报告。

FIDIC《施工合同条件》对风险进行合理划分，对业主和承包商都是有利的，这是因为在投标时，承包商可以不考虑合同条件已规定的由业主承担的风险损失，也不用担心在正常情况下遇到特殊风险的破产问题。而业主在招标时可以得到合理的报价，这是因为不发生风险时将不用支出风险费用。

（五）合同条件具有唯一性

FIDIC《施工合同条件》的唯一性特点也表现得十分突出，即合同条件是承包商进行施工、工程师进行监理的唯一法律依据。它要求合同双方严格按照合同进行施工及进行其他工程活动，直到达到工程师满意的程度——达到合同文件所规定的质量标准，否则承包商的工程款就可能被拒付。

FIDIC《施工合同条件》的这一特性向业主及承包商提出了一个共同的要求，即在合同签字之前，自己一方所有的意愿应在合同文件中能找到满意的表达条款或在双方协商一致情况下写进合同文件。签字之后，几乎不存在再去修改或解释的可能性。

（六）合同条件确立了业主、工程师及承包商之间的相互制约关系

FIDIC《施工合同条件》中规定了业主与工程师、业主与承包商、工程师与承包商的特定关系，这是保证工程实施的重要条件。如业主与承包商之间是雇用和被雇用的关系，但业主不能直接指挥承包商的活动，承包商执行业主的指令必须经过工程师下达，否则就是违反合同的行为。业主与工程师是委托与被委托关系，但业主不能干预工程师的正常工作。虽然业主有权提出更换不称职的监理人员，但不得影响工程师按照合同条件独立、公正地行使监理的权力，包括做出对业主有约束力的决定的权力。工程师与承包商之间虽然没有任何合同或协议，但在他们受委托于业主的合同或协议中，明确了工程师与承包商之间是监理和被监理关系。承包商所涉及工程的任何活动，都必须得到工程师的批准或同意，严格遵照执行工程师的指令。但工程师对承包商所实施的任何监督和管理，必须符合实际情况及合同条件。当承包商认为工程师的决定不能接受时，有权提出仲裁，用法律手段来保护自己的正当权益。

FIDIC《施工合同条件》所确立的业主、工程师及承包商之间各自独立而又相互制约的三方关系是保证工程按合同条件进行的关键。

四、FIDIC《施工合同条件》下合同文件的组成及优先解释顺序

在 FIDIC《施工合同条件》下，合同文件除合同条件外，还包含其他对业主、承包商都有约束力的文件。构成合同的这些文件应该是互相说明、互相补充的，但是这些文件有时会产生冲突或含义不清。此时，应由工程师进行解释或校正，其解释或校正应按构成合同文件的如下先后次序进行：

(1)合同协议书；

(2)中标函；

(3)投标书；

(4)合同专用条件；

(5)合同通用条件；

(6)规范；

(7)图纸；

(8)资料表（工程量表、数据、列表及费率（单价表））以及其他构成合同一部分的文件。

五、FIDIC《施工合同条件》的应用前提

FIDIC《施工合同条件》注重业主、承包商、工程师三方的关系协调，强调工程师在项目管理中的作用，其应用应具备以下前提：

(1)通过竞争性招标确定承包商。
(2)委托工程师对工程施工进行监理。
(3)按照单价合同编制招标文件。

第三节 工程分包与变更

一、工程分包

(一)工程分包的概念

工程分包是指经合同约定和发包单位认可,从工程承包人承包的工程中承包部分工程的行为。

(二)工程分包合同管理

1. 分包队伍资格评定与注册

公司成立工程及劳务分包资格认证评审领导小组,按照认证登记程序进行资格评定,发布合格分包商名册。

1)认证登记条件

(1)自愿申请在本公司登记资格认证并参与施工的工程及劳务分包队伍。

(2)从事公路桥梁施工、具备法人资格和相应施工资质、资信度好、技术设备精良的企业单位。

(3)承诺遵守本公司的管理制度。

(4)在公开、公平、公正的条件下,接受本公司统一招标,特殊情况下服从公司的统一协调调度。

(5)财务状况良好,具有一定的流动资金。

(6)近3年内,完成在建工程合同履约率高,顾客评价良好。

2)认证登记资料

(1)认证登记申请表。

(2)有效的营业执照、资质证书复印件。

(3)主要管理、技术人员简历表及证书复印件。

(4)特殊工种操作人员操作证复印件。

(5)主要设备清单。

(6)资金状况(含固定资产部分)。

(7)近3年的施工业绩和所在项目评价表(新成立的不提供)。

3)分包队伍资格评定与注册程序

各申报单位将所需资料精装成册,报公司工程管理部审核。每年的11月20日前报送补充资料,公司将在每年的12月份对各单位的资格进行重新考核认证,并为各单位建立档案资料。

分包单位资质评定以后,公司工程管理部将为其建立档案资料,并公布资格认证单位名单及资质,印发《合格分包商名册》。项目工程及劳务分包,原则上必须从公司的《合格分包商名册》中选择，并且不得越级承包工程。公司工程管理部对《合格分包商名册》实行动态管理，及时补充经评定合格的新分包商，删除经复审不合格的分包商。

2. 分包招标管理

1）招标策划、推荐和初选分包商

公司成立分包招标领导小组和评标工作小组。对公司《合格分包商名册》中的分包商、经复审合格的分包商，或未经注册的，按特殊需要向公司工程管理部上报有关资料，经公司资格预审合格并确定资格的承包商进行招标。

2）编制招标文件

招标文件按分包权限分别由公司工程管理部或项目合约部编制，其主要内容包括：

（1）投标须知及具体投标日程安排、授标原则。

（2）招标工程的工期、质量、安全、文明施工等要求。

（3）招标工程的招标范围及承包方式。

（4）工程量及费用计算原则。

（5）总包方提供的总包服务、材料和设备范围。

（6）投标方负责采购的材料及设备范围。

（7）投标方提供的投标保证金及履约担保要求。

（8）付款方式及结算方式。

（9）分包合同协议条款。

（10）分包合同条件。

（11）工程项目的技术要求。

（12）招标图纸及其目录。

（13）工程量清单。

（14）职业健康安全与环境保护责任书。

（15）工程（劳务）承包合同及其补充协议。

（16）本工程所需注意的其他事项。

（三）评标、决标、中标

评标工作一般按照“两阶段三评审”进行，“两阶段”指初审和终审，“三评审”指经济标评审、技术标评审和综合评审。评标只对有效标进行评审。

初审由评标工作小组负责，主要对投标的有效性、商务竞争性、技术先进性及管理能力等方面进行评审打分，为终审定标提供依据。终审由公司招标领导小组负责，公司招标领导小组根据评标报告，结合工程的重要程度、分包工程的规模、难易程度、工期的紧迫性以及投标单位与公司合作的状况、投标单位的最新资源状况等，对投标结果进行综合考评，考评分值相加计入总分，最终确定中标单位，并以书面形式批复。

在评标阶段，评标工作小组认为需要时，可通知投标人澄清其投标文件中的问题，或者要求补充某些资料，包括单价分析资料等，对此投标人不得拒绝。有关澄清的要求和答复，须以书面进行，投标人不得借澄清问题的机会，与招标人及评标人员私下接触或对原投标价和内容提出修改，但评标时发现的算术性差错进行的核实、修正，则不在此列。招标人不接受投标人主动提出的澄清。

对中标单位由公司工程管理部或项目合约部制作中标通知书，由上级组长签发后发给中标方。对未中标的投标方，由公司工程管理部或项目合约部发出未中标通知书。对时间紧迫确实来不及招标的项目，必须报告公司工程管理部，由公司根据中标情况并结合以前分包的价格，下发工程分包参考价，由项目与公司工程管理部共同选择确定施工单位；每个分包项目至少选择两家单位竞争，其必须是通过公司资格评定且为合格的单位。

（四）工程分包合同签订

1. 工程分包合同签订

承包人按照有关规定对承包的工程进行分包是允许的。承包人按专用条款的约定分包所承包的部分工程，并与分包单位签订分包合同。非经发包人同意，承包人不得将承包工程的任何部分分包。承包人不得将其承包的全部工程转包给他人，也不得将其承包的全部工程肢解以后以分包的名义分别转包给他人。

2. 分包合同应包括的内容

（1）工程概况、数量清单和价款，双方权利和责任、质量保证、违约责任（必须明确质量、进度等违约的处罚、清退等条款，明确分包商全面承担由此造成的经济损失和法律责任）和争议解决条款。

（2）列清工程项目、地点、工期、工程内容、数量、单价、总价及质量要求、进度要求、材料供应、计量结算方式、变更索赔处理等方面的责、权、利，并明确管理费、质保金、税金、预付款等条款。

（3）分包单位应缴纳保证金或履约保函或接受其他经济约束。分包单位应承担工程一切保险费中的相应部分费用。各项目经理部应要求分包单位为其进场人员购买人身意外保险。

（4）合同应附分包商的人员、设备、检验测量仪器等进场计划和承诺所承担工程的施工组织设计或工艺、方案、进度计划等附件。

3. 分包合同文件组成和优先顺序

（1）工程/劳务承包合同协议书；

（2）公司发出的分包中标书；

（3）分包人的报价书；

（4）标准规范、图纸、列有标价的工程量清单；

（5）报价单或施工图预算。

（五）分包合同的履行

工程分包不能解除承包人任何责任与义务。承包人应在分包场地派驻相应监督管理人员，保证本合同的履行。分包单位的任何违约行为、安全事故或疏忽导致工程损害或给发包人造成其他损失，承包人承担连带责任。分包工程价款由承包人与分包单位结算。发包人未经承包人同意不得以任何名义向分包单位支付各种工程款项。

二、工程变更的概念

工程变更是指施工过程中出现了与签订合同时的预计条件不一致的情况，而需要改变原定施工承包范围内的某些内容。工程变更不同于合同变更，对合同条件内约定的业主和承包商的权利、义务没有实质性改动，只是对施工方法、内容作局部性改动，属于正常的合同管理，按照合同的约定由工程师发布变更指令即可。

(一)工程变更内容与变更指令

在施工过程中，工程师认为必要时，可以对工程或其中任何部分的形式、质量或数量作出任何变更。变更内容涉及下述任何工作：

(1)增加或减少合同中所包含的任何工作的数量。

(2)删减合同中所包括的任何工作。

(3)改变合同中所包括任何工作的性质、质量或类型。

(4)改变工程任何部分的标高、基线、位置和尺寸。

(5)实施工程竣工所必需的任何种类的附加工作。

(6)改变合同中对工程任何部分规定的施工顺序或时间。

变更指令应由工程师以书面形式发出。如果是口头指令，承包商也应遵守执行，但工程师应尽快书面确认。为了防止工程师忽略书面确认，承包商可在工程师发出口头指令7天内用书面形式提出异议，则等于确认了工程师的口头指令，这条规定同样适用于工程师代表或助理发出的口头指令。

(二)工程变更程序

颁发工程接收证书前的任何时间，工程师可以通过发布变更指示或以要求承包商递交建议书的任何一种方式提出变更。

1. 指令变更

工程师在业主授权范围内根据施工现场的实际情况，在确属需要时有权发布变更指令。指令的内容应包括详细的变更内容、变更工程量、变更项目的施工技术要求和有关部分文件图纸，以及变更处理的原则。

2. 要求承包商递交建议书后再确定的变更

(1)工程师将计划变更事项通知承包商，并要求承包商递交实施变更的建议书。

(2)承包商应尽快予以答复。一种情况可能是，通知工程师由于受到某些非自身原因的限制而无法执行此项变更，如无法得到变更所需的物资等，工程师应根据实际情况和工程的需要再次发出取消、确认或修改变更指令的通知；另一种情况是，承包商依据工程师的指令递交实施此项变更的说明，内容包括：①将要实施的工作的说明书以及该工作实施的进度计划；②承包商依据合同规定对进度计划和竣工时间作出任何必要修改的建议，提出工期顺延要求；③承包商对变更估价的建议，提出变更费用要求；④工程师作出是否变更的决定，尽快通知承包商说明批准与否或提出意见；⑤承包商在等待答复期间，不应延误任何工作；⑥工程师发出每一项实施变更的指令，应要求承包商记录支出的费用；⑦承包商提出的变更建议书，只是作为工程师决定是否实施变更的参考。

除了工程师作出指示或批准以总价方式支付的情况外，每一项变更应依据计量的工程量进行估价和支付。

(三)工程变更估价

1. 变更估价的原则

(1)变更工作在工程量表中有同种工作内容的单价，应以该单价计算变更工程费用。

实施变更工作未导致工程施工组织和施工方法发生实质性变动，不应调整该项目的单价。

(2)工程量表中虽然列有同类工作的单价和价格，但对具体变更工作而言已不适用，则应在原单价和价格的基础上制定合理的新单价或价格。

(3)变更工作的内容在工程量表中没有同类工作的单价和价格，应按照与合同单价水平相一致的原则，确定新的单价或价格。任何一方不能以工程量表中没有此项价格为借口，将变更工作的单价定得过高或过低。

2. 可以调整合同工作单价的原则

具备以下条件时，允许对某一项工作规定的单价或价格加以调整。

(1)此项工作实际测量的工程量比工程量表或其他报表中规定的工程量的变动大10%。

(2)工程量的变更与对该项工作规定的具体单价的乘积超过了接受的合同款额的0.01%。

(3)由此工程量的变更直接造成的该项工作每单位工程量费用的变动超过1%。

第四节　工程延期与索赔

一、施工索赔与工程延期索赔的概念

施工索赔是指施工合同当事人在合同实施过程中，根据法律、合同规定及惯例，对并非由于自己的过错，而是由于应由合同对方承担责任的情况造成的实际损失向对方提出给予补偿的要求。对施工合同双方来说，施工索赔是维护双方合法利益的权利，承包人可以向发包人提出索赔，发包人也可以向承包人提出索赔。索赔工作是承发包双方之间经常发生的管理业务，是双方合作的方式，而不是对立。

工程延期索赔是指承包商对施工中发生的非承包商直接或间接责任事件造成计划工期延误后，向发包人提出的赔偿要求。

二、工期索赔计算

(一)进行工期索赔的三种情况

工期索赔的目的是取得建设单位对于合理延长工期的合法性的确认。主要有3种情况：

(1)不可抗力、恶性自然灾害导致的工期拖延，虽没有责任方，但承包商可提出工期索赔。

(2)建设单位违约导致的整个工程延期，承包商可提出工期及费用索赔。

(3)承包商违约导致的整个工程延期，承包商承担违约罚款并承担违约后建设单位要求加快施工或终止合同所引起的一切经济损失。

(二)计算工期索赔的方法

在工期索赔中，首先要确定索赔事件发生对施工活动的影响及引起的变化，然后再分析施工活动变化对总工期的影响。

1. 网络分析法

网络分析法是通过分析索赔事件发生前后网络计划工期的差异计算索赔工期的。这是一种科学合理的计算方法，适用于各类工期索赔。

1）对比分析法

对比分析法比较简单，适用于索赔事件仅影响单位工程，或分部分项工程的工期，需由此而计算对总工期的影响。计算公式为

$$总工期索赔 = 原合同总工期 \times \frac{额外或新工程量价格}{原合同总价}$$

2）劳动生产率降低计算法

在索赔事件干扰正常施工导致劳动生产率降低，而使工期拖延时，可按下式计算：

$$索赔工期 = 计划工期 \times \frac{预期劳动生产率 - 实际劳动生产率}{预期劳动生产率}$$

2. 简单累加法

在施工过程中，由于恶劣气候、停电、停水及意外风险造成全面停工而导致工期拖延时，可以一一列举各种原因引起的停工天数，累加结果，即可作为索赔天数。应该注意的是由多项索赔事件引起的总工期索赔，最好用网络分析法计算索赔工期。

第五节　违约、争端与保险的处理

一、违约

（一）违约的概念

违约行为，也称违反合同，简称违约，是指一方当事人不合理拒绝或者不履行合法和强制性的合同义务，即完全不履行根据合同应负有的任何义务，通常表现为拒绝履行、不履行、延迟履行或者不当履行等形式。

（二）违约行为分类

（1）不履行合同义务，简称全部违约。并非是指义务人没有履行合同中规定的任何一项义务，而是未履行的义务是可以使权利方不能实现其目的的，即构成“不履行合同义务”。

（2）履行合同义务不符合约定，简称部分违约。即尚未履行的义务，并非至关紧要的内容，不会导致债权人预期利益和订约目的的丧失。如交付时间、数量、方式不符合约定。

（3）预期违约，又称先期违约。是指合同成立后，在约定的履行期限届满前，合同一方当事人向对方明确表示其将拒绝履行合同的主要义务或以自己的行为表明不履行主要义务的情形。

（三）违约的责任

违约责任是指当事人不履行合同义务或履行合同义务不符合约定，依照合同约定或法律规定而承担的不利后果。《合同法》规定的违约责任方式主要有以下几种。

1. 支付价款

当事人一方未支付价款或者报酬的，对方可以要求其支付价款或者报酬。但《合同

法》对迟延支付的利息未作规定。

2. 继续履行

继续履行指债务人不履行非金钱债务或者履行不符合约定的，债权人有权请求人民法院或者仲裁机构的国家强制力强制债务人按照合同规定的标的履行义务。继续履行旨在保护债权人实现其预期目标，本质上是一种实际履行，他要求违约方按合同标的履行，而不得以违约金、赔偿损失代替履行。

3. 赔偿损失

赔偿损失是指当事人一方不履行合同义务或履行合同义务不符合约定，而给对方当事人带来经济上的损失，依法应承担的一种违约责任。

4. 违约金、定金

违约金是指当事人约定的，违约发生后由违约一方支付给对方一定比例或一定数额的金钱。违约具有预先约定性，并在一方违约的情况下启动。违约具有补偿、惩罚两种性质。当没有损失或者违约赔偿高于损失时，超出损失之外的部分无疑起着一种惩罚的作用；当违约金低于或等于损失时，实际是发挥着与赔偿金等同的功能，起补偿作用。

定金是合同当事人一方为担保合同债权的实现而向另一方支付的金钱。债务人履行债务后，定金应当抵作价款或收回。给付定金的一方不履行约定债务的，无权要求返还定金；收受定金的一方不履行约定债务的，应当双倍返还定金。当事人既约定违约金，又约定定金的，一方违约时，对方可以选择适用违约金或者定金条款。但是，这两种违约责任不能合并使用。

5. 其他救济措施

1）质量瑕疵的救济

质量不符合约定的，应按照当事人的约定承担违约责任。当事人根据自身需要在合同中约定责任方式。对违约责任没有约定或者约定不明确，受损害方根据标的性质以及损失的大小，可以合理选择要求对方承担修理、更换、重作、退货、减少价款或者报酬等违约责任。

2）补救措施

补救措施应是继续履行合同、质量救济、赔偿损失等之外的法定救济措施。补救措施在不同的违约中有不同的表现形式，如出卖人自己生产的产品数量不足，经买受人同意用购买替代品来履行等。

二、合同争端（议）

（一）合同争端（议）概念

合同争端（议）也称合同纠纷，是指合同当事人对合同规定的权利和义务产生不同的理解。

（二）合同争端（议）类型

1. 工程价款支付主体争端

施工企业被拖欠巨额工程款已成为整个建设领域中屡见不鲜的“正常事”。往往出现工程的发包人并非工程真正的建设单位，并非工程的权利人。在该种情况下，发包人通常不具备工程价款的支付能力，施工单位该向谁主张权利以维护其合法权益，会成为争议的焦点。在此情况下，施工企业应理顺关系，寻找突破口，向真正的发包方主张权利，以保证合法权益不受侵害。

2. 工程进度款支付、竣工结算及审价争端

尽管合同中已列出了工程量，约定了合同价款，但实际施工中会有很多变化包括设计变更、现场工程师签发的变更指令、现场条件变化如地质、地形等，以及计量方法等引起的工程数量的增减。这种工程量的变化几乎每月或每天都会发生，而且承包商通常在其每月申请工程进度付款报表中列出，希望得到额外付款，但常因与现场监理工程师有不同意见而遭拒绝或者拖延不决。这些实际已完的工程而未获得付款的金额，由于日积月累，在后期可能增大到一个很大的数字，业主更加不愿支付了，因而造成更大的分歧和争端。

承包商会认为由于未得到足够的应付工程款而不得不将工程进度放慢下来，而业主则会认为在工程进度拖延的情况下更不能多支付给承包商任何款项，这就会形成恶性循环而使争端愈演愈烈。更主要的是，大量的业主在资金尚未落实的情况下就开始工程的建设，致使业主千方百计要求承包商垫资施工、不支付预付款、尽量拖延支付进度款、拖延工程结算及工程审价进程，致使承包商的权益得不到保障，最终引起争端。

3. 工程工期拖延争端

一项工程的工期延误，往往是由于错综复杂的原因造成的。在许多合同条件中都约定了竣工逾期违约金。由于工期延误的原因可能是多方面的，要分清各方的责任往往十分困难。我们经常可以看到，业主要求承包商承担工程竣工逾期的违约责任，而承包商则提出因诸多业主方的原因及不可抗力等工期应相应顺延，有时承包商还就工期的延长要求业主承担停工窝工的费用。

4. 安全损害赔偿争端

安全损害赔偿争议包括相邻关系纠纷引发的损害赔偿、设备安全、施工人员安全、施工导致第三人安全、工程本身发生安全事故等方面的争议。其中，建筑工程相邻关系是十分关心的问题。施工企业应对可能造成损害的毗邻施工现场的建筑物、构筑物和特殊作业环境采取安全防护措施。

5. 合同中止及终止争端

中止合同造成的争端有：承包商因这种中止造成的损失严重而得不到足够的补偿；业主对承包商提出的就终止合同的补偿费用计算持有异议；承包商因设计错误或业主拖欠应支付的工程款而造成困难提出中止合同；业主不承认承包商提出的中止合同的理由，也不同意承包商的责难及其补偿要求等。

除不可抗拒力外，任何终止合同的争端往往是难以调和的矛盾造成的。终止合同一般都会给某一方或者双方造成严重的损害。如何合理处置终止合同后的双方的权利和义务，往往是这类争端的焦点。

6. 工程质量及保修争端

质量方面的争议包括工程中所用材料不符合合同约定的技术标准要求，提供的设备性能和规格不符，或者不能生产出合同规定的合格产品，或者是通过性能试验不能达到规定的质量要求，施工和安全有严重缺陷等。这类质量争议在施工过程中主要表现为，工程

师或业主要求拆除和移走不合格材料，或者返工重做，或者修理后予以降价处置。对于设备质量问题，则常在调试和性能试验后，业主不同意验收移交，要求更换设备或部件，甚至退货并赔偿经济损失。而承包商则认为缺陷是可以改正的，或者已改正；对生产设备质量则认为是性能测试方法错误，或者制造产品初投入的原料不合格或者是操作方面的问题等，质量争议往往变成责任问题争端。

此外，在保修期的缺陷修复问题往往是业主和承包商争议的焦点，特别是业主要求承包商修复工程缺陷而承包商拖延修复，或业主未经通知承包商就自行委托第三方对工程缺陷进行修复。在此情况下，业主要在预留的保修金扣除相应的修复费用，承包商则主张产生缺陷的原因不在承包商或业主未履行通知义务而其修复费用未经其确认而不予同意。

（三）合同争端的解决方式

1. 协商

协商是指合同争议的双方当事人在自愿友好、互谅互让的基础上，经过谈判和磋商，自愿达成协议从而解决纠纷的一种方式。

2. 调解

调解是指合同争议的双方当事人在第三人主持下通过对双方当事人进行说服劝导，促使双方当事人自愿达成协议从而解决纠纷的活动。实践中主要有行政调解、法院调解或仲裁调解、民间调解三种方式。

3. 争端（议）评审

争端评审是指争议双方通过事前的协商，选定独立公正的第三人对其争议作出决定，并约定双方都愿意接受该约定的约束的一种非正式的解决争议的方式。

4. 仲裁

仲裁是指根据有关仲裁法律及争议双方约定的仲裁条款，一方当事人向约定仲裁机构对相对方提出权益主张并要求仲裁机构予以解决和保护的请求。

三、保险

（一）施工合同中的保险种类

1. 工程保险

承包商应以业主和承包商双方的联合名义进行投保，业主有权要求承包商出示已办理过保险的有效证据，如果承包商没有办理合同规定的保险，则业主可以去办理，但保险费用要由承包商承担，因为承包商的报价中含有保险费。

工程保险按工程的全部重置成本进行投保，保险费率可根据项目的不同危险程度、工期长短等因素确定，一般为工程标价的2% ~5%之间。

2. 承包商的设备保险

承包商以自己的名义进行投保就可以了。对于人身保险，按照雇用合同，由业主、总承包商、分包商分别办理自己雇员的人身保险。

承包商设备保险可按施工机械设备的价值进行投保，其保险费率可按机械设备总价值的0.5% ~2%考虑，至于车辆是否保险，取决于工程所在国的规定及运行安全情况。

3. 第三者责任险

第三者责任险是与业主、承包商双方都没有关系的人和物,当受到施工的损害时,由保险公司给予的赔偿。

第三者责任险一般在招标文件中规定了承包商必须投保的最低金额。有的招标文件要求按标价的百分比计算最低金额,有的则给出了具体的保险金额,其费率一般在2.5% ~3.5%之间。

4. 人身保险

在国际工程承包中,人身保险一般为人身意外保险,通常由中国保险公司承保,工人每人每年的保险金额及费率按有关规定执行。关于工程所在国当地工人的人身保险,可以按照当地的保险规定计算。另外人身保险费可以在人工工日单价中计算。

(二)施工合同中双方的保险义务

(1)工程开工前,发包人应当为建设工程和施工场地内发包人人员及第三方人员生命财产办理保险,支付保险费用。发包人可以将上述保险事项委托承包人办理,但费用由发包人承担。

(2)承包人必须为从事危险作业的职工办理意外伤害保险,并为施工场地内自有人员生命财产和施工机械设备办理保险,支付保险费用。

(3)运至施工场地内用于工程的材料和待安装设备,不论由承发包双方任何一方保管,都应由发包人(或委托承包人)办理保险,并支付保险费用。

(4)保险事故发生时,承发包双方有责任尽力采取必要的措施,防止或者减少损失。

第六节　案　例

案例1:某公路项目,分包合同在工程施工的条款方面与总承包合同的条件相同,并在序言部分写明"整个分包合同受总承包合同的制约,总承包合同中对总承包商的约束性条款,同样适用于分包商",但在付款方面又与总承包合同有些差异。

在项目实施过程中,分包商认为应按分包合同进行付款,总承包商则坚持应与总承包合同相同,双方形成争端,并且寻求咨询工程师的准仲裁。

仲裁如下:咨询工程师认为分包商在签约时已经注意到了总承包合同的支付条件,并指出在双方的分包合同中又明确规定分包合同受总承包合同的制约,据此分包合同就变成总承包合同的子合同,分包商要求按与总承包合同不同的方式付款并无充分的合同条款作为支持。

案例2:某桥梁项目,业主直接找到一家油漆制造厂商,询问其油漆是否适于水下使用并向其询价,油漆厂商就此函复业主,确认没有问题。基于这一答复,业主指定总承包商在桥梁施工中使用这种油漆。但是,总承包商对油漆的质量提出疑问,然而业主仍坚持己见。但在工程保修期内油漆质量发生问题,业主扣下总承包商的保留金保函拒绝发放,承包商因此提出异议,并提交国际仲裁。

裁定如下:由于业主一再致函总承包商,要求使用这种油漆,可以认为业主与油漆厂商之间已经另有协议,并以双方相互询价和报价的信函作为佐证,而总承包商所签全部分包合同中都没有写明使用这种油漆。业主应该退发总承包商的保留金保函,并由油漆厂商承担责任,业主可根据过去与油漆厂商的信函及确认另行向其索取补偿。

案例3:某建设工程系外资贷款项目,业主与承包商按照FIDIC《土木工程施工合同条件》签订了施工合同。施工合同《专用条款》规定钢材、木材、水泥由业主供货到现场仓库,其他材料由承包商自行采购。当工程施工至第五层框架柱钢筋绑扎时,因业主提供的钢筋未到,使该项作业从10月3日至10月16日停工(该项作业的总时差为零);10月7日至10月9日因停电、停水使第三层的砌砖停工(该项作业的总时差为4天);10月14日至10月17日因砂浆搅拌机发生故障使第一层抹灰推迟开工(该项作业的总时差为4天)。为此,承包商于10月20日向工程师提交了一份索赔意向书,并于10月25日送交了一份工期、费用索赔计算书和索赔依据的详细资料。

工期索赔计算书如下:

框架柱扎筋　10月3日至10月16日停工,计14天。

砌砖　10月7日至10月9日停工,计3天。

抹灰　10月14日至10月17日迟开工,计4天。

总计请求延长工期:14+3+4=21天

案例4:承包商实施的一项工程中有一项是负责运送和铺盖表土。合同按不变总价计算。施工规范明文规定:如果现场没有足够的表土,工程师可以用书面形式指派承包商去其他地点取土。增加的运费按承包商在报价书中备用参考价栏目中开列的立方米公里单价计算。合同中明文规定承包商必须按图施工;工程师有权根据工程的特殊需要对承包商实施的工程予以部分增加或减少。开工后,承包商发现实现需要的填土远远超出图纸及工程量清单中所标明的数量,遂要求工程师下变更令。工程师经计算后确认原始估算量比实际需要量少3万多立方米,且现场表土缺乏量更大。遂与业主商量拟下达变更令和他处取土的工作指令。业主考虑到这样做势必导致按承包商所报的备用参考价计算追加费,遂不予同意,提出减少承包商的工程量,将超出原始估算的数量及需要去他处取土的部分交由另一家个体承包商实施,价格取用承包商的正式报价中的正常单价。这样业主可以节省一笔相当可观的费用。工程师遂下达指令称:根据合同他有权通知承包商将超出的铺填表土工程和需要去他处取土铺填的部分另作安排,原始合同中规定的工程量减少15 000 m^3。按照承包商投标书中正式报价计算,这笔费用将由工程总价中扣除。承包商当即提出严正交涉,指出这是违约行为,要求业主赔偿损失。工程师在与业主商量后回复,这是工程师关于工程变更的合法权利,承包商无权索赔。承包商遂向法院起诉。法院判决:这是业主的违约行为。虽然合同允许业主取消合同中的部分工程,但并未允许其将取消的工程转让给第三方。

评析:承包商作为成功的中标者应有机会履行合同的全部项目。工程师的确有权变更工程,包括为完成整体工程而在某些局部增加或删除一些内容。本案例的情况却并非如此。这里不是一个简单的增减部分工作量问题,而是涉及承包商是否能按照合同规定实施全部标的工程的权利。如果减少一定的工程量只是删除一些不必要的或多余的工程,在业主给予相应补偿的前提下是可以接受的。工程师采取将承包商应该实施的一部分工程转移给第三者,这就侵犯了承包商的合法权益。这种做法得到业主的授意,即构成了业主违约，自然要承担违约责任。

案例 5：FIDIC 在通用条件中强调，合同内所含任何项目的费率或价格不应考虑变动，但该项目涉及的款额超过合同价格的 2%，以及在该项目下实施的实际工程量与工程量表中规定的数量相比，增减幅度超过 25% 以上，应进行单价调整。

工程量表中 C20 混凝土的工程量为 1 200 m^3，承包商在报价单中对此填报的单价为 600 元/m^3，后来由于工程变更，实际完成的 C20 混凝土数量为 1 800 m^3，经工程师和承包商协商，新的混凝土单价为 500 元/m^3，试结算此项工程的价款。

结算如下：$(1\,200 + 1\,200 \times 25\%) \times 600 = 90$ 万元

$(1\,800 - 1\,200 - 1\,200 \times 25\%) \times 500 = 15$ 万元

混凝土工程的总结算价款为 $90 + 15 = 105$ 万元

由上述案例可知，新单价只适用于超过工程量表中规定工程的 25% 以上的部分，其余部分仍执行原单价，具体可分述如下：

(1) 当承包商依据工程师的指令实际完成的工程量与工程量表中的数量相比，增加的幅度超过 25% 时，工程量表中的数量另加 25% 的部分执行原单价，超过工程量表中数量 25% 以上的部分执行新单价，此时新单价应较原单价的价格低；

(2) 当承包商实际完成的工程量与工程量表中的数量相比，增减的幅度在 25% 时，全部工程量执行原单价；

(3) 当承包商实际完成的工程量与工程量表中的数量相比，减少的幅度超过 25% 时，全部工程量均执行新单价，但此时新单价应较原单价的价格高。

案例 6：某国际工程项目，承包商的推土机一台，价值 90 000 美元，挖掘机一台，价值 70 000 美元，混凝土搅拌机两台，单价为 10 000 美元，塔吊一部，价值 160 000 美元，上述设备按其价值的 2% 进行投保；另有车辆两部，保险费率为 200 美元/(年·辆)，计算承包商的设备保险费用。(工期 10 个月)

计算如下：承包商施工设备保险费 $= (9 + 7 + 2 + 16) \times 2\% = 0.68$ 万美元

承包商车辆保险费 $= 200 \times 2 = 0.04$ 万美元

承包商的设备保险费 $= 0.68 + 0.04 = 0.72$ 万美元

小结

(1) 施工合同是合同的一种类型，所以与合同有一致性，又具有自身特点。施工合同（总承包合同）签订程序：组成招标机构→建设单位准备招标文件→建设单位发布招标公告→建设单位对潜在投标人资格预审→发出招标邀请→发售招标文件→组织现场勘察→召开标前会议→发送会议记录→接受投标书→开标、评表、定标→发中标通知书→签约谈判→签订合同。

施工合同管理包括：工程分包与变更，工程延期与索赔，违约、争端与保险的处理。

(2) 我国施工合同条件有两个选择：《建设工程施工合同文本》和 FIDIC 合同条件。FIDIC 是一种行之有效的标准合同管理方法，被世界各国采用。为进入国际承包工程大市场，我国施工合同普遍采用 FIDIC 合同条件。

总承包合同签订以后，承包人根据合同约定和发包人认可将非主要工程部分或专业性较强的部分，通过签订合同让分包单位负责，即工程分包。工程分包管理程序：分包单位队伍资格评定→建立合格分包方名册→明确分包计划→招标确定分包方→缴纳履约保证金→签订分包合同→履行分包合同→履约评价→退还保证金。

(3)施工过程中出现了与签订合同时的预计条件不一致的情况，而需要改变原定施工承包范围内的某些内容，即工程变更。工程变更程序：业主或工程师作书面变更指令（承包商作变更申请）→业主工程师和承包商进行价格与工期调整谈判→业主批准变更→执行变更。

(4)承包商对施工中发生的非承包商直接或间接责任事件造成计划工期延误后，向发包人提出的赔偿要求，即工期延长索赔。工期延长索赔程序：承包商发出索赔意向通知→监理工程师审阅分析→承包商提出索赔申请书→监理工程师评审→承包商提出索赔报告及有关文件→监理工程师质疑谈判→业主审阅、评审、谈判→监理工程师提出索赔处理意见→协商、谈判、调解、仲裁、诉讼→达成协议。

(5)违约是指一方当事人完全不履行根据合同应负有的任何义务，通常表现为拒绝履行、不履行、延迟履行或者不当履行等形式。违约发生后要明确违约责任，依据合同做出适当的违约处罚或依据法院判决责令其继续履行。

(6)合同争端（议）是指合同当事人对合同规定的权利和义务产生不同的理解。发生合同争端时，要找出争端（议）的焦点，通过协商、调解、争端评审、仲裁的方式达到共识，解决争端（议）。

(7)工程施工过程中会出现很多风险，为了避免或减少由这些可能出现的风险带来的损失，选择出现可能性大的风险要进行投保。主要有：工程保险和承包商的设备保险、第三者保险和人身保险。

复习思考题

8-1　简述施工合同的概念和特点。

8-2　施工合同的作用是什么？

8-3　施工合同文件的构成有哪些？

8-4　发包人和承包人的一般责任是什么？

8-5　FIDIC 条款有何特点？

8-6　施工合同对工程分包有何规定？

8-7　什么是工程变更？工程变更的程序有哪些？

8-8　承包人在何种情况下可以要求延长合同工期？

8-9　什么是施工索赔？工程延期索赔如何计算？

8-10　工程争端有哪几种常见类型？

8-11　施工合同双方在工程保险上有何义务？

第九章　公路工程施工信息管理

本章学习要求

1. 了解信息管理的概念与基本环节、信息的系统及其类型；

2. 熟悉监理信息管理的基本任务、监理信息的构成与分类；

3. 掌握监理工作中的信息流程、监理信息的加工整理和储存、公路工程施工监理信息的收集等内容。

第一节　概　述

一、信息的概念与特征

（一）信息的概念

在公路工程施工监理的过程中，监理工程师应随时向总监理工程师及业主提供消息，而这些消息因经过处理，已不是先前那种简单的消息，可称之为“信息”。一般认为，消息与信息是有区别的。消息只是关于人和事物情况的报道。若将已知的情况提供给被告知者，即为报告消息，但如将消息加以处理，再提供给被告知者，则应视为信息。

所谓信息，是指可以用语言、文字、数据、图表、音像或其他可以让使用者识别的信号来表示的，并可以进行传递、处理与应用的能帮助人们作出正确决策的知识。

一般情况下，收集到的资料、数据等通过某种加工处理并赋予一定意义后，均可变成信息。

（二）信息的特征

信息是帮助人们做出正确决策的知识。因此，了解信息的特征，将有助于充分利用信息资源，更好地为决策服务。信息的特征，概括起来有下列几点：

（1）可扩充性：随着时代的变迁，大部分信息将不断扩充。

（2）可压缩性：人们对信息进行加工、整理、概括、归纳之后，就可使其精炼浓缩。

（3）可替代性：信息是一种资源，当其被利用后，亦可替代资本、劳力和物质资料。

（4）可传输性：可传输性是信息的本质特征。有史以来，人类的信息传输方式经过了口头、书信的低级阶段后，依靠科技的进步，目前已可采用微波、光纤、卫星等现代通信方式，使信息的传送可达地球的任何地方。

（5）可识别性：信息是可以识别的，通过人体感官或通过各种测试手段，人们可直接或间接地对信息加以识别。不同的信息源可采用不同的识别方法加以识别。

（6）可转换性：通过相应的技术手段，信息可以由一种形态转换成另一种形态。如物质信息可转换成语言、文字、图表等信息形式，也可转换成代码和光电讯号等形式。

（7）可存储性：信息是可以通过各种方式进行存储的。如人的大脑、书刊杂志、计算机等。

二、信息管理的概念与基本环节

信息管理就是人们对信息的收集整理、分析、处理、储存、检索、传递与应用等一系列工作的总称。信息管理应达到的目的是通过有组织的信息流通，使决策者能及时、准确地获得相应的信息，从而正确决策以避免失误。为了达到信息管理的目的，工作在第一线的监理人员有必要了解并把握信息管理的各个基本环节。这些环节包括：

(1)了解和掌握信息的来源，并对信息进行分类；

(2)掌握和正确运用信息管理的各种手段；

(3)掌握信息流程中的各个环节，如信息收集、分析、处理、储存、检索、传递和运用等，并建立相应的信息管理系统。

三、信息的系统及其类型

信息系统是指信息的流通，即信息被输入、处理，最后被输送出来的系统。其形式如图 9-1 所示。

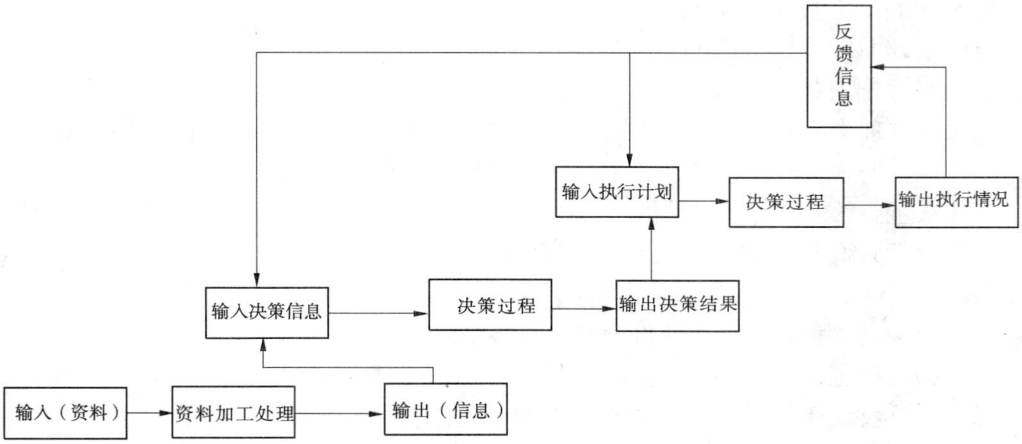

图 9-1　信息系统的形式

一般认为，系统是由若干个具有独立功能的元素所组成的集合，这些元素之间互相支持与互相制约，共同完成系统的总目标。从图 9-1 可以看到，一个系统由输入、处理、输出、控制、反馈五个基本要素组成。

信息系统的种类很多，功能也各不相同。其中，为管理决策者提供所需要的各种信息的系统则称之为管理信息系统（MIS——Management Information System）。MIS 有许多类型，按其面向的管理工作的级别，可分为高层管理、中层管理及操作管理三种；按其数据组织和存储方式，又可分为文件系统和数据库应用系统两种；按其处理作业的方式，还可分批处理及实时处理两种。

第二节　公路工程施工监理信息管理

公路工程施工监理的主要方法是控制,控制是监理工程师在施工阶段实施监理的主要手段。实施控制的基础是信息,能及时、准确、完整地掌握信息,可使监理工程师耳聪目明,卓有成效地完成监理的任务。因此,信息管理工作的好坏,将会直接影响监理工程师工作的成败,重视信息管理工作、掌握信息管理的方法,则是监理工程师在实施监理时的一项重要任务。

一、监理信息管理的基本任务

(一)实施最优控制

如前所述,控制是监理的主要手段和方法。控制的主要任务则是把计划的执行情况与计划的目标进行比较,找出差异及分析差异,以便采取有效措施去排除或预防差异的产生,使总体目标得以顺利实现。

为了能方便地进行比较分析及采取措施去控制项目的进度、质量及费用目标,监理工程师首先应掌握有关项目的三大目标的计划值,掌握承包商编制的实施性施工组织设计,还应及时了解三大目标的执行情况。监理工程师只有在充分掌握、分析处理上述两方面信息的基础上,方能实施最优控制。

(二)作出正确的监理决策

工程监理决策的正确与否,将直接影响公路工程项目建设总目标的实现,以及监理单位(监理公司)和监理工程师个人的信誉。监理决策的正确与否,虽然取决于各种因素,但其中最重要的因素之一就是信息。为此,在工程的设计、施工招标、施工等各个阶段,监理工程师都必须充分地收集、分析、整理各种信息。只有这样,方能作出科学、合理的监理决策。

(三)妥善协调工程项目建设各有关方面之间的关系

公路工程建设项目,尤其是高速公路项目的建设,涉及众多的方面及单位。如地方政府部门,建设、设计、施工单位,材料设备供应单位,资金供应单位,外围工程单位,毗邻单位,运输、保险、税收单位及沿线居民等,上述各方都会对项目目标的实现带来一定的影响,为了与这些方面及单位有机地联系,支持工程顺利进行,就需要加强信息管理,妥善协调好各部门、各单位之间(特别是业主、监理工程师及承包商三方之间)的关系。

(四)向业主和总监理工程师提供信息

根据监理工作进展,监理工程师应随时并及时向业主和总监理工程师提供有参考价值的信息,以便业主和总监理工程师综合考虑,进行正确决策。此项任务亦是监理工程师(驻地高级监理工程师)在监理工作中应重视且应努力完成的任务。

二、监理信息的构成与分类

(一)监理信息的构成

(1)文字信息。包括合同、图纸及说明书、工作条例及规定、实施性施工组织设计、情况报告、原始记录、报表、信件等。

(2)语言信息。包括口头分配任务、作指示、汇报、工作检查、介绍情况、谈判交涉、建议、批评、工作讨论和研究、会议等。

(3)其他信息。包括电报、电话、电传、电视录像、录音、磁盘等。

鉴于监理工作涉及的部门多、环节多、渠道多、形成监理信息量大、信息来源广泛且形式多样的格局,监理工程师除应适应之外,还应能捕捉各种信息并进行加工处理,然后加以运用。

(二)监理信息的分类

在公路工程建设监理的过程中,会涉及大量的信息,这些信息可根据不同的标准进行分类,现分述如下。

1.按照工程监理的目标划分

(1)投资控制方面的信息。是指与投资控制直接有关的信息。如各种估算指标,类似工程造价、物价指数、概(预)算定额、设计概(预)算、工程项目投资估算、合同价、施工阶段的支付凭证、原材料价格、机械设备台班费、人工费、运杂费、外汇汇率、保险费及保险率、离岸价格、到岸价格、成本加运费价、汽车上交货价等。

(2)质量控制方面的信息。如国家、部、省(市)有关的质量政策及质量标准、项目建设标准(项目技术标准)、质量目标的分解结果、质量控制工作流程、质量控制的工作制度、质量控制的风险分析、质量自检及抽样检查的数据资料等。

2.按照工程监理信息的来源划分

(1)项目内部信息。项目内部信息来自工程建设项目本身,如工程概况、设计文件、合同、合同管理制度、会议制度、监理机构及监理人员的构成、项目的投资控制目标、项目的质量目标、项目的进度目标等。

(2)项目外部信息。从项目外部环境中所获取的信息称为外部信息。如国家、部、省(市)有关的政策及法规、国内及国外市场上原材料及机构设备的价格、外汇汇率、物价指数、类似工程造价、类似工程进度、投标单位的实力、投标单位的信誉、工程沿线各单位情况、工程沿线的民风民俗等。

3.按照工程监理信息的稳定程度划分

(1)固定信息。是指在一定时间范围内稳定不变的信息,包括标准信息、计划信息和查询信息。其中,标准信息主要是指施工定额、原材料消耗定额等定额和标准,以及生产作业计划标准、设备和工具的耗损程度等;计划信息则是指工程建设计划期内已规定各项任务和指标的情况;查询信息是指国家及部颁的技术标准、建筑原材料及机电设备的市场价格、监理工作进度、监理机构情况、监理工程师的人事卡片资料等。

(2)流动信息。是指随时间和地点不断变化着的信息。如项目实施阶段的施工进度、施工质量控制、费用支付情况的统计资料信息,以及项目施工阶段中原材料消耗数量、机械台班数量、施工作业人员人工工日数量等。

4.按照工程监理信息的层次划分

(1)战略性信息。指在工程项目建设过程中,提供给高层领导及单位负责人的具有战略决策作用的信息。如工程规模、资金来源渠道、投资总额、建设总工期、承包商的合格条件、合同授予的条件、合同价的确定等信息。

(2)策略性信息。如项目年度计划、财务计划、现金流动计划等提供给业主、承包商单位中层领导及部门负责人的作中短期决策用的信息。

(3)业务性信息。指供各基层业务部门日常工作安排所需的信息,如承包商每周工作计划、日进度、月支付额等。这类信息甚为具体,且精度较高。

5. 按照工程监理信息量性质划分

(1)生产信息。指的是施工生产计划、过程中产生的信息,如施工进度、材料耗费、库存储备情况等。

(2)技术信息。指由技术部门提供的信息,如技术规范、工程变更、设计变更、施工方案等。

(3)经济信息。指项目投资、融资、资金耗用等信息。

(4)资源信息。如资源来源、原材料及半成品、机电设备供货等信息。

6. 按其他标准划分

(1)按照信息提供的范围的不同,可以把工程监理信息划分为精细的信息和摘要的信息两大类。

(2)按照信息产生的时间的不同,可以把工程监理信息划分为历史性的信息和预测性的信息两大类。

(3)按照监理阶段的不同,可以把工程监理信息划分为计划的、作业的、核算的及报告的信息。在监理开始阶段,需要有计划的信息;在监理的实施过程中,需要有作业的和核算的信息;在某一项目的监理工作结束时,需要有报告的信息。

(4)按照信息发生性质的不同,可以把工程监理信息划分为预知的和突发的两类信息。其中,预知的信息产生在正常情况下,且是监理工程师能够估计得到的;突发的信息则是在特殊情况下发生,且是监理工程师难以预计的。

综上所述,我们不难看到,不同的监理范畴需要不同的监理信息。按照一定的标准将工程监理信息予以分类,并根据监理工作的不同要求,提供出合适的信息,对完成工程监理信息管理的基本任务,具有举足轻重的作用。

如日常的监理业务,虽属于高效率执行特定业务的范畴,但因其业务内容、目标、资源、环境等都是明确规定好了的,执行中需要预测的,且绝大多数是项目内部的信息。

三、监理工作中的信息流的类型

信息在上下级之间、内部组织与外部环境之间的流动,称为信息流。监理工作中的信息流程则反映了监理工作中各参加部门、单位之间的关系。

监理工作中常用的信息流有如下几种。

(一)自上而下的信息流

自上而下的信息流,其信息源在上,接受信息者是其下属。该信息流是指自主管单位、主管部门、业主、总监理工程师开始,流向驻地高级监理工程师、专业监理工程师、现场监理工程师,乃至各班组的信息;或在分级管理中,每一个中间层次的机构向其下级逐级流动的信息。这些信息主要是指监理目标、工作制度、工作条例、命令、办法及规定、业务指导意见等。

(二)自下而上的信息流

自下而上的信息流,其信息源在下,接受信息者在上。信息的流动主向由下级向上级(一般是逐级向上)流动。主要内容是指在项目实施和监理工作中有关目标的完成量、时间、质量、成本费用、工作效率、监理人员的工作情况等。此外,还包括上级主管部门所关注的意见和建议等。

(三)横向间的信息流

横向间的信息流是在项目监理工作中,同一层次的工作部门或工作人员之间互相提供和接受的信息。此种信息虽是由于分工不同而各自产生的,但为了共同的目标又需要互相协作、互通有无或相互补充,以及在特殊、紧急情况下,为了节省信息流动时间而需要横向提供的信息。

(四)以咨询机构为集散中心的信息流

咨询机构(如顾问室)是汇总信息、分析信息、分散信息的部门。其主要业务是为领导决策做参谋顾问;帮助具体工作部门进行规划、任务检查;对有关的专业、技术问题进行咨询。作为信息集散中心,因为工作需要,咨询机构本身既需要大量信息,且又以信息提供者的身份向有关部门提供信息。所以,咨询机构除本部门注意收集各种信息外,还应要求各工作部门在向有关上级汇报时,应当将相关信息传送给咨询机构,以利于咨询机构为决策做好充分准备及向各具体工作部门提供准确的有价值的信息。

(五)工程项目内部与外部环境之间的信息流

公路工程项目监理机构(监理事务所或监理咨询公司)与业主、承包商、设计单位、建设银行、质量监督主管部门、地方政府、沿线各单位、沿线居民、国家的有关管理部门和业务部门等,不同程度地都需要交流信息。这种交流,既要满足监理机构自身的需要,又要满足与外部环境的协调要求。必要时,还应按国家规定的要求相互提供信息。

上述几种信息流,其流程都应有明确的流线,并都要求畅通。实际工作中,自下而上的信息都比较畅通,而自上而下的信息在一般情况下不是流通渠道不通畅,就是流量不够。因此,工程项目主管部门应当采取某些措施以解决信息流通中的障碍,充分发挥信息流应具有的作用,尤其是横向间的信息流动和自上而下的信息流动。只有对这个问题给予了足够的重视,并采取了强有力的措施,确实使信息传送渠道畅通并增加了流量,那么,根据充足而准确的信息作出科学的、合理的监理决策,提高工作效率和经济效益,常可获得事半功倍的结果。

四、公路工程施工监理信息的收集

在公路工程施工监理过程中,信息管理工作质量的好坏,很大程度上取决于收集到的原始资料的全面性、可靠性。因此,建立一套完善的信息收集制度是非常必要的。

(一)工程项目建设前期的信息的收集内容

公路工程建设项目,尤其是高速公路建设项目,大多是些工程规模宏大、投资巨大、技术复杂的工程项目,在其正式开工前,需进行大量的准备工作,而在工程进程中将产生大量的包含着丰富内容的文件。承担该工程项目的监理单位及监理工程师应当了解和掌握这些内容,即需要先收集到这些文件。

1. 设计任务书及其有关资料的收集

在我国,所有新建或改(扩)建的公路工程项目,都需要根据资源条件和国民经济发展规划,按照该项目的隶属关系,由主管部门牵头组织有关单位提前编制设计任务书,设计任务书是确定拟建工程项目建设方案(包括建设规模、建设布局、建设周期等原则问题)的重要文件,也是编制工程设计文件的重要依据。设计任务书一般应包括下列内容:

(1)该公路工程建设的目的和依据;

(2)工程的建设规模和技术标准;

(3)工程沿线的工程地质条件、建筑材料供应情况、交通运输条件等;

(4)工程建设总工期;

(5)投资(融资)渠道和控制造价;

(6)工程建设地点和占地估算;

(7)工程的经济效益分析;

(8)生态、环境保护方面的要求;

(9)存在的问题和对策。

2. 设计文件及有关资料的收集

拟建的公路工程项目的设计任务书经主管部门审批后,即委托设计单位编制设计文件。依照项目规模大小,虽有一阶段、二阶段、三阶段设计之分(详见《公路勘测设计》),即设计深度和广度不一,但其包括内容大致如下:

(1)社会情况调查。包括工程沿线地区的工农业生产、社会经济、文化历史沿革、人民生活水准、风俗习惯、自然灾害等情况的调查。

(2)工程技术勘测情况的调查。应注意收集公路沿线地区的自然与资源条件资料,如河流、水文、地质、地形、地貌、气象、不良工程地质等。

(3)技术经济勘察情况调查。主要收集公路工程沿线地区的建筑材料、水电供应、交通运输条件、劳力资源(数量、工资标准)、机械设备租赁等资料。

(4)生态环境情况调查。主要收集动植物生态情况、环境保护情况等。

3. 招投标合同文件及有关资料的收集

公路工程建设项目在招投标过程中形成的合同文件,是该工程项目在建设中进行管理的依据和法规,其主要内容包括:投标邀请书、投标须知、合同双方签署的合同协议书、履约保函、合同条件(合同通用条件及合同专用条件)、投标书及其附件、工程量清单及附件、技术规范、招标图纸、发包单位在招标期间发生的所有补充通知,承包商在投标期内所补充的所有书面文件及随投标书一起报送的资料与附图,发包单位发布的中标通知书,承发包双方在商议合同时双方共同签署的补充文件等。也就是说,在招投标文件中包含了大量的信息,包括甲方的全部"要约"条件及乙方的全部"承诺"条件。例如:甲方(业主)所提供的三通一平、征地拆迁、通信条件等;乙方(承包商)所提供的原材料、人力、机械设备、施工图纸与方案、投资保证、工期保证、质量保证、安全保证、环境保护措施等。

(二)公路工程施工过程中的信息收集

在公路工程施工阶段中,每天都会发生各种各样的情况,其中必然包含着各种信息,这些信息需要监理工程师及时收集和处理。

1. 收集业主提供的信息

业主作为工程建设项目的组织者，在我国往往以工程建设指挥部的形式出现。业主在施工中间须按照合同文件的规定向承包商提供相应的施工条件，并要随时表达对工程实施中各方面的意见和看法，下达某些指令，尤其是业主在施工过程中对施工进度、质量、费用支付、合同管理等方面的意见和看法，以及业主上级单位对工程建设实施中的各种意见和看法及指令，业主定期提供的气象预报、洪水汛情预报，由业主提供的某些建材的品种、数量、质量、价格、提货地点、提货方式、材质证明、试验检测资料、运距等信息。

2. 收集承包商提供的信息

承包商在施工过程中所提供的信息包括两个方面：其一是施工现场所发生的各种情况，如形象进度、施工质量缺陷、隐蔽工程状况、质量事故、施工现场管理状况等有形的信息；其二是施工中承包商经常向其上级主管部门、业主、设计代表、监理工程师（驻地监理组）及其他方面报送的各种文件。如向监理组报送的实施性施工组织设计、每周工作设计、每月工作设计、开工申请报告、分项工程施工方案及措施、各种工程项目自检报告、质量事故报告、有关问题的处理意见、月支付申请表、工程变更申请及工程变更令、清量变更表等。

以上两方面的信息，承包商自身必须收集和掌握；监理工程师在现场管理中也必须收集和掌握，并将收集到的信息加以整理，汇集成丰富的信息资料。

3. 驻地监理工程师的记录

驻地监理工程师的记录，包括工程施工历史记录、工程质量抽查记录、工程量计量记录、工程款支付记录、开工记录、隐蔽工程检测记录、竣工验收记录等内容。

（1）现场监理人员的日报表。主要内容包括：当天承包商的施工记录；承包商当天参加施工的人员（工种、数量等）；承包商当天施工用的机械、设备（名称、数量、工作时间等）；当天发现的施工质量问题；当天的施工进度及其与计划的施工进度的比较（若发生施工进度拖延，应记录其原因及影响的范围和程度，承包商是否会提出延期或索赔等）；当天的综合评语；其他说明（应注意的事项等）。

现场监理的日报表，即监理日志可采用表格式，应简明扼要并要求每日填写。

（2）工地日记。主要内容包括：现场每日的天气情况记录（当天是晴、阴或雨雪，当天的最高、最低气温，当天的降雨（雪）量，当天的风力，当天因气候原因而损失的工作时间等）；现场监理人员日报表；监理工作纪要；其他有关情况与应说明的问题等。

（3）驻地高级监理工程师的日记。主要包括以下内容：当天所作的重要决定，当天对承包商所作的主要指示；当天发生的纠纷及协调解决方法；当天对驻合同段现场的监理工程师（监理人员）的指示；当天与其他人达成的任何主要协议，或对其他人的主要指示等。

驻地高级监理工程师日记应每日记录，但该日记仅为驻地高级监理工程师的个人记录。

（4）驻地高级监理工程师月报。驻地高级监理工程师每月应以月报形式向总监理工程师及业主书面汇报下列情况：所管辖合同段（承包商）的简介；各合同段的施工进度状况（按指挥部生产调度会议要求及施工组织设计中的进度计划进行比较）；工程进度拖延的原因及其分析；工程质量情况与问题；工程进度中的主要困难与问题，如施工中的重大质量事故、重大索赔事件、材料及设备供货困难、组织与协调方面的困难、异常恶劣的天气情况；工程变更、设计变更；工程款支付情况等。

(5)驻地高级监理工程师对承包商的指示。主要内容为：监理通知单，工地会议纪要，日常指示（工地协调会中发出的指示），在施工现场发出的指示等。

(6)驻地高级监理工程师发给承包商的补充图纸。

(7)工程施工质量记录。主要包括：工程材料试验、土工试验、混凝土配合比试验等试验样本送检及试验结果记录；隐蔽工程检查、结构构件检测、几何尺寸检查、外观质量检查等检测记录；构件、结构破坏试验，结构静载试验等试验检测记录等。

4.收集工地会议信息

工地会议是监理工程师进行监理工作的重要方法，且是监理工程师行政管理的一部分。工地会议中包含着大量的监理信息，监理工程师须重视之，并应建立一套完善的会议制度，以便于会议信息的收集。至于工地会议的种类及召开的方式方法，请读者参阅本书第二章第三节“监理工程师常用的监理手段”中的有关叙述，本处略。

(三)公路工程竣工阶段的信息收集

公路工程竣工并按合同技术规范要求进行竣工验收时，需要大量的与竣工验收有关的各种信息资料。这些信息资料由两部分组成：一部分是在整个施工过程中长期积累形成的，另一部分则是在竣工验收期间根据施工期间积累的资料整理分析而形成的。完整的竣工资料由承包商在监理工程师的监督指导下，以及工程项目建设指挥部（业主代表）和中心试验室积极配合下编制完成并归档。

各省市均根据交通部交公路发[2004]第3号文《公路工程（交）竣工验收办法》的通知精神，结合国家《基本建设项目档案管理暂行规定》和各省重点公路建设项目的实际情况，制定了相应的公路工程建设项目竣工技术文件编制办法。下面以四川省重点公路工程建设项目竣工技术文件编制办法为例，对具体编制办法加以说明。

1.竣工技术文件的分类组成和归档原则

1)竣工技术文件的组成和分类

竣工技术文件由竣工图及竣工表、固定资产及成本核算、试验资料与检测资料及施工原始记录、文件资料等五部分组成。

2)竣工技术文件的归档原则

(1)竣工图。竣工图成册顺序如下：

第一册　路线平面竣工图

第二册　路线纵断面竣工图

第三册　路基横断面竣工图（含边沟）

第四册　路基路面排水防护工程竣工图

第五册　桥梁工程竣工图

第六册　互通式立交竣工图

第七册　涵洞竣工图

第八册　隧道工程竣工图

第九册　交通工程竣工图

具体编制时应注意以下方面：

①竣工图成册序号按上述所列序号进行编制，不补空缺。每册后面可设若干分册。

②竣工图采用复印图。图幅尺寸为 297 × 420（mm × mm），图框、图标尺寸及标注内容按图 9-3 样图绘制。个别构造物图、剖面图等可适当延长，但装订成册时一律按 297 × 420（mm × mm）手风琴式折叠。

③当以施工图代竣工图时，需换成竣工图标，其图号应按竣工图号编写。图 9-3 为竣工图框、图标尺寸及标注内容（示意）。

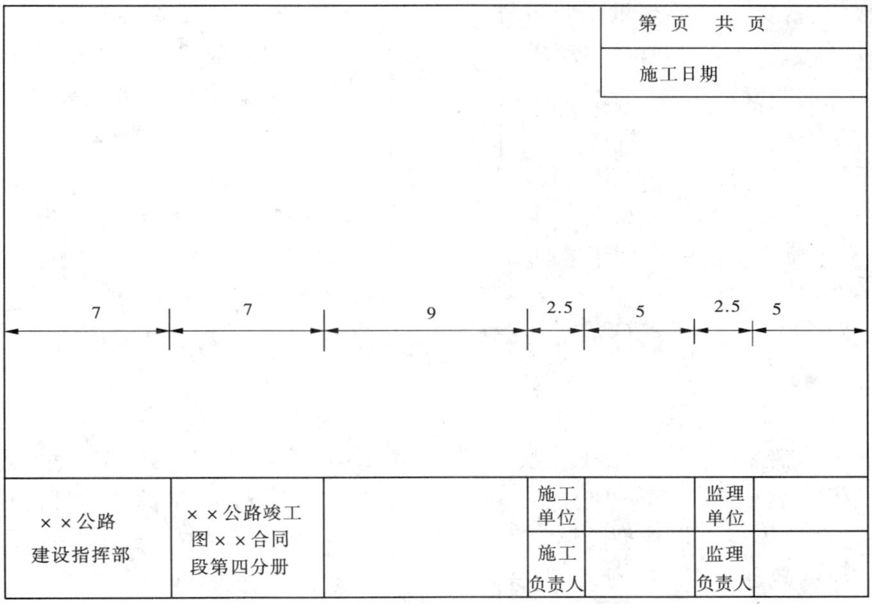

图 9-3　竣工图框、图标尺寸及标注内容

（2）竣工表。竣工表按附录（三）竣工表式样填写（样表因篇幅有限，略，读者可参阅有关资料），表中项目应与竣工图相对应。当无内容填写时应将空白表装入。具体工程项目应结合该项目施工特点，补充必要的不同内容的竣工表格，但增补的表格应列在交通工程一览表之后。交通工程一览表见表 9-1。

表 9-1　交通工程一览表

序号	统一里程		施工桩号		位置	标志（块）	防眩板（m）	标线			视线诱导		防护栏（m）			隔离栅（m）		备注
	起	讫	起	讫				热塑（m^2）	大理石（m^2）	道钉（个）	立面标线（m^2）	轮廓标（个）	波形栏	新泽西形	铪护柱	钢板网	刺铁丝	

(3)固定资产由建筑安装工程成本表,公路工程、桥梁工程竣工概况表,公路、桥梁竣工财务决算表,公路桥梁交付使用财产表(移交其他单位的设备、车辆、家具、用具、卧具),剩余物资清单等6种表格填写的内容构成。

成本核算包括中期交付证书和终期支付证书和终期支付证书所付工程款项。其中包括2.5%的保留金须待交工证书签发之后支付承包商,并可于终期支付时一并付给。

(4)试验、检测资料及原始记录。

①项目中心试验室应参照交通部交公路发[2004]第3号文件附录A第四部分有关试验内容,对如各种原材料试验报告、混凝土及砂浆配合比试验报告、击实试验报告、稳定土试验报告、石灰(水泥)剂量试验报告、油石比试验报告、筛分试验报告、其他各种试验报告、外购材料(产品)合格证书等内容进行收集整理,并单独成册归档。

②承包商按交通部交公路发[2004]第3号文件附录A附表(六)的样表,在各分项工程完工后进行自检,然后将自检结果如实填写入分项工程质量检验评定表。

③各种汇总表按交通部交公路发[2004]第3号文件附录A第四部分(二)3、4和(五)中的目录,如混凝土及砂浆抗压强度试验汇总表、压实度检验汇总表、弯沉检验汇总表、预应力张拉记录报告汇总表等收集成册。

④施工照片单独成册,封面仍用科学技术档案案卷装订。

(5)文件资料。竣工文件资料按交通部交公路发[2004]第3号文件附录A规定收集,具体内容如下:

第一部分:综合文件。

①竣工验收文件。包括竣工验收鉴定书、交工验收报告、竣工验收申请、批准文件。

②工程总结。包括施工总结(指挥部工程处作)、监理总结(指挥部监理部作)、设计总结(设计单位作)、建设管理总结(指挥部作)、质量监督工作总结(质监站作)。

③征地拆迁资料:包括征地拆迁合同及协议、征地批文、征地数量一览表、占地图及土地证。

④上级批准文件及有关指示。

⑤工程建设项目承包合同、协议文件。

⑥工程交接表(指挥名称、主要工程数量、固定资产价值)。

⑦竣工平面图(1:2 000)。

第二部分:按交通部及国家有关规定编制的竣工决算。

第三部分:竣工图表。竣工图表应在施工图设计文件的基础上进行编制,当施工中无变更时可直接采用施工图设计文件中的图表。

第四部分:设计施工文件。

①技术、设计文件。包括:审批的设计及有关文件,审批的设计变更及有关文件,涉及设计、施工中的重大技术问题的往来文件、会议纪要等。

②施工文件。包括:工程质量文件(工程质量自检报告、重大安全质量事故及处理情况报告、路面弯沉检验汇总表等),试验、检测报告(各种原材料试验报告、混凝土及砂浆强度试验报告、路面检查记录、其他各种中间检查记录等),成品与半成品检查记录(预制件成品检查记录、各种分项工程完工后检查记录等)。

③进度控制文件。包括:总进度图(表)、计划、批准文件,分期进度图(表),(月、季、半年、一年)计划、批准文件,开工申请报告和批复文件,有关进度的往来文件,总监理工程师签发的开工令。

④投资控制文件。包括概算预算审批文件及投资增减、变化的文件,即工程量清单、工程变更令等。

⑤施工原始记录。包括:施工日志,监理日志,开工与完工记录,天气与温、湿度及自然灾害等记录,各工点、各工序测量原始记录,施工照片集,其他原始记录(含音像资料等)。

2. 竣工文件案卷的规范与统一化

重点公路的竣工文件是科学技术档案,其案卷的组卷格式要规范统一,方便利用和保管。具体要求如下(国家标准):

1)组卷要求

(1)要遵循科技文件材料的形成规律,保持案卷内科技文件材料系统的联系。

(2)组卷要便于利用和保管。卷内文件材料,如案卷封面、卷内目录、备考表应按国家标准统一制作,其纸张应满足防潮、防蛀、绝缘等质量要求;竣工表、检评表、汇总表等可按项目建设指挥部的要求复制。上述二者均须益于长期保存。

(3)案卷内要遵循材料在前、图样在后的顺序。其内容可按照文字材料、工程设计、工程施工、工程竣工验收等顺序排列。

2)案卷编目

(1)编写案卷页号。案卷内文字材料和图样都应用打号机编写页号。单面书写的文字材料,其页号编写在右上角;双面书写的文字材料,正面在右上角、背面在左上角。

(2)案卷、卷内目录、备考表不编写页号。

(3)每卷内的文件页数宜控制在150页内。

3)案卷封面编制

案卷封面采用四川省交通厅档案室统一制作的外封面,封面标题应简明而准确地提示卷内文件材料的内容。包括项目名称、代字、代号以及项目阶段的代号与名称等,且一个项目中所有合同段的项目名称应一致。案卷封面应按下列格式要求,并采用黑色水笔填写。

项目:××—××高速公路

阶段:竣工

案卷标题:(里程桩号)第××册第××分册及本分册的题目。

归档单位:主包单位填写在上方,分包单位填写在下方。(不盖公章)

归档时间:各合同段合同工程的完工日期。

归档号:先图后文,按竣工图、竣工表、固定资产及成本核算表、竣工文件、原始记录、试验和检测资料等顺序且采用铅笔编号。

注意:保管期限、卷宗号、目录号、案卷号不必填写。

4)扉页

(1)扉页排列在封面和卷内目录之间。

(2)扉页编写格式如下：

起讫桩号：
建设单位：××公路建设指挥部
承建单位：(主包及分包单位)
监理单位：××监理公司
竣工日期：　　　年　月　日

5)卷内目录的编制

(1)卷内目录按一式两份填写，其中一份排列在案卷内文件材料首页之前，另一份随竣工档案移交省指挥部(省重点工程建设指挥部)档案室存档。

(2)顺序号用阿拉伯数字以"1"起依次标注。文件编号填写文件文号或图样文号；页号填写每份材料首页上标注的页号；日期填写该科学技术档案编制的年、月、日。

(3)技术文件的名称填写科技文件材料之标题的全称，资料则应填写资源单位和产生日期。

6)卷内备考表的编制

卷内备考表应排列在案卷内科技文件材料的尾页之后，其上须标明案卷内科技文件材料的件数、页数以及在组卷和案卷使用过程中需要说明的问题。

7)案卷目录编制

案卷目录(一式两份)是用于归档时移交档案的案卷目录，由归档部门(或管理人员)按每卷案卷标题一一对应填写后，随归档案一起移交或保管。移交时还应填写科技档案归档签证单。

8)案卷装订要求

(1)案卷内竣工图应按 297×210(mm×mm)规格折成手风琴式装订成册，不同尺寸的科技文件材料也应折叠成 297×210(mm×mm)的统一幅面装订成册。

(2)案卷装订采用三孔一线装订在文件左侧中部，装订长度 120 mm，且距订口边 10 mm。装订线结头应为活结，其结头位于文件背后中孔。应注意的是案卷底边和装订边要齐整，以免文件散失。

9)科技档案归档范围

包括工程前期文件、工程施工文件、竣工文件、竣工图、竣工表。

五、监理信息的加工整理和储存

在公路工程建设过程中，监理工程师除注意对各种原始资料加以收集外，还须将收集到的各种资料进行加工整理，并同时对施工过程中出现的各种问题进行妥善处理。当对收集的原始资料进行加工处理时，按其加工整理的深浅程度可将信息分为以下几个类别：第一类为对资料和数据进行简单的整理和过滤，加工整理出的信息叫二次信息；第二类是对信息进行分析，概括综合成能产生辅助决策的信息；第三类是采用数学模型，通过统计推断获得可产生决策的信息。

(一)监理信息的加工整理

监理工程师在具体的施工过程中，根据当时收集的信息而作出的决策(或决定)大致有以下几方面。

1. 对工程施工进度状况的意见和批示

每个月(或每季度)监理工程师都要对工程进度进行对比分析并作出综合评价,其中包括整个工程当月在各方面所完成的实际工程量,以及实际工程量与合同规定的计划数量之间的比较。若某一部分拖后,若为关键路线时,则应分析其原因、存在问题和困难,并提出解决意见和批示。

2. 对工程质量情况的意见和指示

监理工程师应将月施工中发生的各种质量问题,包括现场巡视和抽检发现的各种问题,以及施工中出现的质量事故加以系统的归纳和分析。对各种质量缺陷、问题、事故(含重大事故)的处理情况,除在月报中进行阶段性的归纳和评价外,当有必要时还可向业主进行专门的质量情况报告,而对承包商,则应以"监理通知单"的形式,发出书面指示。

3. 对工程计量与支付情况的意见和指示

工程计量支付,尤其是中期支付,包括工程款、材料设备预付款、工程变更、保留金、索赔、价格调整、工程交工支付等,支付内容繁多且程序复杂。在按月进行的工程计量与支付过程中,监理工程师除对工程量的实际完成情况和投资完成情况进行统计与分析外,还应在统计与分析的基础上作一些短期预测,从而为业主在资金组织和使用上提出咨询意见。

4. 对工程索赔的处理意见

公路工程合同在实施过程中,由于业主或监理工程师职责范围的延误;业主或承包商均无法控制的因素(特殊风险);变更、检验及缺陷责任期内经调查确认为不属于合同项内承包商的责任的调查费用;承包商遇到的不属于现场气候条件的,凭以往经验无法预见的外界障碍或条件,并已实际造成影响工期和费用增加等。上述情况,直接导致承包商受到额外的时间损失和费用增加。承包商将通过合法程序向业主提出正当赔偿,即索赔。一般情况下,监理工程师对此应积极调查取证,并想方设法防止承包商提出不必要的索赔。当出现索赔事件时,监理工程师则应积极调查取证,实事求是,秉公处理。因此,监理工程师必须充分熟悉合同,掌握合同的有关条款,明了什么是引起索赔的主要原因,并采取相应措施。对不成立的索赔事件,则应尽快答复。总之,对工程索赔的处理要及时稳妥。

(二)监理信息和编码

代码是指代表事物的名称、属性和状态的符号数字。代码有两个作用:一是为所记的事物提供一个精确、简练而不含混的记号,二是可提高数据处理的效率。由于代码比数据全称要短得多,能大大节省存储空间和处理时间,同时查询、运算、排序等也十分方便。对监理信息实施编码,就是为其设计代码。现将其设计原则及设计方法介绍如下。

1. 编码的原则

(1)每一代码均必须保证其所代表的实体(或属性)是唯一的,换言之,每一个所描述的实体都必须有一个确定的代码。

(2)代码设计应尽量标准化,以便与全国的编码保持一致,便于系统的衔接开拓。

(3)代码设计应等长，以利于计算机处理；代码设计应留出足够的可供扩充的位置，以适应新情况的变化。

(4)代码应在逻辑上适合应用的需要。

(5)代码要便于记忆，当代码长于5个字符时，最好分成几个小段，如将A124856分成A12－4856二段，就比原先易于记忆，且大大减少了出错的机会。

(6)编码要有系统的观点，且应照顾到各部门的需要。例如，工程投资控制会涉及规划、设计、施工、采购、材料、库存、财务、银行等众多部门的工作，我们在进行编码时一定要为这些部门考虑周到，以免给他们带来不便。

(7)代码系统要有一定的稳定性，并能适应环境的变化，其目的是让代码能使用一段较长的时间，不至于要经常修改代码系统。

2. *编码的方法*

编码的方法有：顺序编码、成批编码、多面码、十进制码、文字数字码5种。以上5种编码方法各有优劣，应根据实际工作情况的具体需要而加以选用，现分述如下：

(1)顺序编码。即从001(或0001、00001等)开始依次编下去，直至最后。此种编码，方法简单且代码较短，是一种常用的编码方法。但这种编码缺乏逻辑基础，本身并不说明任何特征。在编码序列中，新数据只能追加到最后面，倘若删除数据，又易形成空码。以上不足，使顺序编码一般用作其他分类编码后进行细分类的一种手段。

(2)成批编码。本法也是从001开始，依次编号。但在每批同类型数据之后留有一定余量，用以添加新的数据。成批编码实际上是顺序编码略作改动则已，根本上未解决顺序编码缺乏逻辑基础的问题。

(3)多面码。每一个事物都可能具有多个属性，若在编码结构中能为这些属性相应规定一个位置而形成的编码，我们称之为多面码。现以金属材料的某些属性的规定而进行编码的表9-2为例，来说明多面码的具体编制。

表9-2　金属材料编码举例

来源	生产方法	种类	规格
国产	1—热扎	1—角铁	001－1/16″×20′
进口	2—冷拉	2—平板	01－1/18″×20′
		3—铁丝	02－1/4″×20′
		4—管子	

从表9-2中可知，“11202”这个代码就代表了“国产热轧平板，规格为1/4″×20′的钢板。多面码的优点是逻辑性能好，便于扩充。但此种代码位数较长，会出现较多的空码。

(4)十进制码。十进制码的编码方法是先把被编对象分成十大类，以0～9为序进行编码，即先编成十大类；然后，再将每一大类又分成十小类，以第二个0～9的号码进行编码；还可依次再编下去。按十进制码编码，可以无限扩充下去，直观性也很好。国家目前要求执行的设备材料编码基本上采用的就是这种方法，但其采用的不是十进制的编码，而是百进制编码。该标准编码为8位，每2位为一段共分成4段。其中，前两位代表大类，次两位代表中类，再次的两位代表小类，最后的两位代表品种。很自然，在每一品种之中还有不同的规格，对此，可以通过附加顺序码的办法来加以区别。

(5)文字数字码。这种编码方法是用文字来表明对象的属性。其中文字一般采用英文编写或采用汉语拼音的开头。采用文字数字码，其优点是直观性好，记忆及使用均很方便。其缺点是当数据过多时，单靠字头来加以区别很容易使含义模糊而造成误解。

(三)监理信息的储存

将监理信息加以储存，其目的是以备将来加以应用。对有价值的原始数据与资料及经过加工处理的信息须长期积累、储存，以备查阅和使用。20 世纪 50 年代以后，人类的信息数量大增，其储存方式也由传统的纸张变革为纸、音像和计算机储存器等多种形式。目前，用纸张储存信息的主要优点是永久，保存性好，不易涂改，存储数据、文字和图像均相当容易，但其弱点是传送信息慢，检索起来不方便。采用音像存储信息资料虽有直观亲临现场的感觉，记录的信息也全面而完整，但其母材随时间的推移会使记录的信息失真。使用计算机存储信息资料，可存储的信息量大，检索很方便，通过计算机网络传递信息，传输也方便快捷。

六、工程监理的文档管理

一个大型的公路工程建设项目，在其实施过程中会产生各种各样的文件，如上级部门的审批文件、设计文件、合同文件等，各个部门，如业主、承包商、监理机构之间相互交递的信件、函件等。这些信件、函件是工程的历史性文件，必须妥善保管。严格的文件管理可避免工程失误及施工错误，可以正确处理工程延期及工程索赔等。在监理工作中，报表文件的体系化、规格化、标准化是监理工作有序进行的基础工作，亦是监理信息科学化的重要内容。实际工作中，不同类型的工程项目所产生的文件及所需的监理报表并非完全一致。监理工程师应根据所监理项目的具体情况来设计适合于该项目监理工作需要的各种文件及报表。如京津塘高速公路，在监理工作中有关设计变更、工程变更、延期、索赔、计量与支付等的表格达 50 余种；南昌大桥工程项目的监理表格有 130 多种……对于世界银行贷款项目，根据世界银行规定：借款单位在工程执行阶段，必须按期向世界银行提交有关借贷项目的各种报告。如鲁布革水电站工程，中方就按期向世界银行提交了季度工程进度报表、承包商的统计报表、支付申请、人员报表、水文气象报表、贷款的用款计划、申请提款汇总表等。上述报表(报告)共同组成该项目的报告，以利于世界银行对该贷款投资项目的监督。

(一)监理档案构成

监理工程师与建设单位、施工单位或指定分包商之间有关工程质量、进度和费用的一切往来的函件和报表均应分类编号归档保存。监理工程师应督促施工单位在合同规定时间内，向监理工程师提交完整、准确、清晰的竣工图纸、资料和各类档案。

档案通常分为行政档案、财务(支付)档案和技术档案等，监理档案的具体构成如下：

1. 行政档案

行政档案包括以下内容：

(1)监理工程师与建设单位之间的来往函件；

(2)监理工程师施工单位或指定分包人之间来往的函件、书面协议、申请批复、会议记录；

(3)监理工程师与技术专家之间来往的函件；

(4)监理工程师内部来往的函件、请求报告、报告的批复文件；

(5)驻地监理工程师与第三方之间的来往函件、协议；

(6)工程监理月报。

2. 财务(支付)档案

(1)施工单位提出的延期索赔申请及批准的延期时间和索赔费用；

(2)施工单位提出的计日工计划以及批准的计日工计划和单价；

(3)施工单位提出的价格调整申请以及批准的价格调整指数；

(4)额外或紧急工程的费用计算；

(5)设计变更批准的费用计算；

(6)各类支付证书；

(7)保险单及付款收据；

(8)其他的费用支付证明；

(9)工程进度月报。

3. 技术档案

技术档案包括以下内容：①工程开工及停工指令；②额外及紧急工程图纸；③变更图纸；④现场指令；⑤检查记录；⑥验收记录；⑦试验记录；⑧施工图纸；⑨交工图纸。

按工程监理控制目标，监理资料可分为以下5类：

(1)质量控制资料——检验、试验以及有关质量的监理指令；

(2)进度控制资料——总体进度计划，旬、月度计划及其完成计划的监理指令；

(3)费用控制资料——工程量统计、计量与支付、工程费用变更资料以及有关费用控制的监理指令；

(4)合同管理资料——有关工程分包、变更、索赔、延期等来往文件、监理月报和相关监理指令；

(5)监理内部管理资料——规章制度、监理费用、工作考核、奖惩等。

(二)监理表格管理

监理表格是监理档案的组成部分，它的规范化、标准化是监理工作有秩序进行的基础，是监理信息科学化管理的一项重要内容。

1. 监理表式构成

监理表式分为五大部分：监表、支表、检表、试表和评表。

(1)监表。监表是监理工程师在履行监理职责进行工程监控时使用的表格。

(2)支表。支表是进行工程计量、支付申请和审批的用表。

(3)检表和试表。检表和试表主要是施工单位自检使用的表格，监理工程师也可以此作为旁站监理记录和抽查检验使用。

(4)评表。评表是工程项目中间或全部交工后，将检表和试表的结果汇总，按照《公路工程质量检验评定标准》规定对分项、分部、单位工程和整个工程质量进行评定的用表。

2. 监理表式的制订和修订程序

(1)在工程准备阶段,监理机构应依据《公路工程监理规范》组织编制监理表式。表式应规范、标准、齐全、适用,以信息管理部门为主,其他技术、试验部门协助共同编制,最迟于工程开工前完成。

(2)在第一次工地会议上监理工程师应向施工单位印发监理表式,说明编制要求,提交程序、份数、范围、时限等。

(3)工程中,监理工程师应针对使用监理表式不符合规定的情况向监理人员或施工单位作进一步的解释,并听取对表式的反馈意见,适时对监理表式进行修订或补充。

(4)对于因情况变化已不适用于实际的表式,应及时修订和补充,进一步完善表式系统。

七、监理信息的检索、传递和使用

(一)监理信息的检索

无论是存档案库或存入计算机的信息、资料,为了便于查找,事前都要拟定科学的查找方法和手段,做好编目分类工作,即建立起科学的检索系统。实践证明,科学而健全的检索系统可以使报表、文件、资料、档案等信息既保存完好,查找起来又极方便。

(二)监理信息的传递

信息的传递是指借助于一定的载体将其在需要的范围内的传送。信息通过传递,形成各种信息流。监理工作中的信息流;利用纸张、磁盘、磁带、录像带等载体,将图纸、报表、文件、记录通过电讯、各种收发、会议等传递手段,不断地输送到监理工程师手中,成为他们工作的依据;不断地输送到上级有关部门,作为指挥决策的参考依据。

(三)监理信息的使用

监理信息管理的目的,是为了更好地使用它为决策服务。大中型公路工程建设项目的管理工作,涉及的信息类型复杂,信息量甚大。如项目的投资控制、施工进度控制、施工质量控制、合同管理等方面的信息,种类繁多,内容丰富。大中型公路工程项目如此巨大的信息量,要实现高效快捷的信息管理,使监理工作流程程序化、监理记录标准化、监理报告系统化,可利用电脑存储量大的特点,将工程项目有关的信息资料,高速准确地处理成需要的各种信息,尤其是利用建设项目监理软件包,可以让监理工程师更方便地进行进度控制质量监理、投资费用控制及合同管理等监理工作。

应说明的是,公路工程项目的监理工作,是一项多种专业、多种层次的且具有广阔知识面及有丰富工程实践经验的工程技术人员和管理人员共同完成的工作。在这里,人的因素、人的智能活动是至关重要的,工程建设中的各种信息,均需经过监理工程师的提炼、归纳方可形成计算机能够接受的规范化的标准信息,就是经过计算机处理而输出的信息,也必须再经过监理工程师的分析、综合、判断后,才能成为决策的依据。

小结

公路工程施工监理的主要方法是控制,控制是监理工程师在施工阶段实施监理的主要手段。实施控制的基础是信息,能及时、准确、完整地掌握信息,可使监理工程师耳聪目明,卓有成效地完成监理的任务。因此,信息管理工作的好坏,将会直接影响监理工程师工作的成败,重视信息管理工作、掌握信息管理的方法,则是监理工程师在实施监理时的一项重要任务。

通过本章的学习,要求主要掌握监理信息管理的基本任务、监理工作中的信息流程、公路工程施工监理信息的收集、工程监理的文档管理等内容,初步了解什么是信息,什么是信息管理,以及信息系统、监理信息的加工整理和储存、监理信息的构成与分类等。

复习思考题

9-1 监理信息管理的基本任务有哪些?

9-2 什么是信息及信息管理?

9-3 监理工作中的信息流程有哪些类型?

第十章　公路工程施工组织协调

本章学习要求

1. 了解公路工程施工组织协调的意义和作用；
2. 掌握施工组织协调的内容。

第一节　组织协调的意义和作用

一、组织协调的含义

协调又称协调管理，是指通过协商、沟通、调度、联合所有的活动及力量，使各项活动衔接有序地正常展开，以实现自己的预订目标。协调作为一种管理方法贯穿于整个项目和项目管理中。

工程项目建设是一项复杂的系统工程，在系统中活跃着建设单位、承包单位（含分包单位、材料设备供应单位）、设计单位、监理单位、政府建设主管部门以及与工程有关的其他单位等要素。这些要素有各自的特性、组织机构、活动方式及活动目标，并且这些要素之间互相联系、互相制约。为使这些要素能够有秩序地形成有特定功能（完成工程项目建设）和共同活动目标（按工期、保质量，尽可能降低工程造价）的统一体，需要一个强有力的力量进行组织和协调，这个力量就是监理单位的组织协调工作。

组织的含义是安排分散的人或事物，使其具有一定的系统性或完整性。协调的含义是配合得适当。组织协调就是通过外力使整个系统中分散的各个要素具有一定的系统性、整体性，并且使之配合适当。换句话说就是力求把系统中原来分散的各要素的力量组合起来，协同一致，齐心协力，实现共同的预定目标。监理的组织协调是指为了实现项目目标，监理组织内部人与人之间、机构与机构之间以及监理组织与外部环境组织之间的沟通、调和、联合和联结工作，在实现项目总目标中，相互理解信任、步调一致、运行一体化地工作。

二、组织协调的意义

公路工程建设项目目标的实现，需要参与项目建设的各方责任主体同心协力地围绕项目开展工作。但由于各方主体的责、权、利的不同，在项目实施过程中，会产生大量的协调问题，如施工条件变化、技术变更、不可抗力作用等都容易造成合同履行的偏差，这就要求监理工程师具有较强的组织协调能力，能及时进行组织协调工作，使项目建设顺利进行。组织协调工作极为重要，也最为困难，是监理工作是否成功的关键，只有通过积极的组织协调，才能使项目目标最终实现。

三、组织协调的作用

(一)协调可以纠偏和预控错位

在公路工程施工中,经常出现作业行为偏离合同和规范的标准,工期超前和滞后,后续工作脱节,材料代用给下阶段施工带来影响与变更,以及水文、地质突然变化或人为因素对工期和质量带来影响等,这些都会造成计划与实际的偏差。监理协调的重要作用之一就是及时纠偏,或采取预控措施事前调整错位。

(二)协调是控制进度的关键

在公路工程施工中,许多单位工程是由不同的专业化施工队伍来完成的,这就存在着不同专业施工队伍间的相互衔接和相互协调问题。如果某一专业施工队伍出现工期延误,就会直接影响建设总工期,这就需要监理工程师进行组织与协调,以控制工程进度。

(三)协调是平衡的手段

在公路工程施工中,特别是大中型建设项目,往往由许多施工队伍进行施工,加上设计单位、施工单位、设备材料供应单位等,既有纵向的串接又有横向的联合,各自又有不同的作业计划、质量目标,这就存在着上述单位之间的协调问题。监理工程师应当从工程内部分析,既要进行各子系统之间的平衡协调,又要进行队伍之间、上下之间和内外之间的协调。要发挥监理工程师的核心作用,突出协调功能。

工程监理实践证明,一个工程建设项目的顺利完成,是多方配合、相互协作的共同成果。参与建设管理的有关部门,包括建设单位、设计单位、承包单位、设备供应单位、材料生产单位、地方政府有关部门、交通运输部门、水电供应单位等,需要多方配合和合作,这就必然要求监理工程师具有良好的人际关系和较强的组织协调能力。

第二节　组织协调的内容

一、监理机构内部的协调

(一)内部人际关系的协调

总监理工程师是组织协调工作的主要负责人。总监理工程师应该发扬民主作风,实事求是地评价监理人员的工作,并注意从心理学、行为科学的角度激励各个成员的工作积极性,按监理规划布置任务和进行指导,使监理组每个成员都能热爱自己的工作,并对工作充满信心和希望。

1. 在人员安排上要量才录用

对项目监理机构各种人员,要根据每个人的专长进行安排,做到人尽其才。人员的搭配应注意能力互补和性格互补,人员配置应尽可能少而精,防止力不胜任和忙闲不均现象。

2. 在工作分工上要职责分明

制定明确的目标和岗位职责,使管理职能不重不漏,做到事事有人管、人人有专责,同时明确岗位职权。

3. 在效率评价上要实事求是

以正面教育为主，要肯定成绩，表扬先进，以励再战，提高项目监理机构人员的信心，同时要指出存在的主要问题，以便今后改进错误，做好工作。

4. 在矛盾调节上要恰到好处

人员之间的矛盾总是存在的，一旦出现矛盾就应进行调解，要多听取项目监理机构成员的意见和建议，及时沟通，使人员始终处于团结、和谐、热情高涨的工作气氛中。要采用公开的信息政策，让大家了解项目实施情况、遇到的问题或危机，经常性地指导工作，和成员一起商讨遇到的问题，多倾听他们的意见、建议，鼓励大家同舟共济。

（二）内部组织关系的协调

工程建设项目系统是由若干个项目组组成的工作体系，每个项目组都有自己的目标和任务。如果每个项目组都从整体利益出发，认真履行自己的职责，那么项目系统就会处于有序的良性状态，否则整个系统处于无序的紊乱状态，导致功能失调，效率下降。

组织关系协调主要从以下几个方面入手。

（1）要在职能和分工的基础上设置组织机构。

（2）要明确规定每个机构的目标职责、权限，形成制度。

（3）要事先确定各个机构在工作中的相互关系，防止出现脱节等贻误工作的现象。

（4）建立信息沟通制度，如工作例会、业务碰头会、发会议纪要，采用工作流程图、计算机网络信息传递等方式来沟通信息，这样才能使局部了解全局，服从全局的需要。

（5）及时消除工作中的矛盾和冲突。解决矛盾的方法应根据具体情况而定，如配合不佳导致的矛盾和冲突，应从配合关系入手来消除；争功要利导致的矛盾和冲突，应从考核评价标准入手来消除；奖罚不公导致的矛盾和冲突，应从明确奖罚原则入手来解决；过高要求导致的矛盾和冲突，应从领导的思想方法和工作方法入手来消除等。

（三）内部需求关系的协调

公路工程监理实施中有人员需求、试验设备需求、材料需求等，而资源是有限的，因此内部需求平衡至关重要。需求关系的协调可从以下两个方面进行：

（1）监理资源配置应满足监理工作的需要。

（2）人员安排。监理人员的安排应考虑工程进展情况、技术复杂程度，做到专业配套，老、中、青结合，以保证工程监理目标的实现。

二、与建设各方之间的关系协调

（一）与建设单位的协调

与建设单位的协调可从以下几方面进行：

（1）监理工程师要了解建设单位的意图，经常征求建设单位的意见，统一思想，步调一致，使监理工作得到建设单位支持，全面完成监理工程的总目标。

（2）用监理人员的技术优势、专业优势，帮助建设单位解决工程建设中的重大问题，使工程建设的工期、质量、投资、安全达到合同要求。增强建设单位对监理的信任。

（3）尊重建设单位，支持建设单位的工作，尽量满足建设单位的合理要求。对建设单位提出的某些不合理要求或看法，只要不是原则性问题，应该先执行，然后在适当时机，采取不同的方式解释和说明；对原则性问题，说明原因，心平气和，避免矛盾激化，产生误解。

（二）与承包商的协调

监理工程师的工作是通过承包商来实现的，所以做好与承包商的协调是监理工作的主要内容。

1. 坚持原则，严格按程序办事

建设单位对监理单位的要求越来越高，完成任务的难度也越来越大。监理工程师一是按工程项目的总目标，严格监理，按程序办事，加强沟通，让承包商和监理能想在一起，团结一致，才能保证工程质量、投资、工期、安全等都达到合同目标。

2. 加强学习，努力提高专业知识

作为一个好的监理工程师，首先应该是一个好的专业工程师，要在本专业上有独到之处，把与本工程有关的规范、规程、标准熟悉掌握，把设计图纸了解清楚，对施工工艺、难点、重点做到心中有数，不断学习新技术、新产品、新材料、新结构知识，这样就能在检查、巡视中发现问题、提出问题和意见，使承包商心悦诚服。

3. 认真负责，帮助承包商解决实际问题

在工程实施过程中会遇到各种各样的矛盾和问题，监理工程师要与承包商一起共同商量，集思广益，帮助承包商选择最佳方案，解决实际问题，使工程建设顺利进行。

4. 讲究方法，达到最佳效果

在协调工作中要注意工作方法，善于引导，启发承包商做好工作，注意说话的场合、方法及分寸，让对方能接受；对于意见不统一、分歧大的问题，也不要急于求成，不要激化矛盾。

（三）与设计单位的协调

监理单位必须加强与设计单位的协调，以加快工程进度，确保质量，降低消耗。

（1）尊重设计单位的意见，例如，组织设计单位向承包商介绍工程概况、设计意图、技术要求、施工难点等，把标准过高、设计遗漏、图纸差错等问题解决在施工之前；施工阶段，严格按图施工；若发生质量事故，认真听取设计单位的处理意见等。

（2）施工中发现设计问题，应及时向设计单位提出，以免造成大的质量损失；若监理单位掌握比原设计更先进的新技术、新工艺、新材料、新结构、新设备时，可主动向设计单位推荐。为使设计单位有修改设计的余地而不影响施工进度，可与设计单位达成协议，限定一个期限，争取设计单位、承包商的理解和配合。

（3）注意信息传递的及时性和程序性。监理工程师联系单、设计单位申报表或设计变更通知单传递，要按设计单位（经建设单位同意）—监理单位—承包商之间的程序进行。

注意：在施工阶段监理期间，监理单位与设计单位都是受建设单位委托进行工作，两者之间并没有合同关系，所以监理单位主要是和设计单位做好交流工作。协调要靠建设单位的支持。设计单位应就其设计质量对业主负责，因此《建筑法》指出：工程监理人员发现工程设计不符合建筑工程质量标准或合同约定的质量要求的，应当报告建设单位要求设计单位改正。

（四）与政府部门的协调

（1）工程质量、安全生产监督站是由政府授权的工程质量、安全生产监督的实施机构。工程质量、安全生产监督站主要是核查勘察设计、承包单位的资质和工程质量、安全生产检查。监理单位在处理工程质量控制和安全生产管理问题时,要做好与工程质量、安全生产监督站的交流与协调。

(2)重大质量事故或安全生产事故,在承包商采取急救、补救措施的同时,应督促承包商立即向政府有关部门报告情况,接受检查和处理。

(3)公路工程合同应送公证机关公证,并报政府交通主管部门备案;要督促承包商在施工中注意防止环境污染,坚持做到文明施工。

监理单位有组织协调的主动权,但重要协调事项应当事先向建设单位报告。根据目前的工程监理实践,对外部环境的协调应由建设单位负责主持,监理单位主要是针对一些技术性工作协调。

第三节　工地会议

一、工地会议的形式及记录

(一)工地会议的形式

工地会议按召开时间、内容及参加人员的不同,分为第一次工地会议、工地例会、专题工地会议三种形式。

(二)工地会议记录

工地会议应由主持单位作好记录,会议形成的纪要应由参加单位确认,并可作为合同文件的一部分。会议中决定执行的有关事项,仍应按规定的监理程序办理。

二、第一次工地会议

(一)会议组织

第一次工地会议应在工程正式开始前召开。总监办应事先将会议议程及有关事项通知建设单位、施工单位及其他有关单位并做好会议准备。会议由监理工程师负责主持,建设单位、施工单位法定代表人或授权代表必须出席。各方在工程项目中担任主要职务的人员及分包单位负责人应参加会议。第一次工程会议应邀请质量监督部门参加。

(二)会议内容

(1)第一次工地会议上,各方应介绍各自的人员、组织机构、职责范围及联系方式。建设单位应宣布对监理的授权;总监理工程师应宣布对驻地监理工程师的授权;施工单位应书面提交对工地代表(项目经理)的授权书。

(2)施工单位应陈述开工的各项准备情况;监理工程师应就施工准备以及安全、环境保护等予以评述。

(3)建设单位应就工程占地、临时用地、临时道路、拆迁、工程支付担保情况以及其他与开工条件有关的内容及事项进行说明。

(4)监理单位应就监理工作准备情况以及有关事项作出说明。

(5)监理工程师应就主要监理程序、质量和安全报告程序、报表格式、函件往来程序、工地例会等进行说明。

(6)总监理工程师应进行会议小结，明确施工准备工作还存在的主要问题及解决措施。

(三)下达开工令

开工条件具备的可下达开工令。

三、工地例会

(一)会议组织

工地例会应由总监理工程师或驻地监理工程师主持，宜每月召开一次，建设单位代表和施工单位现场主要负责人及三方有关人员参加。

(二)会议内容

会议应检查上次会议议定事项的落实情况，对质量、安全、环境保护、费用、进度及合同其他事项等进行讨论，提出解决问题的措施并确定下一步工作具体安排和要求。

四、专题工地会议

(一)会议组织

专题工地会议由监理工程师主持，根据工程需要及时召开，建设单位代表和施工单位代表及其他有关人员参加，必要时邀请有关专家参加。

(二)会议内容

会议对施工期内出现的工程质量、安全、环境保护、费用、进度及合同管理等方面的重点、难点和需要协调的问题进行讨论，并提出明确的解决方案和落实措施。

小结

本章主要介绍了在公路工程施工中组织协调工作的重要性，协调工作的主要对象、内容及方法；介绍了第一次工地会议、工地例会、专题工地会议的组织与内容。

复习思考题

10-1 为什么要进行组织协调？

10-2 组织协调的作用有哪些？

10-3 组织协调有哪些主要方法和方式？

10-4 工地会议有哪几种形式？

10-5 第一次工地会议的目的是什么？

10-6 第一次工地会议如何组织？有哪些主要内容？

10-7 工地例会的目的是什么？

10-8 工地例会如何组织？有哪些主要内容？

10-9 专题工地会议的目的是什么？

10-10 专题工地会议的组织与内容各是什么？

第十一章　监理文件资料管理

本章学习要求

1. 了解监理文件资料文件管理的意义和作用；
2. 熟悉监理记录的分类；
3. 掌握监理资料管理的内容和方法，建设监理资料的归档与保管。

第一节　监理记录

监理记录可以用来作为对工程评估判断的重要依据，解决承包商与业主的各种纠纷和索赔，给承包商定出公平合理的支付，并有助于为设计人员及工程验收提供详细的资料。

监理记录通常可以分为四大类，现分述如下。

一、历史性记录

这是根据工程计划以及实际完成的工程，逐渐随时间进程来说明工程的进展事实，其主要内容有：

(1)工程量计划与实际完成情况；

(2)所使用的人力、材料、施工机械设备、施工操作工艺与方法采用等的记录；

(3)工程事项的讨论与决议记录；

(4)影响工程进展的主要事项记录；

(5)会议记录，日、月、季监理报表，巡视记录等；

(6)天气记录。

二、工程计量与财务支付记录

工程计量与财务支付记录包括所有的工程计量与付款记录，如变更工程的计量、价格调整、索赔、计日工、月付款证书等方面的基础性资料。

三、质量记录

质量记录主要有材料检验记录、施工记录、工序验收记录、试验记录、隐蔽工程检查记录等。

质量记录按性质可以分为：

(1)试件、试样、样品抽样记录；

(2)试验、检验结果与分析记录；

(3)各种质量验收记录。

四、竣工记录

竣工记录包括全部工程的验收资料和竣工图。工程施工全过程的验收记录,应将每一道工序的完工质量控制结果验收资料汇总。

竣工图应取自成套的测量图,包括修正的合同图与现场绘制的实际实物形态图。

监理记录的形式,除书面记录外,还应采用照片、音像记录等,力求完整、清楚、确切。

第二节 施工阶段监理资料的内容

一、监理资料

施工阶段的监理资料应包括下列内容:

(1)施工合同文件及委托监理合同;
(2)勘察设计文件;
(3)监理规划;
(4)监理实施细则;
(5)分包单位资格报审表;
(6)设计交底与图纸会审会议纪要;
(7)施工组织设计(方案)报审表;
(8)工程开工(复工)报审表及工程暂停令;
(9)测量核验资料;
(10)工程进度计划;
(11)工程材料、构配件、设备的质量证明文件;
(12)检查试验资料;
(13)工程变更资料;
(14)隐蔽工程验收资料;
(15)工程计量单和工程款支付证书;
(16)监理工程师通知单;
(17)监理工作联系单;
(18)报验申请表;
(19)会议纪要;
(20)来往函件;
(21)监理日记;
(22)监理月报;
(23)质量缺陷与事故的处理文件;
(24)分部工程、单位工程等验收资料;
(25)索赔文件资料;
(26)竣工结算审核意见书;

(27)工程项目施工阶段质量评估报告等专题报告；
(28)监理工作总结。

二、监理月报

施工阶段的监理月报应包括以下内容：
(1)本月工程概况；
(2)本月工程形象进度；
(3)工程进度，包括：①本月实际完成情况与计划进度比较；②对进度完成情况及采取措施效果的分析。
(4)工程质量，包括：①本月工程质量情况分析；②本月采取的工程质量措施及效果。
(5)工程计量与工程款支付，包括：①工程量审核情况；②工程款审批情况及月支付情况；③工程款支付情况分析；④本月采取的措施及效果。
(6)合同其他事项的处理情况，包括：①工程变更；②工程延期；③费用索赔。
(7)本月监理工作小结，包括：①对本月进度、质量、工程款支付等方面情况的综合评价；②本月监理工作情况；③有关本工程的意见和建议；④下月监理工作的重点。
监理月报应由总监理工程师组织编制，签认后报建设单位和本监理单位。

三、监理工作总结

监理工作总结应包括以下内容：
(1)工程概况；
(2)监理组织机构、监理人员和投入的监理设施；
(3)监理合同履行情况；
(4)监理工作成效；
(5)施工过程中出现的问题及其处理情况和建议；
(6)工程照片(有必要时)。
施工阶段监理工作结束时，监理单位应向建设单位提交监理工作总结。

第三节　建设监理资料的归档与保管

一、监理资料的要求

(1)监理资料必须及时整理、真实完整、分类有序。
(2)监理资料的管理应由总监理工程师负责，并指定专人具体实施。
(3)监理资料应在各阶段监理工作结束后及时整理归档。
(4)监理档案的编制及保存应按有关规定执行。

二、监理文件归档范围与保管

根据《建设工程文件归档整理规范》(GB/T 50328—2001)规定，对与工程建设有关的重要活动、记载工程建设主要过程和现状、具有保存价值的各种载体的文件，均应收集齐全，整理立卷后归档。

归档文件必须完整、准确、系统，能够反映工程建设活动的全过程，按要求组成案卷。其中，监理文件的归档范围和保管期限见表 11-1。

表 11-1　建设工程监理文件归档范围和保管期限

序号	归档文件	保存单位和保管期限				
		建设单位	施工单位	设计单位	监理单位	城建档案馆
1	监理规划					
①	监理规划	长期			短期	√
②	监理实施细则	长期			短期	√
③	监理部总控制计划等	长期			短期	
2	监理月报中的有关质量问题	长期			长期	√
3	监理会议纪要中的有关质量问题	长期			长期	√
4	进度控制					
①	工程开工(复工)审批表	长期			长期	√
②	工程开工(复工)暂停令	长期			长期	√
5	质量控制					
①	不合格项目通知	长期				√
②	质量事故报告及处理意见	长期				√
6	造价控制					
①	预付款报审与支付	短期				
②	月付款报审与支付	短期				
③	设计变更、洽商费用报审与签认	长期				
④	工程竣工决算审核意见书	长期				√
7	分包资质					
①	分包单位资质材料	长期				
②	供货单位资质材料	长期				
③	试验等单位资质材料	长期				
8	监理通知					
①	有关进度控制的监理通知	长期			长期	
②	有关质量控制的监理通知	长期			长期	
③	有关造价控制的监理通知	长期			长期	
9	合同与其他事项管理					
①	工程延期报告及审批	永久			长期	√
②	费用索赔报告及审批	长期			长期	
③	合同争议、违约报告及处理意见	永久			长期	√
④	合同变更材料	长期			长期	√
10	监理工作总结					
①	专题总结	长期			短期	
②	月报总结	长期			短期	
③	工程竣工总结	长期			长期	√
④	质量评价意见报告	长期			长期	√

小结

本章主要讲述监理文件与资料文件管理的意义和作用，监理记录的分类，监理资料管理的内容和方法，监理资料的要求，监理文件归档范围与保管。

复习思考题

11-1 简述监理文件资料文件管理的意义和作用。

11-2 监理记录分哪几类，每一类的主要内容各是什么？

11-3 简述施工阶段监理资料管理的内容和方法。

11-4 建设监理资料如何进行归档与保管？

参考文献

[1] 中华人民共和国行业标准.公路工程施工监理规范(JTG G10—2006)[S].北京:人民交通出版社,2006.

[2] 皮振益.公路工程现场监理工程师手册[M].北京:中国计划出版社,2005.

[3] 陕西省交通厅.公路工程施工监理[M].北京:人民交通出版社,1992.

[4] 刘吉士.公路工程施工监理实务[M].北京:人民交通出版社,1993.

[5] 中华人民共和国行业标准.公路工程质量评定标准(JTG F80—2004)[S].北京:人民交通出版社,2004.

[6] 中华人民共和国行业标准.公路工程国内招标文件范本(2003)[S].北京:人民交通出版社,2003.

[7] 刘建新.监理概论[M].北京:人民交通出版社,2000.

[8] 李宇峙.工程质量监理[M].北京:人民交通出版社,2000.

[9] 邬晓光.工程进度监理[M].北京:人民交通出版社,2000.

[10] 张建仁.工程费用监理[M].北京:人民交通出版社,2000.

[11] 唐杰军.公路施工监理[M].北京:人民交通出版社,2006.

[12] 刘建新.公路工程监理概论[M].重庆:重庆大学出版社,2007.